Éléphants Verts

Comment un fournisseur de services internes peut offrir une valeur incroyable

Simon Chapleau

ISBN-13: 978-1494936341

ISBN-10: 1494936348

Copyright © Simon Chapleau 2013

Tous droits réservés. Aucune partie de ce livre ne peut être reproduite ou transmise sous quelque forme ou par aucun moyen sans la permission écrite de l'auteur, y compris la reproduction destinée à un usage non commercial. Ce livre fait référence à des marques à des fins éditoriales uniquement, l'auteur ne fait pas de créances commerciales sur leur utilisation. Rien dans les présentes est destiné à exprimer un jugement à affecter la validité du statut juridique d'un terme ou un mot en tant que marque, marque de service ou autre marque.

Dédicace

À ma femme et ma fille, les Agentes de ma vie.

Table des matières

Introduction	*3*
Partie 1. Les fournisseurs de services internes	**11**
Le rôle changeant du FSI	*13*
Tendance 1. Les FSI ne sont plus des monopoles	*23*
Tendance 2. Les FSI doivent démontrer leur valeur d'affaires	*31*
Tendance 3. Les FSI font partie de l'entreprise	*41*
Qu'est-ce que la satisfaction?	*55*
Le rôle des attentes	*74*
Pourquoi vos utilisateurs sont-ils insatisfaits?	*86*
Partie 2. Les profils de personnalité des FSI	**100**
Orientation Service	*109*
Orientation affaires	*116*
Le Comptable	*123*
Le Majordome	*140*
L'Institutrice	*157*
JE SUIS UNE INSTITUTRICE	*177*
L'Agente	*199*
L'Indécis	*215*
Partie 3. Le plan d'action	**219**
Étape 1. Fournir l'Essentiel	*227*
Étape 2. Gestion de l'alignement	*252*
Étape 3. Démontrez votre valeur	*270*
CONCLUSION	*311*

Simon Chapleau

Introduction

Comment je suis devenu obsédé par les fournisseurs de services internes

En terminant l'université, j'ai eu l'opportunité d'une vie : travailler pour IBM, dans leur laboratoire logiciel. Ceci, malgré que j'aie étudié la chimie et que les laboratoires dans lesquels j'étais habitué de travailler étaient remplis de béchers et d'Erlenmeyers plutôt que d'ordinateurs ultraperformants.

Ce que je ne savais pas, c'est que j'allais travailler pour un département de soutien du laboratoire : leur fournisseur de services interne. J'en suis vite venu à la conclusion qu'il y avait deux types de personnes travaillant au laboratoire : ceux qui rapportaient de l'argent et ceux qui la dépensaient. Du moins, c'était le point de vue de ceux qui rapportaient l'argent.

Les programmeurs étaient considérés comme étant ceux qui « rapportaient ». Ils créaient des produits, qui étaient vendus avec une marge de profit exceptionnelle. Ils contribuaient dans une variété de domaines, comme les prédictions météo, la modélisation moléculaire ou les recherches épidémiologiques.

Et il y avait moi, supportant le logiciel qui contenait tout le code (ce que les techniciens appellent la gestion de configuration et le système de contrôle de version). Évidemment, c'était un logiciel important. Chaque fois qu'il subissait un problème, les programmeurs n'étaient plus en mesure de poursuivre leur travail et les clients ne pouvaient plus recevoir de soutien technique. Mais comme le dit l'adage : « Ce n'est pas parce que tu es nécessaire que tu es important ».

Fournisseurs de services internes comme centre de couts

Un des nombreux avantages à travailler pour IBM est qu'ils offrent un large éventail de programmes de formation. En fait, dû à une erreur informatique, j'ai complété deux maitrises en même temps : une Maitrise en Administration des Affaires ainsi qu'une en gestion de projet (J'imagine qu'ils n'ont jamais pensé que quelqu'un serait assez stupide pour essayer cela).

Au cours de ma formation en Administration, j'ai pu observer ce qui était nécessaire à une compagnie pour que celle-ci soit profitable et comment les couts liés au travail de bureau devaient être écrasés come des moustiques. Les services informatiques, RH, finances, services juridiques, logistique, service à la clientèle; tous ces départements devaient être gérés avec une main de fer et chaque petite goutte de productivité extraite du personnel surpayé.

Du moins, c'est la perception donnée par tous mes manuels scolaires et mes professeurs. Les départements des services internes étaient des centres de couts. Par définition, ils ne créaient aucune valeur et n'étaient en fait qu'une dépense obligatoire lorsque l'on fait des affaires, comme les impôts. La centralisation et la sous-traitance étaient donc devenues très populaires, afin de réduire les couts le plus possible.

Travaillant moi-même pour un centre de couts, j'avais épouvantablement honte d'être devenu une telle sangsue. Comment pouvais-je handicaper cette compagnie que j'aimais, en devenant moi-même un centre de couts? J'ai alors décidé de devenir consultant et de sauter du côté « revenus » de l'équation.

Les fournisseurs de services internes (FSI) ne veulent pas de nouveaux clients

Continuant d'aller de l'avant après mon passage chez IBM, je suis allé travailler pour un autre grand nom des services informatiques : Gartner. Pas besoin de vous dire que j'étais très excité à l'idée de travailler pour l'une des firmes de consultants en gestion de services informatiques les plus connus et prisées du monde.

Comme je commençais à travailler avec une variété de clients (la plupart étant des départements de services informatiques internes), il est devenu très clair pour moi que la majorité de ma formation en administration ne me servirait à rien. Pas parce qu'elle n'était pas suffisante ou réaliste. Mais bien parce que la majorité de ce que j'y avais appris comportait une supposition de base; les compagnies veulent avoir plus de clients et augmenter leurs revenus. Cependant ce n'est tout simplement pas le cas pour les fournisseurs de services internes.

Qu'arrive-t-il si votre budget est fixe, peu importe le nombre de clients que vous avez? Vous n'êtes pas intéressé à avoir de nouveaux clients. C'est ce que vivent la plupart des fournisseurs de services internes. Et c'est pourquoi la plupart des stratégies d'affaires ratent leur coup dans un environnement de FSI; elles ne se basent simplement pas sur la bonne supposition.

Clients réticents

Les utilisateurs n'ont pas le choix. Ils ne peuvent pas choisir un fournisseur différent. Ils ne peuvent pas faire une offre et simplement choisir quelqu'un d'autre. Ils ne peuvent même pas décider de cesser d'utiliser vos services, l'usage en étant souvent obligatoire! Ils sont donc des clients réticents. Des gens qui doivent faire affaire avec vous, mais qui préfèreraient généralement ne pas avoir à le faire.

L'importance de la satisfaction

Après avoir travaillé pour Gartner pendant 10 ans, j'ai fait le grand saut et suis devenu vice-président TI pour une compagnie de recyclage. Mon principal mandat était de déployer un logiciel de gestion intégrée (ERP).

J'ai passé quatre ans à bâtir l'équipe de soutien, à créer une équipe de projets et livrer le projet. Nous avons déployé le ERP en moins d'une année, à travers deux pays, sur 22 sites et avons changé la façon de faire d'une entreprise qui opérait de la même façon depuis presqu'un siècle. C'était un travail colossal, qui a eu des répercussions majeures sur la vie de plus d'une centaine de personnes.

Le projet a été un franc succès. Des études de cas ont été rédigées par les fournisseurs principaux, nous avons gagné des prix, on nous a demandé de présenter lors de conférences et de fournir des explications sur la façon dont nous avions réussi une aussi grande transformation en si peu de temps. Évidemment, j'ai été récompensé par des promotions, j'ai obtenu la responsabilité du département de logistique (dont je ne connaissais absolument rien) et j'ai dû diriger l'exercice de rédaction du plan d'affaires. À tout point de vue, c'était un grand succès pour moi, au plan professionnel.

Mais il y avait toujours un sentiment d'insatisfaction dans l'air. Plusieurs utilisateurs avaient l'air de vétérans du Vietnam avec le regard vide de quelqu'un qui revient de l'enfer. Les utilisateurs étaient réticents à envisager un nouveau projet. Les vieilles habitudes ont commencé à reprendre le dessus, les utilisateurs faisant fi du système aussitôt qu'ils le pouvaient. Chaque petit problème remettait en cause le système, même lorsqu'il était évident que ce n'était pas le cas.

Quelque chose manquait. Le projet avait un franc succès, mais au point de vue interne, c'était plutôt un échec. L'équipe de gestion de projet avait le sentiment de ne pas être appréciée, et que tous les problèmes leurs étaient attribués. Même moi, je n'avais pas envie de commencer un nouveau projet. Je savais que je devrais faire face à une foule d'employés mécontents qui n'attendraient que de me voir échouer.

Il doit y avoir une meilleure façon.

C'est ce qui m'a motivé à poursuivre ma maitrise et mon doctorat en marketing. Et si on prenait toutes les théories et stratégies qui s'appliquent au marché et qu'on les adaptat au contexte d'un fournisseur de services internes? Comment les FSI peuvent-ils devenir des partenaires stratégiques au sein de leur entreprise?

Ce livre est le résultat de plusieurs années de recherches sur ce qui différentie les fournisseurs de services internes qui ont du succès.

Voici un aperçu de quelques-uns des exemples que nous allons explorer :

Pourquoi les gens mariés sont-ils surpris lorsque leur conjoint souhaite divorcer?

Plus de 55% des conjoints sont surpris par la décision de leur partenaire de divorcer. Ça semble beaucoup? Est-ce que ça ne devrait pas sembler évident qu'un partenaire veut nous quitter, avec toutes les crises et les conflits? En fait, la plupart des divorces ne se terminent pas abruptement, mais plutôt lentement, alors que les partenaires ne communiquent plus du tout.

Vous pensez que vos utilisateurs sont satisfaits parce qu'ils ne se plaignent pas? Moins de 5% des utilisateurs se plaignent, craignant des représailles ou l'inaction.

Pourquoi le fait de mesurer la satisfaction améliore-t-il la satisfaction?

Vous ne pensez probablement jamais à votre compagnie d'eau ou à votre compagnie de téléphone. Le seul moment auquel vous pensez à eux est lorsque quelque chose ne va pas. La même chose se produit avec vos utilisateurs. Mais lorsque vous leur demandez de penser à vous, en dehors des situations de crise, cela les force à fournir une évaluation plus juste de vos performances. Cela leur permet de réaliser que vos services sont finalement très bon; ce que l'on appelle « le simple effet de mesure ».

Les FSI qui ont commencé à mesurer la satisfaction des utilisateurs voient une augmentation du niveau de satisfaction, même s'ils n'ont rien fait pour l'améliorer. Le simple fait de leur demander de les évaluer sur certains critères spécifiques aide ceux-ci à réaliser la qualité des services qu'ils reçoivent.

Qu'est-ce qui distingue les personnes à la diète qui ont du succès de celles qui n'en ont pas?

Les personnes ayant réussi une diète ont toutes un point en commun : elles se pèsent régulièrement. Vous avez déjà passé plusieurs jours sans monter sur la balance? Peut-être étiez-vous un peu anxieux; est-ce que les petites collations tardives ont fini par se retrouver sur votre tour de taille? Les personnes à la diète qui se pèsent régulièrement se rappellent sans cesse les sévères conséquences que peut avoir un simple sac de chips. Le lendemain matin, au réveil, elles verront l'aiguille monter, et ce n'est jamais une bonne sensation. Cette agonie quotidienne de devoir monter sur la balance les aide en fait à prendre leurs décisions tout au long de la journée.

Les fournisseurs de services internes qui mesurent leur travail se préoccupent eux aussi constamment de leur performance. Un FSI qui mesure ses performances chaque mois observera un meilleur alignement de l'équipe, personne ne voulant être celui qui fera monter l'aiguille dans la mauvaise direction.

Et finalement, peut-être la question la plus importante de toutes :

Comment un fournisseur de services interne peut-il démontrer sa valeur à l'entreprise?

Pour répondre à cette question, nous approfondirons le concept d'alignement (équipe, vision et entreprise), le rôle de la satisfaction de l'utilisateur dans la valeur de l'entreprise et la façon dont le FSI peut démontrer cette valeur.

Avant de débuter, j'aimerais que vous pensiez aux fournisseurs de services internes desquels vous êtes client. Peut-être est-ce votre département des ressources humaines, des services informatiques ou des services juridiques. Peut-être même votre fournisseur d'électricité qui préférerait probablement que vous fermiez toutes les lumières afin qu'il puisse vendre l'électricité excédentaire sur les marchés non règlementés.

Réfléchissez à la façon dont ils interagissent avec vous et à l'opinion que vous avez d'eux. Croyez-vous que vos utilisateurs pensent la même chose de vous? Découvrons-le ensemble.

Simon Chapleau

Partie 1. Les fournisseurs de services internes

Le rôle changeant du FSI

Sexe : L'ultime fournisseur de services internes

Existe-t-il quelque chose de plus ennuyeux que la vie sexuelle d'un couple marié? J'ai rarement vu un film ou une série télé qui présentait les mérites du sexe lorsqu'on est marié. Chaque fois que l'on voit un couple marié, c'est typiquement pour nous montrer à quel point leur vie sexuelle est ennuyeuse et manque de passion. Il n'y a pas de « 50 nuances de Grey » qui implique un couple marié depuis 10 ans. Et s'il y en avait un, je ne crois pas que ça deviendrait un aussi gros bestseller.

Mais est-ce que le sexe est si nul que ça quand on est marié?

Le sexe pour les couples mariés, c'est un peu comme de faire affaire avec un fournisseur de services internes. Après tout, on a affaire à un monopole. Oui, vous pouvez toujours assouvir vos besoins ailleurs, mais cela a souvent des conséquences très couteuses. Comme un FSI, vous êtes assujetti aux habiletés, aux compétences et à la motivation de votre fournisseur, ce qui peut mener à une qualité et une fréquence de services qui peuvent varier. De plus, le manque d'alternatives peut certainement rendre les gens mécontents et amers, s'ils ont l'impression que le service ne répond pas à leurs attentes.

D'un autre côté, être célibataire peut se comparer à être sur le libre-marché du sexe : il y a beaucoup de personnes célibataires prêtes à offrir leurs services (et je ne parle même pas des professionnels). Il existe plusieurs plateformes d'échange disponibles pour faciliter les transactions (ex. : les bars) et il est parfaitement acceptable que ce ne soit qu'une transaction qui ne se renouvèlera pas. Vous obtenez l'excitation d'un nouveau partenaire, l'accès à de meilleures ressources et la capacité de changer de fournisseur lorsque les services offerts ne correspondent plus à vos besoins. Et personne ne fera de cas si vous gardez à portée de main une liste de fournisseurs disponibles.

Ça semble être la meilleure des deux options, n'est-ce pas?

Qui a le plus de sexe : célibataires ou personnes mariées?

Selon plusieurs théories du libre marché, le sexe chez les célibataires devrait obtenir un taux plus élevé... vraiment plus élevé. Le fournisseur sera alors plus motivé à fournir un bon service, craignant de perdre sa position de fournisseur favori. La compétition intense forcerait tout le monde à élever la qualité de leurs services, investissant dans de nouveaux outils, procédés et compétences, pour ainsi rendre leurs services plus désirables et satisfaisants. Le sexe du célibat devrait clairement gagner la partie.

Il est intéressant de constater que ce n'est pas ce que les recherches démontrent. Selon une étude conduite par le Centre pour la Promotion de la Santé Sexuelle de l'université d'Indiana, une moyenne de 61% des célibataires rapporte ne pas avoir eu de relations sexuelles au cours de la dernière année, en comparaison à 18% chez les personnes mariées. En regardant plus spécifiquement les données obtenues pour les personnes âgées de 25 à 59 ans, 25% des personnes mariées rapportent avoir encore des relations sexuelles deux à trois fois par semaine, contre moins de 5% pour les personnes seules.

Malgré nos théories sur le libre marché, il semble que les couples mariés aient plus de relations sexuelles que les célibataires.

Mais qu'en est-il de la qualité des services?

Les fournisseurs de services internes offrent leurs services plus fréquemment, ce qui est assez facile à croire, considérant tout ce que cela implique d'initier un service pour un couple marié (« Il n'y a rien de bon à la télé, veux-tu aller au lit? »); ce qui est beaucoup moins complexe que pour un célibataire (douche, habillement, se diriger vers le bar, payer un verre, essayer quelques phrases de drague, etc.). Mais qu'en est-il de la qualité? Est-ce que les fournisseurs de services internes rendent leurs clients internes plus satisfaits que leurs fournisseurs externes?

Il semble que les fournisseurs de services internes gagnent encore. Lorsqu'ils ont une relation établie, les gens ont tendance à avoir des relations sexuelles plus satisfaisantes que les célibataires. Le fait qu'ils fassent « affaire » ensemble depuis un moment les aide à mieux comprendre les attentes de leurs clients, à connaitre les caractéristiques des services qu'ils préfèrent et à reconnaitre le « terrain ». Ce niveau très intime de compréhension permet au fournisseur de services internes d'adapter la façon dont il rend ses services d'une manière telle qu'un nouveau fournisseur ne pourrait compétitionner. Il en résulte que les clients sont beaucoup plus satisfaits.

Il semble qu'être un fournisseur de services internes n'est pas si mal, après tout

Même si les fournisseurs de services internes ont parfois mauvaise réputation, ils offrent aussi plusieurs bénéfices. Leur proximité et leur volonté de plaire aident à faire augmenter la fréquence des relations (quelque chose que nous appellerons plus tard dans le livre, l'orientation service), alors que leur compréhension des besoins, objectifs et désirs de leurs clients leur permet de rendre le sexe plus satisfaisant (ce que nous appellerons l'orientation affaire). Cette combinaison différencie les fournisseurs de services internes de tous les fournisseurs externes existants.

Bon, le sexe et les fournisseurs de services internes ne devraient probablement pas être comparés aussi facilement. Par exemple, dans la majorité des couples, les conjoints ne se donnent pas l'un l'autre un sondage sur leur niveau de satisfaction après chaque relation sexuelle. Ils n'ont pas non plus de guide de procédures sur ce qu'ils feront ou ne feront pas (quoi que j'aie entendu parler de certains contrats de mariage très étoffés). Je ne suggère pas non plus de vous assoir avec votre partenaire avec une carte de pointage dans le but d'identifier toutes les fois où il ou elle n'a pas rencontré les normes de performance. Cela pourrait avoir un impact dramatique sur la fréquence de vos futures relations.

Alors, si être marié est si fantastique au point de vue du sexe, pourquoi les gens vantent-ils les mérites du sexe pendant le célibat? C'est parce que, tout comme les fournisseurs de services internes, le sexe chez les couples mariés souffre de sa mauvaise réputation et des idées fausses qui viennent avec le concept de monopole. Mais vous pouvez changer cette réputation. Nous verrons comment, dans ce livre.

Qu'est-ce qu'un fournisseur de services internes?

Les fournisseurs de services internes (FSI) sont des fournisseurs de services faisant partie de la même organisation que leurs clients. Ils sont aussi connus sous les noms de : services partagés, département de soutien, centres de couts. Les départements typiquement associés aux fournisseurs de services internes sont les ressources humaines, les finances, les technologies de l'information, la logistique et le département juridique. Évidemment, plusieurs autres départements peuvent également entrer dans cette catégorie.

Même si les fournisseurs de services internes ont tous des champs de compétence différents, ils ont tous deux points en commun :

1. Leurs clients ne sont pas les clients « ultimes » de l'entreprise

« Le client est Roi » est quelque chose que nous entendons souvent de la bouche des PDG lorsqu'ils parlent de leur entreprise ou organisation. Ils aiment dire que leur priorité numéro un est leurs clients. Mais dans le cas des fournisseurs de services internes, leurs clients ne sont pas les mêmes que ceux de l'entreprise elle-même. Les FSI aident ceux qui aident les clients. Leurs clients sont donc à la fois les utilisateurs et les départements de l'organisation.

Cela crée souvent un effet de ségrégation, pour le fournisseur de services internes, par rapport au reste de l'organisation. Les utilisateurs ont souvent l'impression que le FSI n'est pas dans le même bateau que les autres puisque leurs réalités sont différentes. De plus, leurs clients n'ont généralement pas à payer pour leurs services. Les fournisseurs de services internes ne se sentent donc pas concernés par les messages et stratégies du PDG.

2. Ils offrent un service commun au reste de l'entreprise

Les départements de services internes ont été créés pour promouvoir les économies à large échelle. Si chaque secteur de l'entreprise avait ses propres départements des ressources humaines, de soutien informatique et de finances, les couts deviendraient vite astronomiques. Mais en regroupant toutes ces ressources, le fournisseur de services internes devient plus productif et peut se procurer de meilleurs outils et en arriver à une meilleure gestion.

En ce sens, l'un des plus grands intérêts du fournisseur de services internes est de réduire ses couts d'opération. Une des façons d'y parvenir consiste à offrir un service standard, commun et générique, à tous ses clients. Comme Henry Ford l'a si bien dit : « Vous pouvez avoir n'importe quelle couleur, en autant que c'est noir ».

Utilisateurs, pas clients

La différence majeure qui sépare les fournisseurs de services internes des fournisseurs externes typiques est qu'ils ont des utilisateurs, pas des clients. Quelle est la différence? D'abord, les utilisateurs ne payent pas. Alors que les compagnies souhaitent que leurs clients achètent le plus possible, la plupart des FSI préfèrent que vous fassiez un usage modeste de leurs services. La raison est simple : la plupart des départements de services fonctionnent avec un budget fixe. Un FSI n'obtient aucun bénéfice supplémentaire au fait d'avoir de nouveaux « clients », en fait, il est plutôt obligé d'étirer un budget déjà très serré.

Encourager les utilisateurs à consommer plus de leurs services se résumerait au suicide pour ces départements. Oui, ils veulent que vous fassiez un usage raisonnable de leurs services, mais sans plus. Cela mène les fournisseurs de services internes à restreindre sévèrement leur offre de services et à créer des barrières, pour ainsi s'assurer que les ressources sont efficacement utilisées. Vous avez besoin d'un nouvel ordinateur? Remplissez ce formulaire d'une longueur presque inimaginable afin de vous dissuader de réclamer trop de choses dans le futur.

Les fournisseurs de services internes n'ont pas non plus de compétition. Une des forces d'équilibre des marchés réside dans la possibilité de changer facilement de fournisseur. Lorsqu'un client n'est pas content avec un fournisseur, il a toujours l'option d'aller voir ailleurs. Les utilisateurs, eux, n'ont pas cette option. Ils ne choisissent pas leurs fournisseurs et ne peuvent pas en changer s'ils sont mécontents. La plupart des utilisateurs ne peuvent pas décider de s'acheter leur propre ordinateur et de l'amener au bureau, tout comme

ils ne peuvent pas recevoir leurs bénéfices d'une autre compagnie d'assurance que celle choisie par l'organisation. Le soutien informatique et les ressources humaines ont déjà pris ces décisions pour eux.

Finalement, les utilisateurs n'ont pas le choix d'utiliser ou de ne pas utiliser le service. Les clients peuvent toujours cesser d'utiliser un service s'ils ne sont pas satisfaits. Les utilisateurs ne sont pas satisfaits de leur système de saisie des heures travaillées? Désolé, mais ils devront l'utiliser quand même s'ils veulent être payés. Les utilisateurs ne sont pas satisfaits de l'hôtel dans lequel ils logeront lors d'un déplacement? Rien à faire, la compagnie ne remboursera rien d'autre. Aller voir ailleurs n'est pas une option pour ces utilisateurs.

La différence entre utilisateur et a rapidement été comprise par les fournisseurs de services internes. Plusieurs ont utilisé ce pouvoir avidement, optimisant leurs propres couts au détriment des utilisateurs. Le FSI impose aux utilisateurs un travail et des procédures, à un point tel que plusieurs FSI sont maintenant vus comme des obstacles plutôt que comme des partenaires. Il n'est donc pas surprenant qu'ils aient mauvaise réputation.

La mauvaise réputation des fournisseurs de services internes

Combien de fois avez-vous entendu les gens parler du fait que leur département des ressources humaines était « froid » et seulement axé sur la productivité? Ou que l'équipe du soutien informatique, dont les techniciens sont condescendants et peu aidants, oblige l'utilisation d'un logiciel qui est lent et qui fait toujours défaut? Sans parler du département juridique, souvent vu comme une bande de bureaucrates ultra-méticuleux (« Que voulez-vous dire à propos du fait qu'on ne peut plus utiliser le photocopieur pendant la fête de Noël? »).

Mais la réalité, c'est qu'une partie de cette réputation est méritée. Pendant plusieurs années, les fournisseurs de services internes ont agi comme des monopoles, traitant leurs utilisateurs internes comme une clientèle captive. Pourquoi s'intéresser au fait que les utilisateurs sont mécontents, ils n'ont nulle part où aller!?

Les FSI subissent également la pression constante de devoir réduire leurs couts. Une de leur façon d'y réagir a été de transférer le travail aux utilisateurs qu'ils sont supposés servir. Par exemple, le département des finances a redistribué beaucoup de travail lié à la gestion de la facturation et des comptes recevables au reste de l'organisation. Ils ont demandé aux utilisateurs de saisir eux-mêmes les données relatives aux commandes et les détails concernant les fournisseurs, directement dans le système. Cela a permis aux finances de réduire de façon considérable la quantité de travail qui devait être effectué, en communiquant sans arrêt avec les utilisateurs et les fournisseurs pour compléter leur profil et pour les payer. Cela a aussi augmenté de façon significative la charge de travail des utilisateurs, alors qu'ils devaient trouver quel poste budgétaire indiquer, comment classifier les fournisseurs, etc. Tout cela est très simple quand on doit le faire chaque jour, mais devient vite un cauchemar quand on n'a à le faire que quelques fois par an.

Les fournisseurs de services internes ont également commencé à être arrogants dans leur façon de rendre les services, certains départements ayant même la réputation d'être inutiles et désagréables avec leurs utilisateurs. Combien de fois avez-vous entendu des histoires à propos d'un technicien informatique demandant à l'utilisateur si l'ordinateur est bien branché, ou commençant à ridiculiser un autre utilisateur parce qu'il ne sait pas comment régler un problème qui est, selon le technicien, insignifiant? Leur spécialisation leur a permis de devenir beaucoup plus compétents dans leur domaine que n'importe qui d'autre au sein de l'organisation, et ils ont abusé de leur pouvoir en faisant sentir à tous les autres qu'ils étaient incompétents.

Finalement, les fournisseurs de services internes ont des idées bien ancrées sur la façon dont l'entreprise devrait être gérée. En fait, la plupart du temps, ils ont une opinion très précise sur la façon dont l'entreprise est dirigée. Les FSI critiquent régulièrement les opérations des autres départements, leur mentionnant comment ils devraient agir et régler leurs problèmes. Évidemment, ces mêmes fournisseurs ont souvent des problèmes avec leurs propres opérations.

Les attentes ont changé

Cette attitude visant à prendre les utilisateurs pour acquis ne fonctionne plus. Les attentes des compagnies changent. Alors qu'elles étaient heureuses de simplement réduire leurs couts en centralisant les services partagés, elles espèrent maintenant plus de leurs fournisseurs de services internes. Elles attendent de leurs FSI qu'ils agissent comme des organisations de services professionnels, offrant un bon service à leurs utilisateurs. Les compagnies veulent que leurs FSI démontrent leur contribution à l'entreprise, pour en justifier le budget. Elles souhaitent également que leurs fournisseurs de services internes agissent comme s'ils faisaient partie de l'entreprise, et non pas comme des fournisseurs externes.

Nous aborderons ainsi ces trois tendances et leur impact au cours des prochains chapitres.

Simon Chapleau

Tendance 1. Les FSI ne sont plus des monopoles

Pourquoi s'en préoccuper?

Une question que je me fais souvent poser est « pourquoi s'en préoccuper? », puisque les fournisseurs de services internes sont des monopoles. Les utilisateurs n'ont pas de choix. Est-ce que cela fait réellement une différence que les utilisateurs soient satisfaits ou non? Au final, ils doivent utiliser les services à leur disposition. Et vous savez quoi? Les utilisateurs ne seront jamais contents. Pourquoi essayer?

Les organisations commerciales ont généralement trois raisons de vouloir que leurs clients soient satisfaits, dont aucune ne s'applique aux FSI :

1. **Pour que le client reste.** Les utilisateurs n'ont pas d'autres choix que de faire affaire avec vous. Ils ne peuvent pas partir ou engager une autre compagnie pour faire votre travail. Vous êtes un monopole. Et mieux encore, ils sont obligés d'utiliser vos services, ils ne peuvent même pas choisir de ne plus le faire. Ils ne peuvent pas simplement décider, un bon matin, de ne plus utiliser le système de messagerie électronique. Ce n'est même pas une option.
2. **Pour qu'ils achètent plus.** Vous ne voulez probablement pas qu'ils utilisent davantage vos services. En fait, ce serait même préférable qu'ils les utilisent moins. Moins d'impressions, moins de stockage, moins d'embauches. Cela

réduirait vos couts d'opérations et vous permettrait de mieux contrôler votre budget.
3. **Pour qu'ils amènent de nouveaux clients.** Ce n'est pas une option pour vous. Il est fort probable que vous ne recherchiez pas de nouveaux utilisateurs, ou que vous ne souhaitiez pas offrir vos services informatiques à des personnes de l'extérieur de l'organisation. Votre marché est limité aux utilisateurs que vous possédez déjà.

Les monopoles sont dans la même situation que vous. Personnellement, je n'ai pas le choix de la compagnie d'électricité avec laquelle je fais affaire. Je ne peux pas acheter mon électricité d'une autre compagnie (j'habite dans un endroit où le marché est règlementé). Je ne peux même pas négocier les prix, puisqu'ils sont fixés par le gouvernement. Tout ce que je peux faire, c'est de consommer ou de ne pas consommer cette électricité. Évidemment, je pourrais utiliser le gaz naturel, mais cette industrie est également règlementée. Je vis dans une région où on nous a enlevé toute option. Alors pourquoi ces compagnies devraient-elles se soucier de ma satisfaction?

Comme nous le verrons, il existe plusieurs raisons pour lesquelles les FSI devraient s'en préoccuper.

Les utilisateurs commencent à avoir des options

Les fournisseurs de services internes avaient l'habitude d'être les seuls à pouvoir offrir leurs services. Les utilisateurs n'avaient pas le savoir, les compétences et le budget pour les acquérir ou pour effectuer eux-mêmes les travaux. La plupart des solutions ou services demandaient d'importantes mises de fonds (logiciel, matériel, formation, couts en capitaux, etc.) qui n'étaient pas à la portée des petits départements. Les FSI pouvaient se fier au cout et à la complexité d'exécution pour conserver les clients internes.

Mais cet avantage s'amenuise tranquillement. Plusieurs options deviennent maintenant accessibles pour les utilisateurs, afin de remplacer les services offerts par les fournisseurs de services internes. Les utilisateurs deviennent de plus en plus connaissant et ne sont maintenant plus les « otages » de leurs FSI. En fait, les utilisateurs sont souvent plus équipés à la maison qu'au bureau. Les unités opérationnelles sont plus informées à propos des outils et approches qui étaient autrefois le territoire des fournisseurs de services internes. D'ailleurs, certaines unités opérationnelles vont maintenant jusqu'à engager des employés ayant des connaissances semblables à celles des fournisseurs de services internes (informatique, RH, finances, logistique, juridique, etc.). Ainsi, elles développent leur propre expertise en matière de services internes.

Les fournisseurs externes ont désormais une option pour répondre à la frustration des utilisateurs envers leurs FSI. Une nouvelle espèce de fournisseurs fait maintenant de la publicité directement aux utilisateurs. Leur message? *Vous pouvez utiliser nos services sans impliquer votre FSI.* Et ça fonctionne. Salesforce.com, un des principaux fournisseurs de solutions CRM en nuage, a maintenant plus de 100 000 clients, grâce à ce message.

Exemple : Embaucher sans RH

Les Ressources Humaines étaient auparavant la seule manière pour les départements d'engager de nouveaux employés. Ce département possédait la clé du royaume du recrutement : la paye. Vous ne pouviez engager quelqu'un à moins que les RH l'aient préalablement approuvé, et dans la plupart des cas, les RH s'occupent de l'intégralité du processus pour vous.

De nouvelles options sont maintenant disponibles. Deux plateformes deviennent de plus en plus populaires pour le recrutement de personnel à court terme : Elance et oDesk. Ces plateformes relient les fournisseurs et les acheteurs de partout dans le monde sur une seule et même plateforme d'échange de ressources humaines. Vous avez besoin d'un spécialiste pour développer un site web? Des contracteurs du Pakistan seront probablement très heureux de vous aider. Vous devez concevoir une nouvelle brochure? Un charmant groupe de l'Europe de l'Est sera plus que partant pour vous assister. Un des plus grands avantages de ces plateformes est que vous n'avez jamais besoin d'engager une personne, tout est fait par l'intermédiaire de la plateforme, par le biais d'une relation vendeur-fournisseur, et payable par carte de crédit.

Ces types de plateformes changent la donne en ce qui a trait au recrutement. Il est maintenant facile pour les recruteurs de publier des offres d'emploi, de filtrer les différents profils et de faire une période d'essai avec différents candidats. Pas d'ennuis avec le système de paye, pas de problèmes avec la gestion de la performance et la formation. Si le travail n'est pas satisfaisant, vous mettez simplement fin au contrat. Même si ce n'est pas approprié à toutes les situations, cela rétablit la balance du pouvoir de façon importante pour les utilisateurs et leurs départements des ressources humaines.

Exemple : Apportez votre propre appareil

Un autre exemple de ce transfert de pouvoir est le concept du BYOD (de l'anglais *Bring Your Own Device*, signifiant littéralement « Apportez Votre Propre Appareil »). Cette tendance est apparue dans les départements de services informatiques lorsque les utilisateurs ont commencé à vouloir utiliser leurs iPhone et iPad au travail. La plupart des départements de services informatiques étaient réticents à autoriser l'utilisation de ces appareils, croyant que cela engendrerait d'importantes dépenses. Après tout, lorsqu'un utilisateur commence à utiliser un nouvel appareil, mystérieusement, le nombre de vieux appareils qui se brisent, sont échappés ou « perdus », augmente significativement.

La majorité des départements de services informatiques ont résisté au début, clamant qu'il y aurait des risques au niveau de la sécurité ou que cela s'éloignerait trop des normes de l'entreprise. Mais les utilisateurs ne s'y sont pas arrêtés et ont commencé à apporter leurs propres appareils, au point où ces départements ont perdu le contrôle. Les utilisateurs ont alors gagné une grande bataille. Comment ces départements ont-ils géré la situation?

Ils ont développé le concept du BYOD. Achetez ce que vous voulez, et nous vous donnerons accès au réseau, mais vous serez seul, nous ne vous supporterons pas (ou très peu). Et certains départements de services informatiques y ont même vu une opportunité de réduire leurs dépenses. Au lieu de fournir un appareil à chaque employé, ils leur donneraient simplement une allocation et les laisseraient acheter ce qui leur plairait.

On vous compare aux autres

Les utilisateurs deviennent de plus en plus sophistiqués quant à ce qu'ils attendent de leurs fournisseurs. Ils achètent des services de technologie à domicile (câble, internet, ordinateurs, iPad), ils achètent des services domestiques (tonte de gazon, entretien ménager, réparations) et ils reçoivent du soutien de leurs fournisseurs.

En plus de tout cela, les employés sont de plus en plus mobiles, changeant fréquemment d'emploi et observant comment d'autres fournisseurs de services internes desservent leurs clients. Vous avez certainement déjà entendu « Chez mon ancien employeur, nous faisions... »

Les utilisateurs sont constamment en train de comparer vos services. Ils les comparent aux fournisseurs commerciaux qu'ils utilisent, à leurs précédents employeurs et à leurs attentes (bonnes ou mauvaises) sur la façon dont vous devriez les servir. Ils ne se sentent plus privilégiés d'avoir accès à vos services, c'est maintenant devenu la norme. En tant que tels, ils attendent de vous que vous vous amélioriez, et que vous offriez des services de la même manière.

La participation de l'utilisateur est maintenant une nécessité

La plupart des projets entrepris par les fournisseurs de services internes échouent à cause de l'absence de gestion du changement, ce qui réfère, d'une façon plutôt pompeuse, au fait que les utilisateurs ne veulent pas utiliser un nouveau système ou procédé. Dans le passé, il était facile de forcer les utilisateurs à utiliser un système. S'ils ne l'utilisaient pas, ils n'étaient pas en mesure de saisir la commande du client, ce qui était particulièrement problématique. Mais maintenant, la plupart des applications nécessitent un certain investissement de la part de l'utilisateur, afin d'être fonctionnelles. La gestion du savoir, la collaboration et les CRM nécessitent tous que l'utilisateur participe volontairement. Ne faire que le strict nécessaire n'est plus suffisant pour avoir du succès.

L'acceptation de l'utilisateur est une part importante du succès d'un projet

Un facteur significatif du succès, lors du déploiement de nouvelles initiatives, est celui de l'adoption par l'utilisateur. L'implication et l'adoption de l'utilisateur ont été identifiées comme des facteurs de succès critiques depuis déjà plusieurs années. La gestion du changement a évolué en un champ d'expertise spécifiquement conçu pour s'occuper de cet aspect du projet, et les firmes de consultants offrent des services spécialisés dans le domaine.

La satisfaction de l'utilisateur dictera sa façon de s'adapter. L'attitude qu'il adoptera dépend de son attitude préalable envers le FSI. Et comment détermine-t-on l'attitude d'un utilisateur? L'évaluation de la satisfaction de l'utilisateur est le moyen le plus simple d'y parvenir. Les utilisateurs satisfaits tendent à approcher une nouvelle initiative avec une attitude plus positive, puisqu'ils utilisent déjà les services avec succès et en reconnaissent la valeur. Ils comprennent que la nouvelle initiative requerra quelques changements dans leur façon de travailler, et ils sont plus enclins à y investir le temps et les efforts.

D'un autre côté, les utilisateurs insatisfaits évitent activement l'utilisation du nouveau système ou des nouveaux procédés. Ils attendront d'y être obligés et, une fois ce point atteint, ils résisteront à chacune des étapes du processus.

Les FSI ne peuvent plus utiliser l'approche « construisons-le et ils viendront». Cela ne fonctionne tout simplement plus. Les utilisateurs ont besoin d'être activement engagés dans le projet, du début à la fin.

Simon Chapleau

Tendance 2. Les FSI doivent démontrer leur valeur d'affaires

De nouveaux types de services nécessitent la participation des employés

Les services des FSI ont toujours visé l'optimisation du processus. Les utilisateurs n'étaient qu'un des engrenages du système, saisissant des données afin que le processus puisse fonctionner. Par exemple, dans un processus de prise de commande, le vendeur saisissait l'information relative à la commande, ce qui créait automatiquement une demande de production, puis une demande d'achat, etc. La majorité des données saisies par chaque participant servait à « nourrir » la prochaine étape. Dans ce scénario, les données servent un processus obligatoire, puisque lorsqu'une donnée est manquante, le processus cesse. Obliger les utilisateurs à s'y plier était donc assez simple.

Au cours de l'évolution, nous avons commencé à utiliser les services différemment. Et nulle part ailleurs ce changement n'est-il aussi apparent que dans les systèmes CRM. Un système de Gestion de la Relation Client (ou *Customer relationship management*, d'où l'abréviation CRM) n'a de valeur que lorsque tous les employés de première ligne enregistrent toutes leurs interactions avec les clients. Par exemple, ma banque devrait savoir que j'ai appelé la semaine dernière pour obtenir de l'information sur une nouvelle hypothèque, que je suis allé au guichet automatique cinq fois au cours des deux dernières semaines, et qu'ils m'ont envoyé deux lettres promotionnelles au cours du dernier mois. La valeur est présente parce que les utilisateurs ont saisi toute l'information.

Les CRM ne cessent pas de fonctionner quand aucune donnée n'est entrée. Même si le représentant du service à la clientèle a oublié d'enregistrer ma requête, la banque sera quand même en mesure de me servir lors de mon prochain appel. Le seul impact est que le système devient alors moins fiable, même si rien ne se « brisera ». Ce manque de conséquences rend très difficiles le suivi et la surveillance de l'utilisation du système. En ce sens, pour que le CRM soit efficace, les utilisateurs doivent y voir la valeur intrinsèque pour eux-mêmes, afin de justifier l'effort qu'ils mettront à saisir les données.

Mais nous pouvons toujours les y forcer!

Qu'arrive-t-il alors si nous forçons des utilisateurs à utiliser un nouveau système CRM? Hiesh, J.J.P. & Petter ont décidé de le découvrir. Ils ont analysé le déploiement d'un CRM dans une banque de Chine, afin d'évaluer l'impact d'obliger les employés à se servir du nouveau système. Spécifiquement, les chercheurs voulaient savoir si la satisfaction de l'utilisateur par rapport au nouveau système avait un impact sur les services fournis aux « vrais » clients.

Pour étudier la question, ils ont évalué différents facteurs. Le premier consistait à évaluer la connaissance des agents face aux fonctions liées à l'emploi. Nous savons que les agents qui ont plus de connaissances tendent à livrer un meilleur service, puisqu'ils peuvent généralement répondre plus adéquatement et rapidement aux questions et cibler les solutions les plus appropriées pour le client.

Le second facteur évalué était en lien avec le dévouement à l'emploi ou, à quel point les agents étaient motivés à travailler. Cette mesure a été établie par leurs superviseurs, en utilisant un questionnaire standardisé.

Ces facteurs ont été étudiés avant, pendant et après le déploiement du système CRM.

Forcer l'utilisation fonctionne, mais seulement s'ils le veulent

Les résultats ressortis de l'étude étaient pour le moins intéressants. Premièrement, il était clair que de forcer les utilisateurs à utiliser le nouveau CRM était une alternative viable, puisque la majorité des utilisateurs se sont pliés aux nouvelles procédures. Ce n'est pas surprenant, si l'on considère que les gestionnaires étaient très impliqués dans l'utilisation du système et que les employés auraient fait face à des sanctions disciplinaires s'ils avaient refusé de l'utiliser (nous parlons ici de la Chine après tout).

Les chercheurs ont aussi découvert que les employés satisfaits du nouveau système avaient tendance à améliorer la qualité du service qu'ils offraient. Le CRM leur fournissait plus d'outils et d'informations, permettant ainsi aux utilisateurs de faire leur travail de manière plus efficace, respectant ainsi l'objectif premier de l'instauration du CRM.

Cependant, les employés insatisfaits par le nouveau système tendaient à fournir un moins bon service, même s'ils étaient auparavant très performants.

Dissonance cognitive

Un facteur en jeu lors de l'étude était la dissonance cognitive. Elle survient quand le comportement de quelqu'un va à l'encontre de ses croyances. Le cerveau n'aime pas faire face à deux croyances contradictoires, et il fera tout en son pouvoir pour rectifier la situation, en cherchant un meilleur équilibre.

Dans le cas du CRM, les utilisateurs étaient forcés d'utiliser le système qu'ils considéraient être inadéquats et porteur de services de plus faible qualité. En conséquence, pour remédier à la dissonance cognitive, ces mêmes utilisateurs ont diminué inconsciemment la qualité du service qu'ils offraient. De cette manière, comportements et croyances retrouvaient un certain équilibre.

Cette dissonance cognitive peut même ébranler la confiance des employés envers l'administration et les gestionnaires. Pourquoi ont-ils déployé ce système s'ils savaient que cela ferait diminuer la qualité du service? Peut-être que l'administration ne voit pas l'importance du service à la clientèle?

La satisfaction importe

Les résultats de l'étude ont démontré que la satisfaction était importante, au même titre que le dévouement ou les connaissances. Une faible satisfaction de l'utilisateur avait un impact direct sur le service à la clientèle, et inévitablement sur la satisfaction de la clientèle.

Les fournisseurs de services internes ne peuvent maintenant plus se cacher derrière le fait qu'ils ont une fonction uniquement bureaucratique. Leurs initiatives et procédures ont un impact direct sur leurs clients. Tout comme les départements d'entreprise commencent à le réaliser, ils demandent à leurs FSI de monter d'un cran et d'y apporter une valeur ajoutée.

Le besoin de démontrer la valeur

Chaque dollar doit avoir un impact

Les fournisseurs de services internes étaient parfaitement heureux en aidant l'organisation à améliorer sa productivité. Ils approchaient chaque projet en visant une réduction du nombre d'employés ou en retirant une routine établie, un travail inutile, en automatisant et en simplifiant les tâches.

Mais la pression sur les profits signifie également qu'il faut réduire les budgets. Chaque département subit la pression de faire plus avec moins, et les budgets sont coupés ou alors, gelés. Si la valeur qu'un département amène n'est pas claire et précise, il devient alors très difficile de résister aux coupures. Au point où certains FSI se retrouvent non seulement sans ressources pour entamer de nouvelles initiatives, mais où en plus, ils ont de la difficulté à maintenir à flot les services existants.

Avoir les clés n'est maintenant plus suffisant

Certains FSI utilisaient le fait qu'ils avaient l'autorité dans leur domaine pour contrôler ce qui arrivait, imposer une forme de contrôle sur les normes de qualité et sur ce qui pouvait et ne pouvait pas être fait. Par exemple, les départements n'étaient pas en mesure d'embaucher de personnel sans passer d'abord par leur représentant des RH ou alors, les unités d'affaires ne pourraient pas se procurer de nouveaux ordinateurs par elles-mêmes sans avoir l'approbation des Services Informatiques.

Mais ce pouvoir s'érode tranquillement, les unités d'affaires préférant chercher le pardon plutôt que de demander la permission. Les fournisseurs de services internes qui ne peuvent pas générer de valeur se voient souvent exclus des décisions, discussions et orientations importantes. Combien de FSI se plaignent de n'entendre parler d'initiatives que lorsque tout a déjà été décidé? Il est fort probable que les autres départements ne voient pas en quoi le fait de les impliquer plus tôt pourrait avoir de la valeur. En fait, ils peuvent même exclure volontairement les FSI, si ceux-ci ont la réputation de ralentir les choses.

Si vous ne le faites pas, quelqu'un d'autre le fera

Il y a une armée de fournisseurs qui cognent à la porte du PDG pour vous remplacer, vous et votre équipe. Les fournisseurs externes ont développé de multiples méthodes pour sous-traiter les opérations. Moins chers, plus rapides, meilleurs outils. Il est extrêmement difficile de compétitionner avec les fournisseurs externes en se basant uniquement sur les couts. Après tout, ils ont généralement de bien plus grandes économies d'échelle que les FSI. Et même s'ils ne sont pas moins chers, leur promesse de n'avoir aucun cout-surprise (après tout, ils sont sous contrat) est très alléchante.

Votre compagnie ne croit pas en la sous-traitance? On voit également apparaitre une tendance qui vise à regrouper les fournisseurs de services internes en services partagés, pour réduire encore davantage les couts généraux. En combinant tous les services « de commodité » sous un même toit, les organisations peuvent ainsi obtenir des économies d'échelle, en réduisant le nombre de dirigeants et en diminuant la quantité de personnel.

Tout fournisseur de services interne qui ne peut démontrer clairement sa valeur sera traité comme une commodité. Mais alors, comment démontrer sa valeur?

Les défis de la mesure de la valeur

Les dirigeants ne pensent pas à vous, désolé.
Nous aimerions tous croire que nous sommes un élément essentiel de l'organisation et que les choses ne pourraient fonctionner sans nous. Et nous pouvons très certainement être essentiels, offrant des services qui stopperaient les avancées de l'entreprise s'ils étaient eux-mêmes arrêtés. Mais la réalité est que les dirigeants, nos clients internes et nos utilisateurs ne passent pas une seule minute à penser à nous. Ils sont occupés avec l'exécution quotidienne des opérations et n'ont pas le temps de penser à la valeur des services que nous offrons.

Tout cela, jusqu'au moment où vous faites une erreur. Alors, vous serez dans les pensées de tous. Ils parleront ensemble de toutes les fois où vous avez commis des erreurs ou de celles où votre service n'était pas disponible. Ils réviseront votre budget et se demanderont pourquoi le service n'est pas plus performant, compte tenu de tout l'argent qu'ils y injectent. Tout le monde deviendra soudainement très intéressé par l'avancement de vos projets, par le fait que vous respectiez ou non votre budget ainsi que par l'état de vos services.

Ils ne comprennent pas ce que vous faites

Est-ce que votre mère comprend vraiment ce que vous faites dans la vie? Il y a de grandes chances que non. Évidemment, elle est probablement très fière de vous, racontant à tout le monde à quel point vous êtes important dans l'organisation, mais elle ne peut probablement pas expliquer ce que vous faites au quotidien.

La même chose pourrait être dite de vos clients. Leur manque d'intérêt ne signifie pas qu'ils ne s'intéressent pas à vous. Le problème majeur est que la plupart des dirigeants ne savent pas exactement ce que vous faites. Ils comprennent les grandes lignes, que vous gérer les procédés de RH, de l'informatique ou des « trucs » juridiques. Mais ils ne comprennent pas ce dont vous avez besoin pour effectuer vos tâches et fonctions adéquatement, au quotidien.

Ce manque de compréhension les empêche de juger adéquatement de la qualité de votre travail. Pour contourner cet obstacle, certains FSI ont décidé de mesurer leur contribution de façon objective.

La valeur est dans les yeux de celui qui regarde

La valeur d'affaires est très difficile à mesurer. Certaines organisations de services internes ont tenté d'utiliser une variété de techniques afin de mesurer et de démontrer la valeur de leur entreprise.

Une des approches les plus populaires est d'utiliser les couts opérationnels comme point de référence. Plusieurs compagnies se spécialisent dans la comparaison (benchmark) des budgets de fournisseurs de services internes et peuvent fournir des mesures comparatives sur tous les aspects de la performance opérationnelle. Cela permet aux FSI d'évaluer leur productivité relative en se comparant à leurs pairs en général et à ceux de leur industrie spécifique. Malheureusement, le référencement comparatif ne permet pas réellement de démontrer la valeur, mais seulement de confirmer que le FSI ne gaspille pas d'argent. Ça ne démontre que très peu quant à la capacité du FSI à contribuer aux besoins de l'organisation.

Une autre approche populaire tient à l'utilisation des mesures de retours sur investissement. En démontrant que les activités et initiatives rapportent plus qu'elles n'en coutent, cela devrait constituer une méthode plutôt efficace de démonstration de la valeur. Mais il semble que cela ne fonctionne pas tellement bien non plus. Mesurer les bénéfices des projets d'un FSI peut être parfois très complexe, créant même parfois des guerres de territoires sur la source réelle des bénéfices entre le FSI et un ou plusieurs autres départements. Est-ce le département qui est plus productif ou est-ce la nouvelle approche du FSI qui est à la source de ce bénéfice?

Des outils complexes ont également été conçus; des cadres de mesure de l'impact d'un FSI sur une variété d'éléments liés à l'entreprise. Mais ces approches ont aussi été difficiles à implanter, les frais requis pour maintenir les mesures et le cadre coutant souvent plus cher que les bénéfices qu'ils procurent. Et honnêtement, très peu d'exécutifs les comprennent ou y croient.

Malheureusement, la valeur est dans les yeux de celui qui regarde. Il n'y a pas de mesures financières ou d'approches qui satisfassent les préoccupations de tous les gestionnaires d'entreprise. Mais une mesure s'en rapproche : la satisfaction de l'utilisateur.

La satisfaction de l'utilisateur comme baromètre de la valeur d'affaires

Les FSI sont perçus comme des centres de couts dans la majorité des organisations. Un des plus grands défis auxquels les dirigeants de FSI doivent faire face est donc la justification budgétaire. Je ne cesse d'entendre des choses du genre « Les FSI sont comme des trous noirs, nous ne faisons qu'y jeter de l'argent! » ou « Peu importe combien on leur donne, ils ne cessent d'en demander davantage! ».

Mais qu'est-ce vraiment que la valeur d'affaires?

Le premier problème rencontré par les fournisseurs de services internes est de définir ce que signifie la valeur d'affaires pour eux exactement. Pour certains, être un fournisseur à faibles couts est une manière de contribuer aux besoins de l'organisation. Pour d'autres, c'est d'offrir des solutions nouvelles et innovatrices qui créent de la valeur.

Mais comme la valeur dépend réellement des clients eux-mêmes, nous avons une définition plus simple :

Le FSI joue-t-il le rôle qui est attendu de lui?

Malgré que cela puisse sembler simpliste, cette définition représente en fait assez précisément les inquiétudes des dirigeants d'entreprise. Une organisation qui travaille fort à l'optimisation de ses couts et qui s'autoévalue régulièrement peut quand même manquer à son devoir de livrer le travail attendu, si l'entreprise attend plutôt que quelqu'un les aide à innover et à trouver de nouvelles solutions. D'un autre côté, une organisation qui est présentement en plein cœur d'un projet de restructuration massive sera déçue d'un FSI qui offre des services de pointe, mais qui manque de leadership dans l'implantation de nouveaux systèmes et procédés.

Dans la Partie 2, nous verrons comment différents profils de personnalité contribuent à la réalisation des objectifs d'une organisation.

La satisfaction comme mesure substitut de la valeur

Auto-évaluation, Retour sur Investissements (ROI) et cadres de travail ne permettent pas de mesurer les attentes. Ils évaluent souvent le FSI en le comparant à un standard artificiel de performance qui peut refléter ou non les attentes des clients. C'est pourquoi ces mesures sont généralement inefficaces.

Mais une mesure capture efficacement les attentes : la satisfaction. Après tout, la définition de la satisfaction est la différence entre le service fourni et le service attendu. Vous offrez plus que ce à quoi s'attend le client? La satisfaction augmente. Vous offrez moins et la satisfaction diminue.

Dans la littérature, il est clairement démontré d'après de nombreuses études que la satisfaction de l'utilisateur est le meilleur prédicteur de la valeur. La satisfaction capture toutes les attentes des clients, la performance de livraison de services et la compréhension du client, sous une seule et même mesure.

Tendance 3. Les FSI font partie de l'entreprise

La différence entre une coupe de cheveux à 15 $ et à 200 $

Pourquoi certaines personnes sont-elles prêtes à payer jusqu'à 200 $ pour une coupe de cheveux alors que d'autres ne payeront pas plus de 15 $?

L'expérience d'une coupe à 15 $ est plutôt évidente. Généralement, vous vous présentez au salon, pas besoin de rendez-vous, vous n'avez qu'à attendre votre tour. Quand une des coiffeuses est disponible, vous vous assoyez, expliquez que vous voulez qu'elle rafraichisse un peu votre coupe et elle se met au travail, posant quelques questions pour clarifier les choses en cours de route. Même si les interactions peuvent être très agréables et intéressantes, le niveau d'implication de la coiffeuse dans le processus est plutôt limité : vous êtes la personne qui spécifie, en des termes très précis, ce que vous voulez (plus courts sur les côtés, séparation, mèches, etc.).

Plus souvent qu'autrement, la coiffeuse n'a aucune idée des objectifs réels du client. Veut-il avoir l'air plus jeune? Se prépare-t-il pour un important rendez-vous? La coupe à 15 $ est transactionnelle et peut être considérée comme une commodité, n'importe quel coiffeur avec les bonnes compétences peut s'occuper de ce client avec succès. Et c'est parce que les spécifications sont très claires. Mais qu'arrive-t-il si le client ne sait pas ce qu'il ou elle veut?

La coupe de cheveux à 200 $ fait partie d'un monde à part, en comparaison avec la coupe à 15 $. Évidemment, l'endroit à tendance à être plus sophistiqué; ils offrent du vin ou du champagne à leurs clients et l'ambiance est très relaxante, similaire à celle d'un spa. Mais la réelle différence se situe dans l'implication du coiffeur. Quand quelqu'un va chez un coiffeur à 200 $, les spécifications tendent à être plus vagues, au point d'être inexistantes. Le client parlera souvent en termes de look : « Je veux avoir l'air plus jeune » ou « J'ai besoin d'un nouveau look ». Il est alors de la responsabilité du coiffeur de poser les bonnes questions afin de déterminer le style, les gouts, les limites du client, combien de temps il est prêt à mettre pour se préparer le matin, etc.

Le coiffeur est responsable de concevoir une solution qui rencontrera les objectifs du client. En se basant sur des termes vagues et quelques points aimés/détestés, le coiffeur trouve une solution (une coupe) qui respecte la demande de son client. Cela requiert un haut niveau de communication, puisqu'une fois que les cheveux sont coupés, il est difficile de revenir en arrière. Cela requiert également un haut niveau de compréhension des tendances actuelles et des styles à la mode, une compréhension de la physiologie et de la morphologie pour comprendre quelle coupe mettra en valeur le client (tout en amenuisant les petites imperfections), etc. Et c'est pour ce niveau d'implication qu'un coiffeur peut demander un tel prix pour ses services. Et les clients sont heureux de payer.

Comprendre l'entreprise

De la prise de la commande à la conception de solutions

La plupart des fournisseurs de services internes agissent comme des coiffeurs à 15 $ depuis déjà bien des années. Ils ont pris les requêtes et les besoins de l'entreprise et les ont livrés le plus rapidement et efficacement possible. Des cheveux plus courts? Fait. Besoin d'embaucher quelqu'un? Fait. Ils ont tenté de répondre au plus de demandes possible afin de desservir le plus large éventail de clients possible. Mais cette relation transactionnelle ne fonctionne maintenant plus pour leurs clients.

Une étude conduite par le *Harvard Business Review* a démontré que plus de la moitié des PDG étaient insatisfaits du rôle de leur fournisseur de services interne, sentant qu'il ne comprenait pas les besoins de l'entreprise. Ils avaient l'impression que leur FSI n'agissait pas comme un partenaire, ne comprenant pas l'entreprise qu'il tentait pourtant d'aider. Le FSI donnait une coupe à 15 $ alors que l'entreprise voulait un nouveau look.

La situation est tellement grave que la moitié des PDG anticipent des changements majeurs de leadership au sein de leur fournisseur de services interne. Au cours des cinq dernières années, on a d'ailleurs observé que plusieurs dirigeants de FSI étaient choisis au sein des autres départements de l'entreprise, plutôt que dans l'équipe même du FSI, croyant que cela améliorerait la compréhension du FSI des besoins de l'entreprise.

Être bon pour couper des cheveux ne suffit simplement plus.

Vivre dans l'entreprise

Les fournisseurs de services internes ont toujours agi comme s'ils ne faisaient pas partie de l'entreprise. Un dirigeant de FSI est d'abord et avant tout un dirigeant d'entreprise. Son travail est d'aider l'entreprise à rencontrer ses objectifs. Le moyen d'y arriver peut varier, par exemple selon qu'ils proviennent des services informatiques, des RH, des finances, des services juridiques, etc. Mais les moyens ne sont que secondaires.

Par exemple, il y a plusieurs années, Singer, le manufacturier de machines à coudre, a voulu étendre son marché à la vente par internet (oui, c'était il y a longtemps). Le département de l'informatique a donc pris l'initiative de créer une boutique en ligne (ce qui était plutôt complexe à l'époque) et a voulu la rendre accessible au grand public. Mais le vice-président marketing les a arrêtés juste à temps. Singer avait divisé ses marchands autorisés par territoire, et vendre sur le web aurait contrevenu à leurs contrats. Il a fallu six mois supplémentaires pour négocier des compensations financières avec les magasins avant de pouvoir mettre la boutique en ligne, et il aura fallu revamper l'intégralité de la boutique virtuelle. Le département informatique aurait pu causer un conflit majeur entre Singer et ses revendeurs, simplement parce qu'il ne comprenait pas les processus de ventes de l'organisation.

Un dirigeant d'entreprise devrait comprendre les résultats financiers clés (à la condition qu'ils en aient l'accès), connaître les mesures et les données relatives à la compagnie (revenus, profits, marges de profits, nombre de sites, nombre d'employés) en plus d'être capable de répondre aux questions suivantes :

1. Comment la compagnie fait-elle de l'argent?
2. Qui sont les clients et quels sont leurs besoins?
3. Stratégies de mise en marché?

4. Quels sont les produits/services offerts pour répondre aux besoins?
5. Qu'est-ce que le produit a d'unique?
6. Qui est la compétition et comment le produit s'y compare-t-il?
7. Quel genre d'équipe est nécessaire à l'entreprise pour réussir?
8. Quelles opérations/infrastructures sont nécessaires à la croissance?
9. Quel est le plan de croissance et où l'entreprise en est-elle?
10. Quels sont les plans pour la prochaine année?

Le nombre de dirigeants de FSI qui ne peuvent répondre à ces simples questions est étonnamment élevé, alors que la plupart des dirigeants des autres départements peuvent probablement tous y répondre pendant leur sommeil, qu'ils soient ou non responsables de leurs résultats. Les dirigeants de FSI ne peuvent plus se permettre de vivre en dehors de l'entreprise; ils doivent se joindre à la marche et se mettre au même niveau que les autres.

Gérer les détails

Tout comme pour l'exemple du coiffeur, les organisations cherchent des partenaires qui peuvent entrevoir la vision générale de l'entreprise et en gérer les détails. Elles ne veulent plus avoir à dicter leurs besoins sur de longues listes de priorisation. Elles attendent plutôt de leurs partenaires qu'ils fassent l'effort de comprendre l'entreprise, leur domaine et la relation qu'il y a entre les deux.

Votre organisation veut croître? Alors vous devriez déjà savoir quels en seront les impacts sur votre infrastructure, vos services, votre personnel et vos couts. Mais vous devriez aussi comprendre ce que cela impliquera pour vos clients internes et développer des solutions visant à régler ses problèmes avant qu'ils ne se produisent. Auront-ils besoin de solutions de communication? D'embauche massive? De supporter l'utilisation d'une nouvelle langue? D'offrir de la formation intensive? Vous pouvez aider vos clients à identifier tous ces nouveaux besoins et ensuite, intervenir de façon proactive afin de préparer le terrain.

Les clients recherchent un nouveau look. C'est le travail du FSI que de trouver lequel.

Comprendre l'industrie

Le monde ne s'arrête pas à votre porte

Il existe une vieille blague parmi les dirigeants de FSI : Lorsque e PDG voyage, la boite de courriel du leader FSI se remplit. C'est encore pire lorsque les dirigeants participent à des conférences où sont présentées des tonnes de nouvelles solutions et approches! Bref, chaque fois qu'un dirigeant d'entreprise ou de département se met à voyager, c'est le FSI qui reçoit le déluge!

Les organisations opèrent dans un marché très dynamique, et qu'elles soient dans un marché compétitif ou non (comme le secteur public, par exemple), la nécessité de suivre le marché est toujours présente. Les organisations, et leurs dirigeants sont constamment mis au défi de performer plus que le voisin et sont fréquemment évalués et comparés à leurs pairs, pour déterminer leur niveau de productivité, leur gestion et leurs innovations. Une des façons d'y arriver consiste à savoir profiter davantage des services et solutions que peuvent fournir les FSI.

Comprendre ce que font les autres

La plupart des cadres d'entreprise sont généralement très au courant de ce que leurs compétiteurs et pairs de l'industrie font en termes de pratiques d'affaires. Ils lisent des magazines liés au domaine, se parlent entre eux et vont même jusqu'à engager des consultants pour demeurer à jour. Mais il y a de grosses chances pour qu'ils ne fassent pas de suivi spécifique à votre domaine. Ils ne sont généralement pas au courant du type de logiciel que les autres utilisent, des nouvelles tendances en recrutement et des approches en négociation de contrat.

C'est là que les fournisseurs de services internes ont échoué. Alors que la majorité reste aux faits des nouvelles tendances de leur domaine d'expertise, ils ne les replacent pas dans le contexte de leur propre industrie. Quel est le pourcentage de compagnie, dans votre industrie, qui possède un logiciel de CRM ou une application de gestion des talents? La majorité? La moitié? Personne?

L'entreprise s'attend à ce que leurs fournisseurs de services internes soient à jour avec ces tendances. Pas nécessairement de sauter dans le train en marche, mais au moins de comprendre où les autres s'en vont et ce qui les différencient de votre propre organisation.

Partenariats à succès

Les unités commerciales s'attendent à une approche différente de la simple relation client-fournisseur. Elles veulent que les FSI soient présents à leurs côtés pour gérer leurs plus gros défis de l'entreprise. Ces unités commerciales (ou départements) souhaitent que leurs partenaires se penchent sur les mêmes objectifs et qu'ils partagent la même motivation à les atteindre.

Mais les FSI ont, historiquement, rendu les partenariats très difficiles. Ils ciblent constamment la productivité, et la gestion d'un flot constant de requêtes les a rendus plus près des compagnies de ventes par catalogue que d'un réel partenaire. Envoyez votre requête par la poste et nous vous l'enverrons dans les 4 à 6 semaines.

Nous verrons donc trois caractéristiques que les FSI performants développent afin de devenir de bons partenaires.

Les partenaires sont impliqués

Les unités commerciales détestent les FSI qui réclament un formulaire rempli pour chaque interaction avec eux. Vous voulez envisager un nouveau projet potentiel? Veuillez svp remplir le formulaire de soumission de projets en premier lieu. Vous pensez à engager un nouvel employé? Veuillez remplir un formulaire de réquisition de personnel. Tout le monde comprend le besoin d'instaurer des procédures afin de gérer la charge de travail, mais dans une certaine mesure, ces formulaires sont vus comme une façon pour les FSI de se distancer de leurs clients.

Les fournisseurs de services internes qui réussissent développent des mécanismes leur permettant de rendre leur implication dans les activités quotidiennes plus simples. Ils prévoient des réunions fréquentes, participent aux rencontres départementales de leurs clients et partagent de l'information régulièrement pour garder les canaux de communications ouverts. Et même s'ils doivent conserver un minimum de procédures pour la gestion de la charge de travail, ils font des efforts constants afin que ce soit le plus rapide et facile possible pour leurs clients.

Les partenaires connaissent leur client

Il n'est attendu d'aucun dirigeant de FSI qu'il connaisse tout à propos de ses clients et qu'il ait le temps de développer des relations de confiance avec tout le monde. La complexité des services qu'il offre, combiné à la différence entre les multiples départements, rendrait de toute façon cette tâche impossible. Quand même, un FSI doit comprendre les objectifs clés et les défis auxquels fait face chaque client, et plus important encore, il doit comprendre l'intégralité du spectre de services qu'il leur offre.

Certains fournisseurs de services internes ont commencé à implanter le concept de gestionnaires de relations d'affaires (de l'anglais *Business Relationship Managers* ou BRM) pour agir à titre d'agents de liaison entre les clients et les différentes parties de l'organisation. Similaire au concept de gestionnaires de relations commerciales, le BRM agit à titre de point central de contact pour tout ce qui est lié au FSI. Les clients n'ont pas à faire affaire avec une variété de gestionnaires et de professionnels qui renverront vite la balle dans le camp d'un autre lorsque l'action s'éloigne trop de leur description de tâches.

Peu importe que ce poste soit un poste à temps plein ou simplement un ajout de responsabilités à la tâche d'un poste déjà existant, avoir ce rôle aide énormément à mieux comprendre les clients. Évidemment, comprendre les clients n'aide que si l'on est proactif, en adaptant des solutions à leurs besoins.

Les partenaires veulent que leurs clients réussissent

Un vrai partenaire ne peut réussir si vous échouez. Les services départementaux détestent que les fournisseurs de services internes obtiennent de la reconnaissance alors que le reste de l'entreprise ne rencontre pas ses objectifs.

Il est maintenant commun pour les fournisseurs de services internes d'avoir les mêmes objectifs de performance que le reste de l'organisation. Le bonus de leur dirigeant est souvent dépendant des mêmes facteurs que celui de tous les autres dirigeants. Même si certains débattent de l'efficacité de cette technique, elle fournit néanmoins un alignement commun des priorités de l'organisation.

Mais que l'alignement soit ou non renforcé, les fournisseurs de services internes veulent que leurs clients réussissent. Ils travailleront de façon diligente afin que les clients rencontrent leurs objectifs et respectent leurs promesses.

Bâtir des partenariats

Les FSI veulent devenir des partenaires d'affaires. Ils ont leurs propres idées sur la façon de réduire les couts et d'augmenter les ventes. Ils veulent être à la table des décisions et faire entendre leur opinion sur ce qui se passe dans l'organisation.

Certaines organisations accueillent les FSI à leur table à bras ouverts. Certaines vont même jusqu'à leur donner un rôle de premier plan à la table décisionnelle. D'autres dirigeants d'organisation ne répondent même pas aux appels des FSI. Pourquoi? Parce qu'ils n'ont aucune crédibilité.

La crédibilité est difficile à obtenir et facile à perdre. Prenons la compagnie de téléphone comme exemple. Je suis un consultant et une grande partie de mon travail s'effectue par téléphone. J'appelle des clients, j'assiste à des conférences téléphoniques, je fais des ventes par téléphone. Le téléphone est un outil très important pour mon entreprise. Sans lui, ma vie serait particulièrement compliquée. Mais est-ce que je considère pour autant mon téléphone comme un aspect stratégique de mon entreprise? Je ne crois pas.

Supposons que la compagnie de téléphone m'appelle et me dise : « Simon, nous aimerions vous aider à faire croitre votre entreprise. Nous pensons que nous pouvons vous aider à devenir un meilleur consultant. » Il y a de grandes chances que ma première réaction soit : « Commencez donc par vous assurez que mon téléphone fonctionne chaque fois que je décroche!? »

Voyez, j'ai eu d'importantes difficultés de couverture avec mon téléphone. Je suis certain de ne pas être le seul dans cette situation, mais comme vous le savez, mon téléphone est une partie très importante de mon travail. S'ils ne peuvent pas me fournir quelque chose d'aussi simple qu'un service fiable, qu'est-ce qui leur fait croire qu'ils pourraient être des partenaires crédibles?

Peut-être que c'est trop que de demander la perfection, mais quand c'est en lien avec mon entreprise, c'est ce dont j'ai besoin. Remarquez, je peux me contenter de très, très bon. Si la compagnie de téléphone ne m'offre pas un très, très bon service, je ne leur ferai plus confiance. Alors le jour où ils me contacteront pour devenir partenaires, je leur rappellerai comment ils m'ont laissé tomber au cours des derniers mois et leur demanderai poliment de régler leurs problèmes de services, avant de penser à faire quoi que ce soit d'autre.

Le rôle doit être mérité

La compagnie de téléphone doit mériter mon respect avant que je n'élève leur rôle dans mon organisation. Ils doivent me prouver qu'ils savent ce qu'ils font dans leur propre entreprise avant toute chose. Ce n'est pas important qu'ils aient toutes les compétences et l'expérience nécessaires pour m'aider, je ne les croirai pas tant qu'ils ne m'auront pas fourni les bases. Parfaitement, ou au moins très, très bien.

Il existe un concept appelé « Hiérarchie des besoins de Maslow ». Maslow énonçait que les êtres humains ont cinq niveaux de besoins, physiologiques, de sécurité, sociaux, d'estime de soi et d'actualisation de soi. Sa hiérarchie illustre que vous ne pouvez pas combler un besoin plus élevé si ceux qui le précèdent ne sont pas satisfaits. Par exemple, une personne ne tentera pas d'améliorer son estime d'elle-même (en prenant des cours de danse, par exemple) si elle meurt de faim chaque jour.

La même chose est aussi vraie pour les FSI. La hiérarchie des valeurs du FSI a été développée pour imiter la hiérarchie des besoins de Maslow. Elle dicte que les utilisateurs ont cinq niveaux :

- 5. Changement de paradigme
- 4. Transformation
- 3. Intégration
- 2. Fiabilité
- 1. Accès

Un utilisateur ne sera pas intéressé à utiliser son FSI comme un outil de transformation si ses besoins de fiabilité ne sont pas comblés.

Nous devons être au même niveau pour communiquer

Avant de devenir un partenaire (atteindre le niveau 4 ou 5), le FSI doit s'assurer de combler adéquatement les trois autres niveaux. Cela signifie que les utilisateurs doivent avoir un accès suffisant (les services de base dont ils ont besoin), un service fiable et sécuritaire (sur lequel l'utilisateur peut compter) et ces services doivent être intégrés pour faciliter les activités quotidiennes.

Mais comme dans la hiérarchie de Maslow, la hiérarchie de valeurs d'un FSI est relative aux utilisateurs. Tout comme je peux me sentir en sécurité avec seulement quelques dollars en poche, quelqu'un d'autre pourrait avoir besoin de plusieurs milliers de dollars dans son compte bancaire pour se sentir en sécurité. La même chose se produit avec les utilisateurs. Certains veulent un accès sans-fil complet pour leur téléphone cellulaire pour sentir que leur accès (niveau 1) est satisfait, alors que d'autres se contenteront d'un ordinateur connecté à internet.

La déconnexion survient quand le FSI et les utilisateurs ne se voient pas au même niveau l'un et l'autre. Un FSI qui a le sentiment d'avoir comblé les niveaux 1, 2 et 3 sera prêt à s'impliquer dans un rôle plus stratégique et voudra encourager l'utilisateur dans cette même voie. Mais si les utilisateurs ont l'impression que l'infrastructure n'est pas encore fiable, ils repousseront simplement les propositions du FSI avec le même commentaire que celui que j'ai fait à ma compagnie de téléphone : « Commencez par régler les difficultés actuelles, ensuite on pourra parler ».

La satisfaction mesure votre capacité à répondre aux besoins

La satisfaction de l'utilisateur fournit une bonne mesure de votre capacité à répondre à leurs besoins, sur différents niveaux. En établissant et en gérant les attentes, vous offrez un cadre au sein duquel les utilisateurs peuvent moduler leurs besoins. Si vous annoncez ouvertement que vous ne supporterez pas les appareils mobiles parce qu'en tant qu'organisation, vous considérez que ce serait trop couteux, les utilisateurs vont se créer des attentes en fonction de cette annonce. Ce n'est pas un échec d'exécution mais une simple décision d'affaires (une décision avec laquelle ils ne sont peut-être pas d'accord, mais qu'ils peuvent comprendre). Mais si le service informatique dit qu'il supporte les appareils mobiles et qu'il le fait mal, les utilisateurs le verront comme un échec.

La satisfaction est la mesure de vos droits acquis.

Donc, la satisfaction de l'utilisateur est une bonne représentation des niveaux que vous avez atteints. Un FSI ayant des utilisateurs satisfaits aura de plus grandes opportunités de contribuer à l'entreprise, puisqu'il sera vu comme un bon fournisseur. D'un autre côté, les utilisateurs insatisfaits énonceront clairement les aspects qui doivent être corrigés avant que le FSI ne puisse jouer un plus grand rôle dans l'entreprise.

La satisfaction est importante

Le point commun entre toutes ces tendances est la nécessité de s'attarder à la satisfaction des utilisateurs.

La satisfaction aide le FSI à fournir des services de qualité qui seront utilisés et reconnus, elle aide à démontrer la valeur d'affaires alors que les dirigeants des services informatiques utilisent la satisfaction des employés comme baromètre de valeur, et finalement elle aide à acquérir le droit de devenir un partenaire stratégique. Au cours des prochaines pages, nous verrons ce qu'est exactement que la satisfaction et comment l'atteindre.

Qu'est-ce que la satisfaction?

Réduire la satisfaction pour réduire les couts?

Un de mes clients, avait obtenu un taux de satisfaction incroyable. Il avait atteint plus de 97% de taux de satisfaction. Étonnamment, il s'en inquiétait quelque peu. La raison? L'organisation était une compagnie de services publics, et un monopole dans son marché. L'organisation TI avait souffert de problèmes de crédibilité dans le passé et avait fait tout en son pouvoir pour remédier à la situation. Les résultats étaient stupéfiants, mais le dirigeant se demandait si un si haut taux de satisfaction ne lui coutait pas en fait, une petite fortune.

Sa question était simple : quel serait l'impact financier i il réduisait la satisfaction à 90%, au lieu de 97%? Le taux serait encore excellent, 90% étant un niveau que la majorité des organisations ne font que rêver d'atteindre. Il croyait que de réduire le taux de satisfaction réduirait ses couts de façon drastique. Il voulait donc que j'évalue ce qu'il lui serait possible de couper en termes de dépenses, tout en acceptant que cela ait un impact sur le taux de satisfaction.

Malgré ma grande surprise par rapport à cette requête, je comprenais où il voulait en venir. Tout le monde cherche à réduire ses dépenses, et il était prêt à sacrifier une petite partie de la satisfaction de ses utilisateurs pour atteindre son objectif. Je me suis donc mis au travail.

Mais d'abord un peu d'histoire. Quand ce client a démarré son entreprise il y a cinq ans, les TI étaient dans un état lamentable, les usagers insatisfaits, n'avait aucune crédibilité et était souvent victime des blagues cruelles. Chaque projet était revu non seulement avec scepticisme, mais avec hostilité et amertume. Les utilisateurs étaient mécontents, les dirigeants n'offraient aucun support et les TI n'étaient pas en mesure de faire leur travail correctement. Il était clair que la situation était insoutenable et que quelque chose devait être fait. Vite.

Les dirigeants ont décidés de régler le problème de façon très agressive sans se soucier de bien comprendre ce qu'était la satisfaction des utilisateurs. Ils se disaient : « Nous allons donner aux utilisateurs ce qu'ils veulent, peu importe ce qu'il en coute ». Ils ont donc commencé à garder en inventaire une large quantité de matériel, afin qu'il y en ait toujours de disponibles. Ils ont établi une politique de mise à jour très agressive faisant en sorte que personne n'aurait à travailler avec des ordinateurs de plus de trois années d'usure. Un soutien technique était disponible 24/7, pour qu'en tout temps les utilisateurs puissent joindre quelqu'un s'ils avaient besoin d'assistance, qu'ils travaillent tard, du bureau ou même de la maison. Ils ont modifié les spécifications de leur équipement afin que les ordinateurs soient plus rapides et performants. Leur politique est devenu « Peu importe ce que l'utilisateur veut ».

Cette politique a eu un impact positif sur la satisfaction des utilisateurs. Ceux-ci étaient habitués à un environnement où les TI refusaient constamment leurs requêtes et leur fournissaient de l'équipement usé, alors que les utilisateurs recevaient maintenant les tout derniers équipements technologiques. Mais cette nouvelle politique était très couteuse. Toutes les évaluations de performance étaient au plus haut percentile, significativement plus élevé que les organisations comparables. Ce qui clochait, cependant, c'est que nous savons que des couts plus élevés ne veulent pas nécessairement dire une meilleure satisfaction. En fait (comme nous le verrons plus loin) il est possible d'augmenter le taux de satisfaction tout en maintenant ou même en réduisant les couts.

Évidemment, la première chose que j'ai faite a été d'identifier les postes budgétaires les plus couteux. Il était clair que plusieurs des mécanismes mis en place pour satisfaire les clients coutaient énormément d'argent à l'entreprise. Je me suis donc attardé à ce qui faisait qu'un client était satisfait, au sein de cette organisation. J'ai été plus que surpris de constater qu'une grande partie des éléments qu'ils avaient implantés avaient en fait très peu d'impact sur la satisfaction des utilisateurs.

L'élément qui avait le plus grand impact était les réunions régulières avec les dirigeants et les utilisateurs ainsi que le catalogue de services. Chaque mois, le service informatique publiait une évaluation de ses performances et s'assoyait avec ses dirigeants pour en discuter les résultats. Ils fournissaient également aux utilisateurs des mécanismes leur permettant de faire entendre leurs besoins et leurs inquiétudes. Évidemment, les besoins de base de l'organisation étaient rencontrés, mais l'élément qui avait le plus grand impact était le changement de culture de « Nous savons ce qui est bon pour vous » à « Discutons de vos besoins et de notre performance ». Cet exercice d'identification et de gestions des attentes a permis à l'organisation de comprendre plus clairement ce qui était nécessaire à la gestion et à la satisfaction des attentes.

À la fin de l'exercice, au lieu d'arriver avec une liste de choses à éliminer, nous avons créé un groupe de gouvernance avec les utilisateurs, leur permettant de prendre les décisions eux-mêmes. Avec l'assistance des dirigeants de l'organisation, ils ont éliminé un nombre de choses sur leur liste de services et ont aussi abaissé les standards de performance de façon significative. Le résultat: les couts ont été réduits et la satisfaction des utilisateurs n'en a pratiquement pas été affectée.

Cet exemple démontre trois choses : la satisfaction des utilisateurs n'est pas nécessairement dispendieuse, elle n'a rien à voir avec le fait de donner aux utilisateurs tout ce qu'ils désirent, et la satisfaction est en premier lieu un exercice de communication.

Votre café du matin et la satisfaction

Nous savons tous quand nous sommes satisfaits. Chaque jour, nous vivons de nombreuses interactions de services. Vous prenez votre café au Starbucks, vous déposez vos vêtements au nettoyeur, vous passez à l'épicerie. Chaque fois que vous vivez de telles interactions de services, vous savez très bien si vous êtes ou non satisfaits.

Vous ne vous êtes probablement jamais dit, « Je vais aller chercher ma tasse de café et je m'attends à ce qu'il soit chaud et délicieux. Je souhaite que le service soit rapide, que la serveuse soit courtoise et souriante et que je puisse rapidement continuer mon chemin ».

Vous n'avez probablement pas de liste de critères que vous cochez chaque fois que vous êtes ou non satisfaits, en donnant au fournisseur de services une note. Mais quand même, c'est ce qui se produit. Certains matins, vous vous dites sans doute : « Wow, quel mauvais service ce matin ». Et si vous vous le dites trop souvent, vous finirez par changer d'endroit pour votre café du matin.

La personne en ligne devant vous a probablement des critères différents des vôtres. Peut-être n'est-elle pas aussi pressée que vous et alors, la rapidité n'est pas une priorité pour elle. Peut-être que le critère le plus important pour elle est le gout du café et qu'elle est prête à faire un détour pour obtenir ce qu'elle veut. La personne derrière vous peut ne se soucier que du prix et venir ici parce que les prix sont bas. Leurs critères de satisfaction seront donc différents.

Alors comment le fournisseur de café peut-il définir la manière dont ses utilisateurs sont satisfaits?

L'Index de Satisfaction des Consommateurs Américains fait le suivi de la satisfaction des clients des plus grandes chaines en Amérique du Nord. En 2012, on remarque que la satisfaction des clients de Starbucks avait diminué de 5 points, passant à 76%, alors que Dunkin Donuts a obtenu 79%. Starbucks et Dunkin Donuts sont clairement différents au point de vue de l'expérience client. Dunkin Donuts est plus abordable et sans trop de chichi, alors que Starbucks offre une expérience à ses clients. Nous voyons donc que Starbucks est moins bon qu'auparavant pour offrir une riche expérience à ses clients, ou alors les critères des utilisateurs ont changé.

Intuitivement, la satisfaction est un concept très simple : c'est la différence entre le service attendu et le service reçu. Si le service reçu est meilleur que le service attendu, nous sommes satisfaits. Si le service reçu est moindre que celui que nous attendions, nous ne serons pas satisfaits. Alors pourquoi est-ce un sujet aussi complexe?

Pour comprendre, nous allons investiguer davantage sur ce qu'est la satisfaction et sur les deux variables de son équation : le service fourni et le service attendu.

Définir la satisfaction

La satisfaction se définit comme étant l'attitude de l'utilisateur à l'égard du service qu'il reçoit. Cette attitude peut être positive ou négative, avec plusieurs degrés de nuances entre les deux. Mais cette définition ne nous aide pas à mieux comprendre comme la satisfaction se crée.

Pour le comprendre, nous utiliserons une définition différente, qui est plus en lien avec la façon d'opérer des FSI. Simplement, la satisfaction est la différence entre le service reçu et le service attendu. Si le service reçu est meilleur que le service attendu par l'utilisateur, il sera satisfait. D'un autre côté, si le service fourni est inférieur aux attentes de l'utilisateur, il sera insatisfait.

Satisfaction = Service fourni – Service attendu

La satisfaction se présente sous différents degrés. Si le service attendu est seulement légèrement inférieur au service attendu, l'utilisateur peut ne pas être insatisfait. Les attentes des utilisateurs ne sont jamais clairement définies de toute façon, et offre généralement une très large marge d'erreur.

Cela semble très simple en théorie, mais la complexité survient lorsque nous analysons les deux éléments de l'équation : le service fourni et le service attendu.

Service fourni

La première composante de la satisfaction est le service fourni par le fournisseur de services interne. Intuitivement, nous sommes tous d'accord sur le fait que si le service livré est pauvre ou inconsistant, les utilisateurs seront insatisfaits. Si vous achetez un café et qu'il est froid, qu'il n'y a plus de sucre et que le lait a tourné, il y a de grandes chances pour que vous soyez grandement insatisfait du service que vous avez reçu. Livrer un produit de qualité est essentiel à la satisfaction des clients.

La majorité du travail effectué par les fournisseurs de services internes vise à améliorer les services actuellement dispensés. Cela inclut le fait de fournir des solutions nouvelles et innovatrices à leurs utilisateurs, augmenter le nombre d'heures de services, répondre aux requêtes promptement et répondre aux besoins des utilisateurs. C'est une part importante de la livraison de services, puisque si les services fournis ne sont pas adéquats, rien d'autre ne pourra réellement faire une différence sur la satisfaction.

Comment le service est-il rendu

À égale importance se trouve la façon dont le service est rendu. Imaginez un café-restaurant qui sert le meilleur café du monde, juste à la bonne température, avec un riche arôme et la quantité parfaite de mousse sur le dessus. Ça semble bien, n'est-ce pas? Mais imaginez maintenant ce merveilleux café servi par une serveuse arrogante et bête, qui est distante et visiblement ennuyée par vos demandes. Il y a de fortes chances pour que votre satisfaction soit au plus bas, même si le café est parfait!

L'orientation services, la façon dont les services sont livrés au client par le fournisseur de services interne, est toute aussi importante que les services eux-mêmes. La plupart des compagnies engagent des employés de première ligne en se basant uniquement sur leurs compétences techniques, et c'est très bien – il faut une quantité énorme de connaissances et de compétences pour diagnostiquer et régler un problème. Cependant, les recherches démontrent que les compétences en service à la clientèle sont deux fois plus importantes pour la satisfaction des utilisateurs que les compétences techniques (27% contre 15%).

Le service à la clientèle est deux fois plus important que les compétences techniques, pour la satisfaction de l'utilisateur

En ce sens, les utilisateurs considèrent à la fois le service reçu (« Le service a-t-il été livré? ») et comment celui-ci a été offert (« La personne était-elle polie, courtoise, respectueuse de mon temps? Était-elle arrogante, m'a-t-elle fait me sentir incompétent, ou minable, etc.? »).

Historiquement, les fournisseurs de services internes ne se sont pas réellement attardés à « comment » le service était livré. En autant que le service était fourni, qui s'en préoccupait vraiment? Les utilisateurs eux s'en préoccupent.

Ce genre d'attitude a contribué à la mauvaise réputation des fournisseurs de services internes de plusieurs organisations. Les dirigeants de FSI ont réagi, et plusieurs offrent maintenant une formation en service à la clientèle à leurs employés, afin de s'assurer que la manière dont les employés interagissent avec les clients est en accord avec l'image que le FSI veut véhiculer à l'entreprise.

Mais le service fourni n'est qu'une partie de l'équation. Regardons donc le service attendu.

Service attendu

Comment les attentes sont-elles gérées à Disney

Walt Disney a l'impressionnante réputation de satisfaire ses clients. En fait, leurs « invités », comme ils aiment appeler leurs clients. Tout ce qu'ils font est en fonction des clients. Ça commence dès votre arrivée, où une petite armée de préposés vous guide vers votre emplacement de stationnement (vous n'avez pas à le choisir, on vous en désigne un). Pas besoin de faire 10 fois le tour du stationnement à la recherche d'un emplacement. Vous êtes simplement guidé, très efficacement, à une rangée où se situent des emplacements disponibles, et tout le monde se stationne un à côté de l'autre jusqu'à ce que la rangée soit complète.

À l'intérieur, les employés vous accueillent avec de larges sourires et vous guident à l'attraction de votre choix. Lorsque j'y étais avec ma famille, nous étions au centre de la place, regardant une carte, lorsqu'un membre de l'équipe de nettoyage est venu me demander si j'avais besoin de directions. Je n'ai jamais eu à chercher de l'aide ou à me placer dans une file d'attente, une personne dont le travail était de polir les poubelles (vous avez bien lu, ils ont des personnes qui polissent les poubelles) a cessé ce qu'elle faisait pour venir m'aider.

Il ne fait aucun doute que le service de Disney est exceptionnel. Ils travaillent très fort afin que toute l'expérience soit inoubliable. Mais LA chose que Disney fait mieux que quiconque est d'établir des attentes autour de leurs services. Disney n'a jamais promis quelque chose qui ne pouvait être rendu. En fait, ils font tout en leur pouvoir pour établir le parfait niveau d'attentes. Par exemple, ils ont d'immenses babillards électroniques qui indiquent le temps d'attente pour chaque manège, vous permettant de savoir d'avance combien de temps il vous faudra pour embarquer. La description de leurs restaurants inclue toujours le menu, pour éviter les surprises et spécifie toujours de quel type de restaurant il s'agit (service aux tables vs restauration rapide, par exemple). Vous voulez voir une mascotte? Un employé s'occupe de la foule et explique très clairement comment procéder, alors il n'y a aucun risque de confusion.

Cette capacité à gérer les attentes est ce qui sépare Disney des autres parcs d'attractions.

Service souhaité et FSI

C'est ici que la plupart des FSI échouent. Dans le cadre de notre recherche, nous avons vu plusieurs organisations travailler d'arrache-pied pour offrir un excellent service, être très à l'écoute et possédant d'excellentes compétences au niveau du service à la clientèle, mais qui échouaient pourtant constamment à satisfaire leurs utilisateurs. Ils offraient un très bon service, mais les utilisateurs s'attendaient à encore plus.

Les utilisateurs ont certaines attentes lorsqu'ils reçoivent un service. Que ce soit le niveau de réactivité, leur niveau d'engagement dans la recherche de solutions, l'attitude et les compétences de l'employé. Chacune de ces composantes varie d'un utilisateur à l'autre et selon les périodes, rendant la compréhension des attentes des utilisateurs une tâche bien difficile.

Les FSI qui ont du succès ne laissent pas la chance dicter les attentes. Qui sait quelles seront les attentes de l'utilisateur et si elles seront ou non réalistes? Au lieu de cela, ils établissent de façon proactive des attentes, longtemps d'avance. Et ils le font comme Disney. Vous appelez les ressources humaines pour une nouvelle embauche? Ils vous diront d'emblée que cela peut normalement prendre jusqu'à deux semaines avant que toutes les étapes ne soient complétées. Cela fonctionne-t-il pour vous? Vous savez dès le départ quels seront les délais d'attente et vous ajustez vos attentes d'utilisateur en fonction de ces nouvelles informations.

Il y a plusieurs façons d'établir des attentes : des catalogues de services, des messages au moment de la transaction, des communications massives, etc. Le point est, pour les FSI, de mettre autant d'énergie à s'assurer que les utilisateurs ont le bon niveau d'attentes qu'à fournir un excellent service.

Mesurer la satisfaction

Maintenant que nous savons ce qu'est la satisfaction, voyons comment nous pouvons la mesurer. Mais d'abord, avons-nous vraiment besoin de la mesurer?

Je le saurais si mes utilisateurs étaient insatisfaits

Il semble logique qu'une personne sache que son partenaire n'est pas heureux dans leur mariage. Il y aurait des signes, des conflits, des cris et peut-être même de la vaisselle lancée un peu partout. Je suis certain qu'on pourrait s'attendre à voir une situation dramatique, des larmes et même un peu de cette bonne vieille violence que l'on voit lorsque les couples sont sur le point de divorcer. Après tout, c'est une décision très émotive.

Il s'avère que ce n'est pas le cas. Les études démontrent que la plupart des mariages qui échouent ne sont pas des mariages très conflictuels, et que 55% des conjoints sont surpris par la décision de l'autre de divorcer. Ces couples n'avaient certes pas le plus merveilleux mariage qui soit, mais ils ne se chicanaient pas non plus sans arrêt. Le statut de la relation n'était clairement pas le même pour les deux partenaires, au point où une personne croyait que les choses allaient bien alors que l'autre remplissait les papiers de divorce.

Mais qu'est-ce que ça a à voir avec les FSI? Cela démontre simplement que les gens sont de très mauvais juges quand vient le temps d'évaluer leurs relations, spécialement lorsqu'il n'y a pas apparence de conflit. Les relations de type « Affaires courantes » ne signifient pas que tout va pour le mieux. Elles signifient simplement que personne ne s'en plaint ouvertement.

La plupart des utilisateurs ne se plaignent pas lorsqu'ils sont insatisfaits

Les études démontrent également que la plupart des utilisateurs ne se plaignent pas lorsqu'ils sont insatisfaits. Plusieurs raisons s'y rattachent :
- Ils croient que cela ne changera rien
- Ils croient que c'est trop d'efforts pour si peu de résultats
- Ils ont peur des représailles possibles
- Ils ne savent pas comment formuler une plainte

En fait, les statistiques démontrent que moins de 4% des consommateurs se plaignent lorsqu'ils sont insatisfaits, et ces statistiques sont encore pires dans le cas des relations de type « B2B » (Business to Business).

Pas de nouvelles ne veut pas dire bonnes nouvelles. Le seul moyen de savoir si les utilisateurs sont satisfaits est de le leur demander.

Sondages sur la satisfaction

Les FSI utilisent différentes stratégies pour mesurer et gérer la satisfaction :

- **Commérages** – La moins fiable de toutes les formes de rétroactions, mais souvent la plus destructrice. Les commérages au sujet de la performance des FSI (ou de l'absence de) peuvent avoir un impact dramatique sur la satisfaction des utilisateurs.
- **Plaintes des utilisateurs** – Les plaintes des utilisateurs sont une excellente source d'informations pour les gestionnaires de FSI puisqu'elles fournissent des opportunités de corriger des problèmes liés aux services. Le problème est que seuls 4% des utilisateurs se plaignent en général, le reste préférant ne rien dire. Et les utilisateurs ne se plaindront pas s'ils pensent que ça ne donnera rien. De plus, un FSI qui ne recevrait aucune plainte n'est probablement pas aussi bon qu'il le pense. Au final, ce n'est pas une bonne source de rétroaction en ce qui a trait à juger de la satisfaction générale des utilisateurs.
- **Évaluation d'orientation de services** – Ce type d'évaluation permet aux FSI d'évaluer la présence de prérequis à la satisfaction des utilisateurs. Elle permet au FSI d'estimer quelle serait la satisfaction des utilisateurs sans utiliser un sondage formel. Combiné à un sondage des utilisateurs, elle

fournit à la fois les symptômes (les résultats du sondage) et le diagnostic (l'évaluation).
- **Sondages annuels de satisfaction** – Plus de la moitié des FSI effectuent, au moins une fois par an, un sondage sur la satisfaction des utilisateurs. Les sondages annuels visent à mesurer l'attitude des utilisateurs à l'égard des services fournis et tentent de comprendre pourquoi les utilisateurs donnent un aussi haut ou aussi bas résultat à l'aide de questions diagnostiques. Comme il n'a lieu qu'une fois par an, le sondage tend à être long et certaines questions peuvent ne pas être pertinentes pour tous les utilisateurs. Le problème majeur avec les sondages annuels est que les gestionnaires de FSI tendent à oublier la satisfaction des utilisateurs pour le reste de l'année.
- **Sondages mensuels de satisfaction** – Le sondage mensuel de satisfaction est similaire au sondage annuel, à l'exception du fait que les utilisateurs sont divisés en 12 groupes et qu'un groupe différent est sondé chaque mois. Le sondage tend à être plus court et inclus des questions plus dynamiques, questions qui varient d'un mois à l'autre afin de mieux comprendre une problématique spécifique ou l'impact d'un projet. Le sondage mensuel renforce également l'importance de la satisfaction de l'utilisateur pour les dirigeants du FSI puisque le sondage arrive souvent à la même date que les données financières mensuelles, permettant ainsi de faire des rapprochements entre les données chaque mois. Ces résultats permettent également au FSI d'identifier les initiatives qui ont vraiment fait la différence et celles qui n'ont eu aucun impact.
- **Sondage post-transaction** – Un sondage post-transaction (ou sondage de billet clos) est un sondage envoyé chaque fois qu'une transaction est complétée. Par exemple, certains FSI envoient un sondage à tous (ou un pourcentage de leurs utilisateurs ayant envoyé une requête au soutien technique). Le sondage post-transaction fournit une rétroaction continuelle sur la qualité du service et donne la chance au FSI

de corriger les problèmes liés à la livraison des services. Ce genre de sondage est une excellente façon de suivre l'évolution des procédés tout au long du cycle de vie de l'utilisateur.

- **Entrevues** – Les entrevues permettent au FSI d'obtenir de l'information plus spécifique sur une situation en discutant directement avec un utilisateur. La communication bidirectionnelle permet de questionner plus en profondeur l'utilisateur sur des aspects spécifiques ou de simplement passer à un autre point, lorsque celui-ci n'est pas pertinent. L'entrevue permet d'obtenir une information qu'il serait difficile d'obtenir par le biais de sondages. Les points négatifs sont la difficulté à mesurer la rétroaction et les efforts requis.
- **Ateliers de travail** – Les ateliers de travail constituent une excellente façon d'obtenir plus de données sur un problème spécifique ou sur certaines initiatives. Il permet aux utilisateurs de faire entendre leur opinion ou idée dans un format moins structuré que celui du sondage. Il leur permet également d'interagir les uns avec les autres et de faire ressortir des problématiques auxquelles ils n'auraient pas pensé eux-mêmes. Le point négatif est que les données obtenues sont difficilement mesurables.

La méthode la plus commune de mesure de la satisfaction de l'utilisateur est de faire passer un sondage. Les sondages en ligne sont peu couteux et faciles à administrer. Plusieurs fournisseurs seront heureux de livrer ce service et le FSI peut même le faire lui-même si l'un des membres de l'équipe a les compétences nécessaires pour le faire. Les outils modernes permettent de personnaliser les sondages en se basant sur le type d'utilisateur et sur ses réponses. Si un utilisateur indique qu'il est insatisfait, d'autres questions apparaitront afin d'investiguer davantage sur les causes de son insatisfaction. Ce niveau de personnalisation aide le FSI à diagnostiquer ses services et à réparer les problèmes aussitôt qu'ils surviennent.

Mais les utilisateurs détestent remplir des sondages, non? En fait, il semble que ce ne soit pas le cas. 97% des utilisateurs n'ont aucune objection à répondre à des sondages à propos de leurs fournisseurs de services internes. Ils voient plutôt l'exercice comme une reconnaissance de l'importance et de la valeur que le FSI accorde à leur opinion.

Les défis d'utiliser les sondages

Près de 50% des fournisseurs de services internes mesurent de façon routinière la satisfaction des utilisateurs. Nous devrions donc nous attendre à pouvoir trouver aisément de grandes quantités de données sur la satisfaction, afin de les comparer. Mais il n'en est rien.

Le problème avec la satisfaction est que l'organisation ne suit pas les protocoles standardisés de mesure de la satisfaction. En conséquence, il est impossible de comparer les compagnies, puisque ce serait comme comparer des pommes à des oranges. Certains vont mesurer la satisfaction sur une échelle de 4 points, d'autres sur une échelle de 7 points. Quelques-uns utiliseront les questionnaires standardisés de l'industrie alors que d'autres créeront leurs propres questions.

Je peux bien avoir installé Photoshop sur mon ordinateur, ça ne fait pas de moi un artiste. Avoir les outils pour mesurer la satisfaction ne suffit pas à rendre le sondage valide. Les sondages de satisfaction nécessitent une compréhension approfondie des différents biais qui peuvent survenir pendant la réponse à un sondage, une connaissance des techniques statistiques afin d'assurer que les résultats sont représentatifs et une expertise du sujet même du sondage, afin d'appliquer les résultats au contexte approprié.

Mesurer la satisfaction à l'aide d'un partenaire externe n'est pas très couteux et permet la comparaison avec d'autres organisations. (ma compagnie offre ce service, alors oui, je suis peut-être légèrement biaisé). Mais au minimum, un FSI qui effectue des sondages sur la satisfaction de ses utilisateurs devrait conserver les questions et les échelles consistantes d'une fois à l'autre, afin que les sondages puissent au moins être comparés entre eux, au fil du temps.

Qu'en est-il du *Net Promoter Score?*

Depuis quelques années, une nouvelle mesure a fait son apparition au sein des mesures de satisfaction de la clientèle : le *Net Promoter Score* (NPS). Cette mesure a été développée et popularisée par Fred Reichheld, dans son livre « La Question Ultime ». L'objectif du NPS était alors de mesurer la loyauté qui existe entre un client et son fournisseur en posant une simple question : quelle est la probabilité que vous recommandiez notre compagnie/service/produit à vos amis et collègues? Les répondants qui donnaient un faible score à cette question étaient identifiés comme étant des détracteurs, des personnes qui nuiraient activement à la marque, alors que les personnes qui donnaient un score élevé étaient les promoteurs, des gens qui recommanderaient activement la marque.

La popularité de cette approche à mener à différentes tentatives de réplique du modèle dans un environnement de fournisseur de services interne. Mais il survient alors quelques problèmes : les FSI sont des monopoles, accessibles uniquement par les employés de l'organisation. Demander aux utilisateurs s'ils recommanderaient leur département juridique à leur famille ne faisait pas beaucoup de sens et laissait souvent les répondants dans une situation de doute quant à la réponse qu'ils devaient fournir.

Néanmoins, la mesure a été adaptée au fil du temps et malgré qu'elle ne soit pas aussi pertinente pour les fournisseurs de services internes que pour les autres organisations, elle est encore très utile puisque la majorité des dirigeants d'entreprise sont familiers avec sa définition et utilise ce score, pour leurs propres opérations. C'est une bonne façon de démontrer que vous vous maintenez au même niveau de standards que tout le monde.

Idées fausses au sujet de la satisfaction des utilisateurs

Certains FSI ont une mauvaise opinion de la satisfaction des utilisateurs. Certains croient même que les utilisateurs ne seront jamais satisfaits, qu'il est impossible de répondre à tous leurs besoins. Nous réviserons donc ensemble les trois mythes les plus communs à propos de la satisfaction des utilisateurs.

La satisfaction de l'utilisateur coute cher

La plus grande inquiétude nommée par les dirigeants de départements informatiques est généralement : « Les utilisateurs veulent tout avoir, et les satisfaire nous coutera une fortune! Nous n'avons pas tout cet argent! » Les études démontrent pourtant qu'il n'y a aucune corrélation entre le budget d'un FSI et la satisfaction de ses utilisateurs. Ce n'est donc pas la quantité d'argent dépensé par une organisation qui compte, mais la manière dont les services sont rendus. En fait, nous verrons dans ce livre que les facteurs qui influencent la satisfaction de l'utilisateur n'ont que très peu à voir avec l'argent. L'attitude et la communication sont beaucoup plus importantes.

La satisfaction de l'utilisateur offre aussi des opportunités de sauver de l'argent. Les utilisateurs qui sont satisfaits ont tendance à accepter les nouveaux systèmes et le changement beaucoup plus facilement, augmentant ainsi les chances de succès du projet et diminuant le besoin d'instaurer une gestion du changement (ou la rendre plus simple, voire inutile). Les utilisateurs satisfaits sont également plus productifs par rapport aux services qu'ils offrent et tendent à explorer et à apprendre davantage en comparaison avec les utilisateurs insatisfaits. Finalement, les utilisateurs qui sont satisfaits tendent à résoudre leurs problèmes d'eux-mêmes, réduisant le nombre d'appels fait au soutien technique et rendant les quelques appels faits beaucoup plus simples et rapides à régler.

La satisfaction de l'utilisateur consiste à se plier en quatre

J'entends souvent les gens s'inquiéter : « Les utilisateurs vont nous tenir en otage, nous ne serons plus capable de rien faire qui ait un lien avec la satisfaction comme d'implanter un nouveau système, parce que ça fera baisser notre score! » ou « Nous devrons répondre aux petites requêtes et nous plier en quatre pour répondre à tous les besoins des utilisateurs. Pour autant, je pourrais tenir moi-même la souris de l'ordinateur pour eux! »

Il semble que certaines personnes mélangent le fait de garder les utilisateurs satisfaits et la capacité à dire non. Si vous allez à la crèmerie et demandez un Big Mac, il serait fou de penser qu'ils vous en serviront un. En tant que client, vous n'auriez pas ce genre d'attentes puisque le menu est très explicite à propos de ce qui est servi à cet endroit. La même chose s'applique aux FSI. Si votre catalogue est clair sur ce que vous pouvez et ne pouvez pas faire, il devient alors plus facile de dire « Non, nous sommes désolés mais nous ne pouvons pas faire cela en ce moment. Pourriez-vous utiliser un autre des services que nous offrons à la place? »

La satisfaction de l'utilisateur est liée aux sondages

« Oui, nous avons à cœur la satisfaction des utilisateurs, nous effectuons un sondage une fois par an! » Le processus de sondage est une des façons qu'a l'organisation de mesurer la satisfaction, mais ce n'est pas la seule. Les FSI qui sont dévoués à la satisfaction de leurs utilisateurs vont intégrer des discussions à propos des services à leurs activités quotidiennes.

Les gérants travailleront avec les employés à l'évaluation de leurs compétences et capacités en matière de service et les aideront à améliorer ces compétences au fil du temps. Ils solliciteront de la rétroaction des utilisateurs lorsque quelque chose ne sera pas résolu à leur satisfaction, et les services informatiques feront tout en leur pouvoir pour corriger tout processus qui pourrait rendre les choses difficiles pour les utilisateurs. La satisfaction est liée au fait d'avoir une constante préoccupation de ce que c'est d'être un utilisateur.

Je connais un Directeur des systèmes d'information qui n'avait de cesse de parler de la satisfaction de ses utilisateurs et de combien il était important d'y parvenir. Mais chaque fois qu'il avait un problème avec son ordinateur, il demandait à sa secrétaire de s'en occuper. Elle devait alors appeler le soutien technique et évidemment, une équipe de techniciens arriveraient sur les lieux, le plus rapidement possible, pour régler le problème. Le DSI perdait alors une opportunité de voir par lui-même de quoi avait l'air l'expérience vécue par les utilisateurs. S'il avait lui-même contacter le soutien technique et demander à ce que toutes les procédures normales soient respectées, il aurait pu voir de quoi avaient vraiment l'air les services.

Un numéro d'équilibriste

Nous avons vu combien il est important de tenir compte à la fois des services rendus et des services attendus dans la gestion de la satisfaction. Nous verrons donc maintenant comment se forment les attentes.

Le rôle des attentes

Les attentes dans le mariage

Nulle part dans la vie ne sommes-nous entrain de mentir plus que lorsque nous rencontrons quelqu'un. Nous nous habillons proprement, nos cheveux sont bien mis, nous maintenons nos bruits corporels à un minimum. Nous tentons de représenter la meilleure partie de nous-mêmes à l'autre. Et l'autre fait de même. Les chercheurs diraient que nous ne présentons en fait qu'une version limitée, voire faussée de nous-mêmes, mais la majorité appelle simplement cela de la drague.

Et nous le faisons pour une bonne raison : la compétition. Beaucoup de prétendants visent à se rapprocher des mêmes personnes que nous. Il y a des tonnes de choix, il n'y a qu'à visiter les sites de rencontre pour voir la quantité de gens qui sont disponibles et en recherche. Nous devons nous distinguer des autres, et ce n'est certainement pas en présentant notre allure routinière, sans maquillage ni rasage, que nous y arriverons.

Mais ce désir d'éliminer la compétition a un effet pervers : cela fait augmenter les attentes de vos partenaires potentiels. Personne n'est assez naïf pour croire que vous aurez toujours l'air aussi bien mis et que vous vous comporterez toujours de la sorte. Mais ils espèrent tout de même que l'ensemble sera similaire à la version qui leur a été présentée. Ils ne s'attendent certainement pas au bon vieux « chassez le naturel, il reviendra au galop ».

Et ce sont ces attentes qui nous aideront à déterminer si nous souhaitons passer le reste de notre vie avec quelqu'un. Nous avons des attentes face à leur look, leur attitude, leur comportement, leur habileté potentielle à fonder une famille, à être un bon partenaire, à soutenir l'autre, etc. Nous développons des attentes non seulement à partir de ce qu'ils sont aujourd'hui, mais aussi à partir de ce qu'ils seront plus tard.

Mais qu'arrive-t-il si ces attentes s'avèrent être trop élevées? Une étude menée par McNulty, J.K et Karney a analysé l'impact des attentes au sein du mariage. Leur étude visait à répondre à une question critique : est-il préférable d'entamer un mariage avec des attentes faibles ou élevées?

Il y a des bénéfices à avoir de faibles attentes dans le mariage (tout comme partout ailleurs). Les chances d'être déçu sont beaucoup plus basses, puisque si nous ne nous attendons pas à avoir un merveilleux partenaire, nous ne serons pas surpris de réaliser que c'est le cas. Avoir des attentes très élevées ne fait qu'accentuer la déception lorsqu'un partenaire ne correspond pas à ce qui était « promis ». Et comme nous savons que la satisfaction est la différence entre le service attendu et le service reçu, une personne ayant de grandes attentes envers son conjoint sera forcément déçue par ses « services ».

D'un autre côté, avoir de faibles attentes envers quelqu'un résulte souvent en un service qui nivelle vers le bas, pour mieux correspondre aux attentes. Un vieux proverbe dit : « Les gens livrent ce qui est attendu d'eux. Si vous attendez d'eux le meilleur, il y a de fortes chances pour qu'ils vous l'offrent. »

L'étude suivait 82 couples durant une période de quatre ans afin de tester lequel des deux scénarios était le meilleur. Les couples devaient se soumettre à une entrevue de trois heures durant laquelle ils devaient remplir des questionnaires et discuter de sujets particulièrement délicats alors qu'ils étaient filmés. Subséquemment, ils recevaient un questionnaire tous les six mois et étaient ramenés au laboratoire après deux ans pour une autre ronde d'entrevues et de questionnaires.

À la suite de cette période de quatre ans, 17 couples n'étaient plus ensemble; nous pouvons supposer que les attentes y ont joué un rôle important. Avec les autres couples cependant, on a observé un effet intéressant.

Les couples qui, dès le début, avaient des attentes élevées obtenaient deux résultats différents. Certains de ces couples étaient particulièrement déçus. Leur partenaire n'avait pas su offrir ce à quoi ils s'attendaient et donc, ils étaient foncièrement insatisfaits des résultats de leur relation. Ils avaient l'impression d'avoir été victimes du dicton « chassez le naturel, il reviendra au galop » ou « pas tout à fait comme sur l'emballage ».

Les couples du deuxième groupe ont vu leurs attentes élevées devenir réalité. Leurs partenaires ont démontré au fil du temps qu'ils étaient effectivement tels qu'ils l'avaient promis et leurs attentes leur ont servi à tous d'objectifs et d'ambitions.

Si ma partenaire attend de moi que je sois un bon père, cette attente risque de me motiver à devenir un bon père. Nous espérons tous pouvoir combler les attentes des êtres qui nous sont proches. D'un autre côté, ces couples avaient tendance à blâmer des facteurs externes pour les défauts de leurs partenaires, comme « Il est stressé au boulot », « Les enfants sont difficiles », etc. – des raisons externalisées pour expliquer les performances du partenaire.

Les couples ayant de faibles attentes ont vu un niveau de satisfaction plus stable. Nous aurions pu nous attendre à ce que certains d'entre eux soient « enchantés », agréablement surpris lorsque leurs partenaires en offraient plus que ce qui avait été promis. Étonnamment, ça n'a pas été le cas. Les partenaires de couples ayant de faibles attentes tendaient à ne fournir d'efforts que selon le niveau d'attentes de leur partenaire envers eux. Cela peut être dû à l'une ou l'autre de deux raisons. Soit les partenaires étaient très bons à évaluer le potentiel de leurs partenaires, soit ils n'étaient pas en mesure de reconnaitre quand leurs partenaires en offraient plus que prévu.

Évidemment, ces résultats amènent une question intéressante au sujet des attentes. Avoir des attentes trop élevées peut être nuisible, puisqu'il sera alors presque impossible pour les autres d'être à la hauteur de tels standards. D'un autre côté, avoir des attentes trop peu élevées rend les performances exceptionnelles vides de sens, puisqu'elles ne seront probablement même pas reconnues.

Sous promis, surlivré?

Mes patrons m'ont toujours dit d'en promettre moins et d'en donner plus. C'était leur mantra pour des relations réussies avec les clients. Mais en se basant sur nos exemples de mariages, est-ce possible?

Regardons un exemple plus près de nous : les attentes pour un projet informatique.

Une étude menée par Staples, Wong et Seddon a démontré l'effet des attentes sur les projets informatiques. Ils souhaitaient déterminer si les attentes de l'utilisateur avaient un impact sur la satisfaction liée aux projets informatiques. Intuitivement, nous savons tous que c'est probablement le cas. Mais ils sont allés un peu plus loin en investiguant l'effet des attentes dans les deux directions : trop élevées et trop peu élevées. Et ce qu'ils ont découvert est plutôt intéressant.

Évidemment, comme prévu, avoir des attentes trop élevées avait comme résultats des utilisateurs insatisfaits. Cela fait d'ailleurs beaucoup de sens. Si les utilisateurs s'attendaient à un système d'une rapidité à toute épreuve, facile à utiliser et à comprendre, ils étaient insatisfaits.

Cependant, lorsque les attentes étaient très faibles, les utilisateurs étaient tout aussi insatisfaits. Cela semble pourtant aller à l'encontre de tout ce que nous savons à propos de la satisfaction. Comment les utilisateurs pouvaient-ils être déçus s'ils recevaient en fait plus que ce à quoi ils s'attendaient?

Les résultats des recherches semblaient démontrer que le facteur le plus important n'était pas que le service soit plus ou moins bon que celui qui était attendu, mais qu'il soit différent. La variation entre le service attendu et le service reçu est la cause de l'insatisfaction dans plus d'une direction.

Donc, la satisfaction est plus près d'une courbe normale que d'une ligne droite. La satisfaction est maximisée lorsque ce qui est livré est exactement identique à ce qui a été promis, mais commence à décliner lorsque ce qui est livré ne correspond pas à ce qui a été promis.

Comment expliquer cet effet? Il y a plusieurs manières de le considérer. La première est que les attentes ont été placées si basses que les utilisateurs en sont venus à préjuger des capacités du système, sans égards à ce qu'il était effectivement en mesure d'offrir, une fois en opération. Cette situation est similaire à celle d'une personne à qui l'on annonce qu'elle mangera du poisson cru et qui, subséquemment, trouve le repas dégoutant. Établir de très basses attentes pousse l'utilisateur à se forger une opinion sans même avoir essayé.

Cependant, si le même poisson est présenté comme étant gouteux, tiré d'un plat délicieux appelé sushi et que plusieurs adorent, il sera considéré comme très appétissant.

Le second effet pourrait être que les utilisateurs n'acceptent pas les attentes peu élevées. Cela est semblable aux adolescents qui, lors de l'achat de leur premier véhicule, choisiront le citron au look d'enfer, malgré que leurs parents leur aient dit que c'était une mauvaise idée. Les adolescents refusent de croire qu'une aussi belle voiture puisse représenter des milliers de dollars en problèmes futurs (et je parle par expérience personnelle).

Le piège

Un autre aspect dangereux est de promettre moins tout en offrant plus est que cela vous identifie comme un menteur. Pas un diabolique menteur, mais un menteur quand même. La prochaine fois que vous promettrez quelque chose aux utilisateurs, ils se diront « Eh bien, il me dit que ce sera bien, mais je sais que ce sera fantastique, ultra-rapide et que ça me servira même mon café. Il est toujours si conservateur. » Et les utilisateurs établiront leurs attentes en conséquence.

Cela crée l'effet opposé à celui qui est recherché. En tentant de gérer les attentes en les fixant à un niveau réaliste et en vous donnant la chance de rencontrer et d'excéder lesdites attentes, nous avons en fait gonflé les attentes à un niveau que nous ne sommes même pas certains de pouvoir atteindre, et qui risque fort probablement d'être irréaliste.

Pile sur la promesse, voilà le chemin à suivre

Alors quelle est la solution? Évidemment, c'est de promettre et de rendre exactement la même chose.

En visant le sommet de la courbe, on s'assure que les attentes correspondront exactement à ce qui sera rendu et que les utilisateurs ne seront pas surpris, d'un côté comme de l'autre.

C'est l'une des raisons pour lesquelles l'implication de l'utilisateur est le principal facteur d'influence de la satisfaction. Elle permet aux utilisateurs d'établir des attentes pile sur ce qui sera livré, au point où ils pourront le tester, et avoir une petite influence sur la direction et ce qui sera rendu au final. Les attentes se forment en se basant sur les interactions des utilisateurs, plutôt que sur ce qui est promis par le FSI.

Comment créons-nous les attentes

Les attentes proviennent d'endroits différents. Nous verrons ici les trois principales sources qui influencent les attentes des utilisateurs : ce qui a été promis, ce que les autres ont reçu, et les expériences antérieures.

Ce qui a été promis

Lorsque nous entrons dans une relation de service, nous le faisons en nous basant sur une promesse. Parfois, cette promesse est très formelle (un contrat ou une entente légale de service) alors que d'autres fois, elle est basée sur des choses intangibles, comme l'atmosphère ou le prix. Ces éléments nous aident à nous créer un ensemble d'attentes, lorsque nous n'avons rien d'autre sur quoi nous baser. En voyant une brochure d'un magnifique hôtel des Caraïbes, on s'imagine déjà une interminable rangée de chaises soleil, un couple dans l'eau bleu profonde qui se sourit et se regarde passionnément. Ce genre d'images nous aide à établir nos attentes face à ce que seront nos vacances.

Malheureusement, ces promesses ne s'avèrent pas toujours vraies. Lorsque vous arrivez à l'hôtel, vous réalisez que vous devez vous lever à 7 h du matin pour réserver une chaise soleil, autrement elles seront toutes prises. La piscine est remplie d'enfants jouant au ballon et le bar est rempli de personnes bavardes et désagréables, qui fument la cigarette. Assez différent de la brochure!

Mais quand on y pense, la brochure n'a jamais mentionné que l'hôtel serait vide. On y montrait seulement les installations. Vous, comme client de l'hôtel, avez fait des suppositions sur ce que serait votre expérience de voyage. Mais une simple recherche sur Google vous aurait certainement permis de savoir tout cela avant votre départ.

C'est pourquoi, lorsque nous tentons d'établir des attentes, il est important de ne pas seulement décrire ce que l'utilisateur recevra, mais aussi ce qui ne se produira pas. Malgré que ce soit beaucoup moins sexy en termes de publicité, dans un contexte de FSI, c'est primordial.

Ce que les autres reçoivent

Nous avons tendance à faire confiance à nos amis et à notre famille beaucoup plus qu'aux publicitaires, ce qui est probablement une bonne chose. Revenons à notre exemple de l'hôtel : si nous connaissons des gens qui y sont allés l'an passé, nous leur demanderons comment a été leur expérience et ajusterons nos attentes en fonction de leurs propos. En tant qu'utilisateurs potentiels, nous croyons généralement que les expériences de nos amis sont plus crédibles (après tout, ils n'ont rien à y gagner) et plus près de notre propre attitude. S'ils ont aimé, il y a de fortes chances que nous aimions aussi.

Dans le contexte d'un fournisseur de services interne, les utilisateurs obtiennent leurs informations des autres utilisateurs, soit en les sollicitant directement, « Eh, comment ça s'est passé la dernière fois qu'ils ont mise à jour ton ordinateur? » ou en entendant un collègue en parler, entre les branches (plus connu comme « se plaindre »). Ces informations aideront l'utilisateur qui n'a jamais eu à faire affaire avec vous (ou qui n'a jamais eu besoin de ce service spécifique) à se forger une opinion sur vos capacités, à titre de FSI, et ajustera ses attentes en conséquence.

Expérience préalable

Combien de fois avez-vous été dans une rencontre, discutant d'un des aspects problématiques de votre entreprise, et que l'un de vos collègues dit « D'où je viens, nous avions beaucoup d'expérience avec ce genre de situations. » Et il parle, et parle encore de son précédent employeur, qui était oh combien meilleur dans tous les aspects de l'entreprise, au point où vous vous demandez : « Pourquoi as-tu quitté alors? ».

Évidemment, tout le monde arrive avec son propre bagage et ses expériences. Ces expériences jouent un rôle important dans la formation des attentes. Si un employé travaille pour une grande compagnie comportant un département informatique très expérimenté, il sera surpris et déçu lorsqu'il commencera à travailler pour une plus petite entreprise avec un seul technicien informatique. Ses attentes ont été établies à partir de plusieurs aspects du processus de livraison de services, en termes de rapidité, de compétences, d'attitudes, etc.

La même chose d'applique à votre propre compagnie. Un utilisateur qui interagit avec le FSI à plusieurs reprises en vient à s'attendre à un certain niveau de service, en fonction de ce qu'il a reçu précédemment. Ces expériences antérieures représentent l'aspect le plus important des attentes de l'utilisateur.

Vous êtes probablement déjà allé chez McDonald plus souvent que vous ne voulez l'admettre. Il y a de fortes chances que vous ayez déjà une excellente idée de ce que sera votre expérience lors de votre prochaine visite. De longues files d'attente, un caissier qui parle trop vitre, un restaurant bondé où il est difficile de se trouver une table. Mais vous savez aussi que vous serez servi rapidement, que le gout est toujours le même et que l'endroit être propre.

Maintenant, McDonald peut bien tenter de publiciser qu'ils sont comme les cafés parisiens, offrant des cafés gourmets et une ambiance incroyable, avec de belles décorations et un foyer, mais au fond de vous-mêmes, vous savez que c'est toujours le même bon vieux McDonald avec les longues files d'attente.

Les expériences antérieures sont si fortes qu'il faut énormément de publicité et de recommandations des pairs pour arriver à s'en défaire. Si vous avez insatisfait dans le passé, il n'y aura probablement aucune publicité assez alléchante pour vous convaincre d'y retourner.

Comment influencent-ils tous la satisfaction
La combinaison de ces éléments nous aide à établir nos attentes pour un service donné.

Si on ne s'en occupe pas, ces attentes risquent de prendre des proportions démesurées. Étant tous généralement trop optimistes, nous avons tendance à voir seulement le positif de ce qui nous est présenté, oubliant les éléments moins agréables. Nous tendons également à solliciter l'opinion de nos amis qui sont eux aussi trop optimistes ou alors, complètement négatifs, mais jamais entre les deux. Finalement, si nos expériences envers un service sont bonnes, nous tendons à en augmenter nos attentes au fil du temps.

Gérer satisfaction et insatisfaction

Maintenant que nous savons ce qui est nécessaire à la satisfaction des utilisateurs, il n'y a aucune raison de les décevoir, n'est-ce pas? Pas tout a fait. Dans la prochaine section, nous verrons quelques-unes des raisons les plus communes pour lesquelles les utilisateurs ne sont pas heureux des services qu'ils reçoivent.

Pourquoi vos utilisateurs sont-ils insatisfaits?

Créer l'insatisfaction

De temps à autre, je recevais un appel d'un utilisateur en colère, lorsque j'étais CIO.

C'était un lundi matin, et l'utilisateur m'avait rejoint sur mon cellulaire alors que je me rendais au bureau. La réceptionniste de notre siège social avait de nombreux problèmes avec son ordinateur et s'en plaignait ouvertement, à tous ceux qui étaient prêts à l'entendre.

Évidemment, la première chose que j'ai faite en arrivant au bureau a été de vérifier dans le système les étapes qui avaient été effectuées afin de résoudre les problèmes de cet ordinateur. De la mémoire avait été ajoutée, mais ce n'était pas un vieil ordinateur, moins de 2 ans. Les paramètres étaient bons, l'image était bien rendue et nous n'avions jamais eu de problème avec cette configuration dans le passé. Les notes du technicien indiquaient que l'ordinateur répondait à toutes les commandes et qu'il fonctionnait bien. Alors, qu'est-ce qui clochait?

Son bureau était juste de l'autre côté de la rue, alors j'ai décidé de m'y rendre et de voir par moi-même. Lorsque je suis entré dans son département, j'ai tout de suite compris d'où provenait le problème. Elle était la seule employée n'ayant qu'un seul écran. Tous les autres bénéficiaient de notre nouvelle configuration à deux écrans, développée pour logiciel de gestion intégré. D'ailleurs, elle n'était pas une utilisatrice de ce logiciel, alors elle n'avait pas réellement besoin de cette nouvelle configuration, alors on lui avait laissé l'ancien (quoique toujours très à jour) ordinateur.

Après avoir approfondi le sujet avec elle, nous en sommes rapidement venus à la conclusion que l'ordinateur fonctionnait très bien et qu'il n'y avait pas vraiment de problème. Le vrai problème était la jalousie. Tout le monde avait deux écrans, sauf elle.

En fait, ce n'était pas de la jalousie, mais plutôt de l'inégalité ou de l'injustice. Elle avait le sentiment de ne pas avoir les mêmes privilèges que les autres. Nous avions créé un utilisateur insatisfait, non pas en offrant un mauvais service, mais en donnant un meilleur service à tous les autres.

La satisfaction est relative

Comme nous l'avons vu, la satisfaction est une chose bien relative. Les utilisateurs peuvent être satisfaits ou insatisfaits pour une multitude de raisons. Et pire encore, certains utilisateurs peuvent être très satisfaits alors que d'autres peuvent être particulièrement insatisfaits, dans une même situation.

La plus importante composante de la satisfaction, comme nous l'avons vu, est constituée des attentes. Les utilisateurs ont une vision prédéfinie de la façon dont les services devraient être livrés et lorsque la réalité n'est pas à la hauteur des attentes, ils sont insatisfaits.

Dans cette section, nous analyserons les causes les plus communes d'insatisfaction. Nous verrons comment la communication est un élément indispensable de la formation et de la gestion des attentes auprès des utilisateurs. Nous verrons également que d'être un monopole est un désavantage lorsque vous faites affaire avec les utilisateurs, et comment le stress et l'équité peuvent avoir un impact significatif sur la satisfaction d'un utilisateur.

Un pour toi, deux pour moi?

Un chercheur a conduit une étude dans laquelle deux participants devaient se partager un 10 $. Cependant, les participants étaient dans des pièces différentes et le premier participant décidait de combien d'argent il souhaitait laisser à l'autre. Mais, le second participant pouvait refuser l'affaire, auquel cas les deux participants se retrouveraient les mains vides. Par exemple, le participant A est seul dans une pièce et on lui donne 10 $. Il décide d'en garder 7 $ et de donner 3 $ à la personne qui est dans l'autre pièce, personne qu'il ne connait pas et ne rencontrera jamais. Le second participant peut, à son tour, accepter l'offre de ne recevoir que 3 $ sur 10 $, ou refuser l'offre et alors, ni l'un ni l'autre n'obtient d'argent.

Ce qui est intéressant ici, c'est que les théories économiques proposeraient sans doute que la première personne doive d'abord agir pour son propre intérêt et conserver le plus d'argent possible, donc 9 $. Ces mêmes théories prédisent que la seconde personne devrait prendre le montant restant, peu importe combien il est important, donc accepter le 1 $. Ce partage serait donc dans le meilleur intérêt de chacun des individus. Le premier recevrait autant que possible de ce partage, alors que le second conserverait ce qui reste, ce qui est quand même plus que rien du tout, et donc, à son avantage.

Mais c'est là que les théories économiques échouent. L'étude a par ailleurs démontré que le second participant préfère, dans la majorité des cas, punir le premier qui ne partage rien en refusant l'offre, quitte à ne rien avoir lui-même. Il est donc prêt à perdre de l'argent, peu importe le montant, si cela empêche le premier de profiter de lui. Pourquoi quelqu'un préfèrerait-il ne rien avoir, juste pour voir quelqu'un perdre? Cela réfère au principe d'équité.

L'équité est un élément important de nos attentes. Selon Oliver & Swann, un client doit être traité équitablement pour se sentir satisfait.

Retournons à notre exemple du café. Vous vous rendez dans un petit café et vous attendez à un service rapide et courtois, un café chaud et un prix équitable. Ce sont vos attentes. Si le café peut vous offrir tout cela, vous serez donc, en théorie, satisfait. Mais si le client devant vous reçoit un beignet gratuit et que vous n'en recevez pas, vous risquez d'être insatisfait. Pourquoi? Le beignet n'était même pas sur votre liste de critères. Peut-être n'aimez-vous même pas les beignets. Malgré cela, parce qu'un autre client a reçu quelque chose que vous n'avez pas obtenu, votre niveau de satisfaction a chuté. La même chose se produirait si le caissier était souriant et volubile avec le client devant vous, mais ne vous adressait pas un mot. Vous vous sentiriez trompé, comme si vous ne receviez pas quelque chose que vous méritiez.

Maintenant, imaginez comment ceci s'applique à un FSI. Encore et encore, j'ai vu le niveau de service varié selon que vous connaissiez les gens du soutien technique, que vous étiez situé au siège social ou dans des bureaux satellites, que vous étiez un gestionnaire, proche d'un gestionnaire ou simplement un adjoint administratif. Qui obtient les nouveaux ordinateurs dans votre entreprise? La compagnie a-t-elle déployé des iPad? Qui les a reçus en premier? N'importe quel type de traitement préférentiel peut vous revenir en plein visage, en élevant les attentes des autres utilisateurs.

Maintenant, imaginez que vous vous situez du côté inéquitable de la transaction. Votre collègue a reçu un tout nouveau portable, ultraléger et brillant, avec un gigantesque disque dur, alors que vous utilisez encore le PC préhistorique qui pèse 5 kg et prend une pause-café complète pour démarrer. Aucune quantité de courtoisie et de soutien ne pourrait compétitionner avec le nouvel ordinateur de votre collègue. Chaque fois que vous mettrez le monstre en marche, vous penserez à votre collègue qui n'a qu'à ouvrir le rabat et à commencer son travail. Chaque fois que la ganse de votre sac vous engourdira l'épaule, vous pesterez contre votre collègue qui ne sent probablement même pas qu'il a un ordinateur dans son sac. En d'autres mots, votre satisfaction disparaitra, tout simplement.

Bizarrement, cela ne se produirait probablement pas si tout le monde avait de vieux portables encombrants. L'impartialité serait restituée et le service serait jugé sur les attentes initiales seulement et non pas sur de nouvelles attentes créées par le collègue ou par le service informatique.

Comment cela s'applique-t-il aux situations quotidiennes? Premièrement, bien que nous en ayons parlé déjà, la consistance est la clé. Rien ne tue la satisfaction plus vite que le fait d'avoir des variations dans la livraison de service.

Mais, cela fait-il du sens d'avoir un traitement préférentiel? Oui, sans aucun doute. Mais le truc est d'être ouvert et franc sur le sujet. C'est bien d'avoir un service VIP aussi longtemps que le service est clairement exprimé et que les niveaux de service sont bien définis. Comme n'importe quoi d'autre, la consistance est la clé. Être ami avec quelqu'un du Service Informatique n'est pas une raison suffisante pour recevoir un meilleur service.

Victime du syndrome de Stockholm?

Nous venions de finir de diriger une enquête de satisfaction d'utilisateur pour un de mes clients et les résultats étaient en fait assez bons. Les utilisateurs étaient généralement satisfaits des services fournis tout comme de la sensibilité de l'équipe. Le directeur était cependant un peu incrédule face aux résultats. Sa première réaction a été : « peut-être sont-ils victimes du syndrome de Stockholm ».

Si vous n'êtes pas familiers avec le syndrome de Stockholm, cela se produit lorsqu'une victime d'enlèvement développe un sentiment d'obligation envers son kidnappeur, allant aussi loin qu'en les protégeant et en formant même, par moments, de fortes relations émotionnelles.

Son attitude était donc tout de même justifiée. Les utilisateurs ont souvent l'impression d'être des otages. Ils ont un travail à faire et ils doivent le faire en dépit du meilleur effort du FSI de les saboter.

Nous étions à bord d'une croisière et ma femme était à court d'écran solaire. Pas un très gros problème, donc nous avons décidé de nous diriger vers le magasin de croisière et d'en acheter, tout simplement. Évidemment le magasin vendait son écran solaire à un prix exorbitant. Comment ces gens peuvent-ils dormir la nuit en chargeant autant pour une si petite bouteille de lotion? Nous étions outrés. Exploiter des gens qui n'ont pas d'autre choix, comme il n'y avait aucun autre magasin sur le bateau. Notre choix était simple; l'acheter ou s'en passer. Nous l'avons évidemment acheté, bien que nous étions particulièrement mécontents. En fait, nous étions clairement mécontents. Même lorsque nous utilisions le produit, nous n'arrêtions pas de parler du prix de la bouteille.

Quand nous sommes revenus à la maison, ma femme est allée au magasin acheter un peu plus d'écran solaire. Il y en avait des étagères pleines, de marques et de quantités différentes. Elle a fini par acheter la même chose pour environ le même prix. Le magasin de croisière n'était pas si cher finalement. Nous avons ri. En fait, nous nous sommes même rappelé que certains articles de la boutique de croisière étaient moins chers qu'à l'épicerie. Pourquoi étions-nous si mécontents? Nous nous sentions pris en otage. Il n'y avait aucun choix, aucune compétition. C'était un monopole.

C'est la même chose avec les FSI. Les utilisateurs n'ont pas le choix d'utiliser vos services ou non. Personne d'autre ne leur offre de services informatiques, de gestion ou de ressources humaines. Ils doivent utiliser ce qui est fourni ou s'en passer. Et dans certains cas, ils ne peuvent pas même s'en passer, ils sont contraints à utiliser ces services.

Ceci est en lien avec le fait que la plupart des utilisateurs sont aussi des acheteurs de technologie dans leurs vies personnelles. Ils voient un nouvel iPhone sur le marché, ils achètent des ordinateurs et des portables pour la maison, ils ont peut-être déjà des préférences de marques. Alors, quand nous leur dictons un choix de technologie et d'outils, ils doivent l'utiliser et se sentent pris en otage. Ce sentiment peut être encore plus lourd, dû au rôle de gardien qu'ont les FSI. Ils peuvent dire « si vous voulez avoir accès à ces renseignements, vous devrez justifier votre besoin et obtenir trois signatures. » Ou « non, nous ne croyons pas que vous avez besoin d'une tablette tactile, » même si vous voyagez constamment et que l'utilisation d'un portable sur un avion est un énorme inconvénient.

Une étude démontre que, lorsqu'ils sont mécontents avec un service, 88% des consommateurs changent simplement de fournisseur. Ainsi, la première réaction des gens qui sont mécontents est de chercher des alternatives. Il est beaucoup plus facile de voter avec ses pieds, en s'éloignant et en trouvant un nouveau fournisseur.

Les monopoles vont à l'encontre de la première réaction du 88% d'utilisateurs insatisfaits. Ils ne peuvent pas voter avec leurs pieds. Alors, quelles sont les options disponibles pour eux? Ils peuvent se plaindre l'un à l'autre ou en parler à leur patron, mais ils resteront très probablement silencieux et ne parleront à personne de leur insatisfaction. Ces utilisateurs arrêteront tranquillement d'utiliser vos services, dans la mesure où ils le peuvent. Combien d'utilisateurs-tricheurs voyons-nous dans les organisations? Ces gens qui achètent leur propre logiciel ou utilisent des applications web sans impliquer le FSI? C'est une réaction face à la nature de monopole du FSI, où la réaction des utilisateurs est simplement de dire « Ils seront probablement dans nos pattes, alors pourquoi les impliquer? »

FSI et yoga

Nous oublions quelquefois que les utilisateurs peuvent ne pas avoir le même niveau de confort avec les solutions des FSI que nous. Les utilisateurs proviennent d'une variété de milieux et peuvent être hautement spécialisés dans des domaines bien différents, mais il y a fort à parier que votre domaine spécifique n'en fait pas partie.

Si vous avez déjà essayé d'aider un membre de votre famille avec son ordinateur, vous pouvez comprendre ce que peut signifier le techno-stress.

Quand j'étais à l'université, je formais les gens sur l'utilisation de Microsoft Office. On parle ici de cours de base, où j'enseignais des connaissances comme la rédaction d'une lettre dans Word, la création d'un budget dans Excel ou la mise en page d'une courte présentation avec PowerPoint. Ces classes étaient majoritairement données à des personnes âgées, qui venaient de recevoir un ordinateur et souhaitaient apprendre à mieux s'en servir.

Un étudiant m'a un jour demandé comment ouvrir un dossier. Il le déplaçait constamment au lieu de cliquer dessus. Alors je lui ai dit de cliquer deux fois sur le dossier qu'il voulait ouvrir. Aucun succès. Il m'annonce que ça ne fonctionne toujours pas et cette fois, je décide de me rendre jusqu'à son poste de travail pour voir exactement ce qui se passe. L'homme faisait tout correctement, mais il attendait de trois à quatre secondes entre les clics. Je lui ai donc expliqué qu'il devait cliquer un peu plus rapidement. La réponse qu'il m'a donnée m'a fait sourire : « Avec la quantité d'argent que je paie pour cette chose, elle ne peut pas même m'attendre? »

En enseignant, j'ai été surpris de constater le nombre de personnes qui avaient peur de toucher à un ordinateur. Plusieurs personnes reculaient physiquement de quelques centimètres, chaque fois qu'elles complétaient une tâche. Quelques-unes ne garderaient même pas leur main sur la souris. On pouvait deviner qu'elles avaient peur et vivaient de l'appréhension envers la machine.

Le techno-stress se présente sous plusieurs formes et niveaux. Peut-être que personne n'a peur physiquement de l'ordinateur dans votre organisation, mais il est fort possible que certaines personnes soient moins que confortables avec cette technologie. J'ai vu des gens aller aux réunions avec leur portable ET leur calculatrice. Et comme la plupart des FSI offrent maintenant leurs services via une forme ou une autre de programme informatique, cela peut vite devenir problématique.

Les facteurs qui créent le techno-stress

Il y a cinq facteurs qui produisent le techno-stress chez les utilisateurs. Le premier est la techno-surcharge qui se produit lorsque les utilisateurs sont forcés de travailler plus vite ou de travailler plus longtemps à cause de la technologie. Cela arrive généralement quand de nouveaux systèmes sont déployés et que les processus ne sont pas expliqués, reconsidérés ou simplifiés. Prenez l'exemple d'un système CRM déployé dans une organisation. Si les employés des ventes continuent de faire ce qu'ils ont toujours fait, mais qu'ils doivent en plus saisir des renseignements de client, des interactions, des données sur le statut des clients en plus de mettre à jour toutes les données, leur charge de travail vient d'augmenter considérablement. Cette charge de travail, pendant la nuit, c'est multiplié simplement en déployant une nouvelle technologie.

On appelle la deuxième cause de techno-stress la techno-invasion. Beaucoup de personnes ne peuvent vivre sans leur BlackBerry ou leur iPhone, de nos jours. Et c'est là tout le problème. La technologie (particulièrement les technologies mobiles) a envahi la vie personnelle des gens et leur fait sentir qu'ils sont toujours « branchés », qu'ils n'ont jamais de temps d'arrêt et qu'ils devraient vérifier leurs courriers électroniques à tout moment du jour et de la nuit.

La troisième cause de techno-stress est la techno-complexité. Vos utilisateurs sont surement très bons à ce qu'ils font. Ils peuvent être extrêmement qualifiés et avoir beaucoup d'années d'expérience dans leurs champs de compétence. Ils se considèrent d'ailleurs probablement comme très compétents. Mais dans la nuit, nous lançons un nouveau système et le leur imposons, et maintenant ils ont de la difficulté à faire leur travail. Ce qui avait l'habitude d'être facile pour eux est maintenant compliqué, prend plus de temps et devient inefficace. Cette nouvelle complexité fait que les gens se sentent incompétents et inadéquats à une tâche à laquelle ils avaient l'habitude d'exceller.

La quatrième cause de techno-stress est la techno-insécurité. Lors du déploiement de nouvelles applications, le travail à faire change et les organisations essaient d'utiliser la technologie pour augmenter la productivité et cela mène souvent à une réduction des besoins de main-d'oeuvre. Les utilisateurs en viennent à se demander si le nouveau système leur fera perdre leur emploi.

Finalement, la cinquième cause de techno-stress est la techno-incertitude. Juste quand un utilisateur commence finalement à comprendre comment le système fonctionne, nous le modernisons ou le changeons. Les utilisateurs se demandent ainsi continuellement quand ils devront être formés de nouveau pour continuer à faire leur travail quotidien.

Impact du stress

Le plus grand impact que ces agents stressants ont sur les utilisateurs est la performance diminuée. La combinaison des nouvelles technologies, des demandes en lien avec le travail existant et des pressions visant à produire des bénéfices à partir de cette nouvelle productivité augmentée provenant du système, provoque souvent l'effet opposé. Les utilisateurs deviennent moins compétents dans leur travail et plus mauvais, ils se rendent compte que cet impact ne créera que plus d'anxiété.

Cette performance diminuée et cette inquiétude ont un impact direct sur leur satisfaction. Ils perçoivent maintenant la technologie comme étant un obstacle plutôt qu'une aide. Évidemment, cette situation peut être temporaire, le temps qu'il faut aux utilisateurs pour passer par la « courbe d'apprentissage, » mais cela peut aussi devenir permanent, si la vitesse du changement et de l'impact sur les utilisateurs n'est pas bien dirigée.

Cela ne veut pas dire que le changement est mauvais et qu'il devrait être évité. Plus tard, nous verrons comment la communication et la participation de l'utilisateur (même passive) peuvent aider à soulager les agents stressants et aider à améliorer la satisfaction de l'utilisateur lors du déploiement d'un nouveau système.

Plainte et récupération de service

Dans l'industrie de service, il y a un adage : une plainte est un cadeau des dieux. La réalité consiste en ce que très peu de personnes se plaignent (96% de clients mécontents ne se plaignent pas, selon une étude de la Maison Blanche américaine). Cela signifie que, pour chaque plainte reçue, 24 autres personnes qui sont mécontentes ne vous en parleront pas.

Il y a beaucoup de raisons de ne pas se plaindre :

- ◆ Premièrement, il faut du courage pour se plaindre. Le fait d'adresser une réclamation pourrait résulter en une discussion ou même une confrontation.
- ◆ Deuxièmement, la plupart des personnes estiment que la plainte ne fera pas de différence. « Je peux certainement me plaindre, mais quelqu'un écoutera-t-il? Ils continueront à faire la même chose. »
- ◆ Et troisièmement, le fait de faire une plainte exige d'une personne qu'elle articule exactement ce qu'elle veut, ce qui n'est pas toujours facile à accomplir, surtout dans un environnement qui est complexe comme celui des services informatiques.
- ◆ Et finalement, les utilisateurs s'inquiètent des répercussions. « Si je dépose une plainte, le commis du soutien technique sera réprimandé et ensuite, il sera furieux contre moi. Je n'aurai peut-être même plus un bon service par la suite. »

En tant que client, pourquoi devrais-je prendre la peine de porter plainte? J'ai vu beaucoup de FSI, mais peu offraient à leurs utilisateurs une façon efficace de déposer une plainte. Une excuse fréquente à cette situation est la suivante : « les utilisateurs n'ont qu'à rappeler le bureau du service pour leur dire que le problème n'est pas résolu. » En effet. Mais la plainte pourrait être liée à plusieurs aspects, pas directement avec le bureau du service. Comment un utilisateur peut-il vous dire qu'il est insatisfait de l'attitude de la personne qui s'occupe du soutien technique? Ou que le temps d'attente était trop long? Ou que les compétences de l'agent ne sont pas adaptées à son travail?

Quand j'étais un DSI, j'ai encouragé les gens à me contacter directement, par courriel ou téléphone, quand ils avaient des plaintes. Mon adresse courriel et mon numéro de téléphone étaient inscrits dans toutes mes communications envoyées et sur le portail des utilisateurs. Au début, mon personnel avait eu peur que je sois envahi par les courriers électroniques. Mais en réalité, je n'en recevais qu'un ou deux par semaine. Et ces courriers électroniques (ou les appels) m'ont permis de parler aux utilisateurs, de mieux comprendre la situation et de vraiment arriver à la source du problème. Je m'assurais alors que le problème de l'utilisateur est résolu, mais aussi que la cause source soit adressée et réglée.

La récupération de service est une partie critique de n'importe quelle organisation de service. Le fait de recevoir la plainte constitue seulement la moitié de la bataille. La deuxième moitié consiste à s'assurer que la plainte est gérée convenablement et que la situation corrigée. Il n'y a rien de plus mauvais qu'une plainte qui finit par n'aboutir à rien. C'est comme de recevoir une seconde gifle au visage : « Non seulement leur service est mauvais, mais ils ne répondent même pas aux plaintes! » La récupération de service n'est pas une chose compliquée. Vous corrigez le problème et ensuite, vous faites un suivi avec l'utilisateur afin de vous assurer que le problème a été effectivement été résolu et que l'utilisateur est de nouveau satisfait. Vous expliquez ensuite à l'utilisateur comment vous vous assurerez que la situation ne se répètera pas. Mais encore trop peu de FSI agissent de la sorte.

Offrir une valeur inestimable

Évidemment, tout le monde n'utilise pas la même voie pour répondre aux besoins de leurs clients. Après tout, il n'y a pas qu'une manière d'offrir de la valeur. C'est là où les profils de personnalité entrent en ligne de compte.

Le Comptable, le majordome, l'institutrice et l'agente. Chaque personnalité est unique, chacune ayant leurs propres traits, forces et faiblesses. Dès que nous aurons identifié les deux dimensions principales qui définissent chaque personnalité, vous verrez que quelques FSI sont plus directifs, alors que d'autres sont meilleurs à servir leurs utilisateurs et que ce qui compte le plus, c'est qu'il n'y a pas de personnalité qui soit meilleure que les autres. La meilleure personnalité est celle qui convient aux clients.

Partie 2. Les profils de personnalité des FSI

Voici les quatre profils de personnalité : le comptable, le majordome, l'institutrice et l'agente.

Quand je sors faire les magasins, je suis toujours surpris de voir comment les compagnies traitent leurs clients. Les détaillants importants comptent sur leurs clients pour se promener dans les allées et trouver ce qu'ils cherchent par eux-mêmes. De petites boutiques comptent sur de jeunes vendeurs pour « vous guider » vers leurs vêtements et chaussures les plus chers. Et les magasins électroniques très haut de gamme vous bombarderont avec les spécifications techniques que la plupart des gens ne comprennent pas, y compris les vendeurs. Tous ces magasins offrent une différente expérience à leurs clients et au final, chacun semble assez heureux.

En travaillant comme conseiller pour Gartner, j'ai eu le privilège de travailler avec beaucoup de fournisseurs de services internes différents. Et chaque fournisseur avait un rapport différent avec ses utilisateurs. Certains étaient confrontant alors que d'autres étaient sympathiques. Quelques FSI ont semblé avoir des budgets illimités alors que d'autres devaient fouiller dans les vieilles pièces pour réparer leur équipement vieillissant.

Mais en dépit de ces différences, il n'y avait aucun élément commun qui prédisait leur rapport avec les affaires.

Il n'y a pas que le service

Un client m'a soumis un problème très intéressant. Le FSI était particulièrement centré sur le fait d'offrir des services de qualité. Le personnel du FSI travaillait sans arrêt afin de répondre rapidement aux demandes des utilisateurs, et pour fournir tout ce que les clients demandaient. Il leur arrivait très rarement de dire non, trouvant toujours une façon de rendre les choses possibles et essayant constamment de fournir ce qui avait été promis. En fait, c'était l'un des rares FSI que j'aie rencontrés qui a réussi à atteindre un aussi haut niveau de service.

Malgré cela, les utilisateurs étaient insatisfaits. Ils considéraient que leur FSI ne répondait pas aux appels assez rapidement, que le service n'était pas fiable et que, dans l'ensemble, le FSI n'était pas un bon partenaire d'affaires. Le personnel du FSI était découragé et épuisé, ayant l'impression que peu importe ce qui était fait, ce ne serait jamais assez. Le dirigeant du FSI n'avait de cesse de demander plus d'efforts de la part de son personnel. Rien n'y faisait.

Ils ont donc fait appel à nous pour évaluer en quoi ils se comparaient aux autres fournisseurs. Le dirigeant croyait que son entreprise offrait un service de bien meilleure qualité que tous ses concurrents, et qu'il était impossible que les utilisateurs souhaitent obtenir plus que ce que l'entreprise leur offrait. Après avoir complété notre évaluation initiale, il était clair que le FSI était effectivement bien meilleur que la moyenne, dans son industrie.

Cependant, une chose surprenante s'est produite lorsque nous avons commencé à interviewer les utilisateurs et clients. Les utilisateurs ne cessaient de faire référence au fait que le FSI était trop réactif. Oui, il offrait un excellent service, mais tout ce qu'il faisait, en fait, était d'éteindre des feux. Eh oui, le FSI acceptait presque n'importe quoi, mais il était maintenant encombré par de l'information sur les clients, à travers plusieurs systèmes différents, rendant difficile l'obtention d'une vue d'ensemble du profil d'un seul et même client. Ils auraient préféré être informés par le FSI que cette situation allait se produire, avant de devoir investir plusieurs centaines de milliers de dollars dans l'achat de plusieurs nouveaux systèmes. Le FSI de ces utilisateurs offrait tout ce qui lui était demandé, mais seulement cela. Ce qu'ils voulaient en fait, c'était un partenaire qui pourrait les aider à prendre les bonnes décisions et prévenir les problèmes avant même qu'ils ne se produisent.

Les associations sont créées tant de l'orientation service que de l'orientation affaire

Il est vite devenu clair que les FSI qui ont du succès ne sont pas seulement bons à la livraison des services; ils sont également bien alignés aux besoins de la compagnie.

Heureusement, la littérature d'affaires a déjà deux concepts permettant d'expliquer ces idées :

- Orientation service : l'orientation Service représente l'intérêt ciblé que porte le FSI envers le service à la clientèle. Certaines compagnies dirigent les FSI comme des postes de dépenses et essaient de minimiser les actions réciproques avec les utilisateurs, pendant que d'autres essaient d'être ultra-réactifs aux besoins d'utilisateurs.
- Orientation affaires : l'orientation Affaire mesure le niveau d'influence que le FSI a sur les affaires. Quelques FSI sont simplement centrés sur les services marchandise, pendant que d'autres ont une compréhension profonde des problèmes organisationnels et proposent des solutions permettant de les adresser.

Chacune de ces dimensions s'établit selon une échelle qui sera définie dans le chapitre suivant.

Les profils de personnalité

Ensemble, l'orientation affaires et l'orientation service fournissent quatre profils de personnalité :

- **Le Comptable** : s'attarde presque uniquement au contrôle des dépenses.
- **Le Majordome :** il a des vies à desservir; il veut satisfaire ses utilisateurs à tout prix.
- **L'institutrice :** Sait ce qui est bon pour la compagnie et fera tout ce qu'il faut pour y arriver.
- **L'Agente :** Elle est un pas devant tout le monde; elle est la prochaine PDG.

Ces classifications de personnalité ne sont pas toutes blanches ou toutes noires. Un fournisseur de services interne pourrait appartenir à plus d'une famille, selon le service ou les circonstances. Mais, nous avons constaté que c'est un cadre simple et utile permettant de classifier les fournisseurs de services internes et de prédire l'alignement qu'ils auront avec la compagnie.

Le manuel d'instruction pour les profils de personnalité

Dès que vous comprendrez le rôle que l'orientation service et l'orientation affaires jouent sur le comportement quotidien de personnel d'un FSI, vous réaliserez comment il est possible de prédire et d'évaluer le rôle que le FSI jouera au sein de l'organisation. Pour commencer, vous trouverez ci-dessous un petit aperçu. Dans ce graphique, vous verrez la définition de chaque profil de personnalité et des caractéristiques principales de chaque profil.

	Orientation Service	Orientation Affaires	Description	Exemple
Comptable	Faible	Faible	Gère son budget très serré	Walmart
Majordome	Élevée	Faible	Vie pour servir	Starbucks
Institutrice	Faible	Élevée	Sait ce qui est bon pour vous	Apple
Agente	Élevée	Élevée	Rends les utilisateurs autonomes	Weight Watchers

Chacune de ces personnalités a une perspective différente de son rôle dans l'organisation et de la façon dont elle devrait servir ses utilisateurs. Les Majordomes fourniront un service très personnalisé, se fendant littéralement en quatre pour servir leurs utilisateurs, alors que les institutrices dicteront des opinions et des méthodes à leurs utilisateurs.

Il serait facile de dire que l'Agente est la meilleure d'entre tous, mais comme nous le verrons dans les pages suivantes, chaque profil a des avantages et des difficultés. Mais d'abord, regardons ce que nous voulons dire par Orientation Service et Orientation Affaires.

Simon Chapleau

Orientation Service

Reconnaitre le bon service

Nous le savons tous lorsque nous recevons un bon service. Au magasin, au restaurant ou au cinéma, vous reconnaissez immédiatement un service à la clientèle exceptionnel. Ce n'est souvent pas à propos des outils (bien qu'ils aident) ou grâce aux procédures; non, ce qui fait vraiment d'un service à la clientèle une expérience agréable, c'est l'attitude de la personne. Quand vous recevez un bon service, vous avez l'impression que l'autre personne se soucie vraiment de vous, qu'elle veut vraiment créer une bonne expérience pour vous.

Les employés qui fournissent un bon service à la clientèle sont engagés, accueillants et à l'écoute de vos besoins. Ils travaillent de longues heures, mais ils semblent vraiment apprécier leur travail et le fait qu'ils peuvent aider les autres. L'attitude est très importante. Mais l'attitude n'est pas assez, elle doit être nourrie et récompensée à travers une compagnie. Il est facile d'écraser une bonne attitude si le patron se soucie seulement de la productivité.

Ce qui intéresse mon patron me passionne

Peut-être vous souvenez-vous de ce que c'est que de commencer un nouvel emploi. En dépit de votre éducation et de vos expériences, vous ne savez pas vraiment comment vous comporter au début. Que devriez-vous porter? Vous ne voulez pas être mieux habillés que votre patron, mais vous ne voulez pas ressembler à un cochon non plus. Les réunions sont-elles décontractées ou très formelles? Est-ce acceptable d'être en désaccord avec votre patron en public?

Ce sont toutes les règles non écrites qui forment les normes de votre organisation. Et ces normes dirigent le comportement. Les gens s'attardent d'instinct à ces normes et ajustent leur comportement afin de mieux s'intégrer. Au final, ce sont ces normes qui créent la culture de l'organisation.

Certaines cultures organisationnelles encouragent une approche de service à la clientèle dans leurs comportements quotidiens alors que d'autres semblent presque le décourager.

L'orientation service se définie par les perceptions de l'employé des pratiques, des procédures et des comportements qui sont attendus, récompensés et soutenus, en ce qui concerne le service aux utilisateurs et è la qualité dudit service.

Conserver un niveau élevé d'orientation service n'est pas facile. Cela exige une préoccupation quotidienne de ce qui doit être fait pour les utilisateurs. Certains chefs aiment dire qu'ils sont centrés sur le client, mais seulement quand ils font leur enquête de satisfaction annuelle. Le reste du temps, ils sont centrés sur le contrôle des dépenses.

Les employés se fient à ses signaux et adaptent leur comportement en conséquence. Peu importe ce qui intéresse mon patron, cela me fascinera certainement. D'autre part, si mon patron ne parle jamais de service è la clientèle, cela risque de diminuer l'importance que j'y accorde.

Qu'est-ce qui conduit une culture de service?

Le bon service n'arrive pas par accident. Le fait d'engager des employés avec la bonne attitude est seulement un début. La culture de l'organisation doit également promouvoir le service à la clientèle dans toutes les sphères de l'organisation.

La recherche a défini six facteurs critiques qui influencent l'orientation service d'un fournisseur de services interne :

- **Leadership de service et vision :** la mesure à laquelle les directeurs de FSI prennent des mesures pour guider et récompenser la livraison de service de qualité, tel que le fait de fixer des objectifs, la planification du travail et la coordination, la reconnaissance et les récompenses.
- **Qualité de service :** la mesure dans laquelle les professionnels de FSI donnent un service rapide et professionnel à leurs utilisateurs.
- **Rétroaction du client :** la mesure selon laquelle la réaction du client concernant la qualité de service est sollicitée et adressée.
- **Communications avec le client :** la mesure selon laquelle les professionnels de FSI communiquent ouvertement et fréquemment avec les clients, concernant les problèmes liés à la tâche.
- **Proximité physique :** la mesure selon laquelle les professionnels de FSI sont situés près de leurs clients. Le fait d'être contigu aux bureaux : même plancher, dans le même bâtiment, différent plancher dans le même bâtiment, différent bâtiment dans la même ville, différente ville, etc.
- **Soutien de collègue :** la mesure selon laquelle les professionnels de FSI collaborent pour faire le travail.

En mesurant le niveau de chacun de ces six facteurs il est possible de quantitativement évaluer l'orientation de service d'un fournisseur de services intérieur.

Orientation service faible : compléter le travail en dépit de l'utilisateur

Peut-être l'avez-vous déjà vu. Vous appelez un fournisseur de services interne et la personne qui vous répond vous donne l'impression que vous l'avez dérangé dans une tâche importante. Elle semble ennuyée de devoir s'occuper de vous. Vous commencez à expliquer votre problème et sans avoir le temps de finir, elle vous dit que c'est un problème facile. Elle vous suggère une instruction spécifique, mais le dit tellement vite que vous n'avez même pas le temps de tout prendre en note. Elle suggère ensuite de la rappeler si ça ne fonctionne pas et raccroche, ne vous laissant même pas le temps de dire au revoir.

Vous essayez la solution proposée, mais évidemment, elle ne fonctionne pas. Maintenant, vous êtes coincés avec deux choix : rappeler et avoir l'impression de nouveau que vous la dérangez, ou vivre avec le problème. Beaucoup de personnes décident de vivre avec le problème, mais vous décidez tout de même de rappeler. La personne vous demande alors quelques questions très spécifiques auxquelles vous n'avez aucune réponse. Vous exécutez alors quelques ordres que vous ne comprenez pas et ensuite, elle déclare que le problème est résolu. Elle vous explique que le problème était entièrement de votre faute et qu'il vaudrait mieux ne rien tenter par vous-mêmes la prochaine fois.

Vous mettez fin à l'interaction, épuisé, légèrement confus et en vous sentant plutôt mal. Vous y penserez probablement à deux fois avant de rappeler, la prochaine fois.

Un FSI dont l'orientation service est faible a très peu d'intérêts pour ses utilisateurs. Non pas qu'il fasse des efforts soutenus pour offrir un mauvais service, loin de là. Il veut que ses utilisateurs soient productifs et efficaces autant que n'importe qui d'autre, mais il se rend compte que les utilisateurs n'ont pas de choix et estiment qu'ils ne doivent pas passer trop de temps et énergie à la gestion de l'expérience utilisateur.

Pour lui, le service est une dépense qui devrait être minimisée. Chaque fois qu'un membre du personnel d'un FSI travaille à solutionner un problème, il n'apporte pas de valeur ajoutée et ne fait pas avancer de projet.

Lors de l'embauche, les FSI de ce type ont tendance à se concentrer sur les connaissances plutôt que sur l'attitude. Ils veulent quelqu'un qui peut faire le travail avant tout. Alors ils ne s'inquièteront au sujet de l'attitude que si cela devient un problème. Cela crée des équipes de FSI qui sont très compétentes, mais plus inquiètes de leur propre travail que de servir adéquatement les utilisateurs.

Orientation service élevée : Mon travail *est* de satisfaire les utilisateurs

Quand vous appelez un département de Service Informatique dont l'orientation service est élevée, vous vivez une expérience tout à fait différente. Après avoir été accueillis par un représentant joyeux, vous expliquez votre problème longuement, étant interrompus seulement par les questions pensives de l'agent. Il continue alors à vous rassurer sur le fait qu'il travaillera avec vous afin de résoudre votre problème aussitôt que possible. Il vous pose une série de questions diagnostiques qui sont exprimées en termes simples, pas dans le jargon technique. Il essaiera alors une solution et demeurera en ligne avec vous pendant que vous testez la solution afin de voir si elle fonctionne.

Il vous demande ensuite s'il peut faire quoi que ce soit d'autre pour vous aider, et il le pense vraiment. Il peut même vous demander s'il peut jeter un coup d'œil lui-même, juste pour s'assurer que tout le reste fonctionne proprement et vous éviter ainsi de futurs problèmes. Quand vous raccrochez finalement, vous recevez un courrier électronique peu de temps après, demandant si vous êtes satisfait du service reçu. Évidemment vous répondrez oui, puisqu'il a été d'une grande aide. Mais si vous répondez non, son superviseur vous appellera très vite pour savoir ce qui s'est passé et pour trouver quelqu'un d'autre qui pourra régler votre problème rapidement, si nécessaire.

Qu'arrive-t-il s'il ne peut pas résoudre votre problème immédiatement? L'agent donnerait une estimation du délai nécessaire et continuerait de faire un suivi avec vous de façon régulière, pour vous informer de l'avancée des réparations. Il vous appellerait même pour dire que rien n'a changé, juste pour vous rassurer sur le fait qu'ils y travaillent encore. Le FSI d'orientation service élevée veut s'assurer que vous savez qu'il prend le service au sérieux et la communication est une partie importante de tout cela.

Une orientation service élevée n'est pas interrompue lorsque vous les contactez, c'est ce qu'ils attendaient. Ils construisent leur département entier autour du soutien de leurs utilisateurs. Ils investissent dans des outils et des systèmes afin d'être en mesure de pister des renseignements d'utilisateur et les problèmes éventuels, afin que rien de passe sous silence. Ils exécutent des enquêtes de satisfaction d'utilisateur régulièrement, afin de s'assurer que leur niveau de service est toujours adéquat. Et ils pensent au service aux utilisateurs chaque jour, en se fixant des objectifs et en faisant le suivi des résultats continuellement. Le service à la clientèle, c'est leur travail.

Mais comme nous avons vu, l'orientation service constitue seulement une moitié de l'équation. L'autre moitié, l'orientation affaires, implique un travail main dans la main avec la compagnie pour avancer. Nous en parlerons dans le chapitre suivant.

Orientation affaires

Il y a quelques années, une tendance importante s'est installée, faisant que les compagnies ont commencé à sous-traiter leurs fournisseurs de services internes. Elles ont cru qu'elles pourraient faire d'importantes économies en sous-traitant ces services à une main-d'oeuvre meilleure marché telle que celle de l'Inde ou du Pakistan. Le raisonnement était assez simple : le FSI est une dépense qui devrait être optimisée. Il n'apporte pas vraiment de valeur, puisqu'il est un peu comme un article. Il serait donc logique de l'obtenir au prix le plus bas possible.

Les fournisseurs de services internes ont commencé à se défendre en clamant que les compagnies perdraient toute l'expérience d'affaires et tous les partenariats que le FSI avait accumulés et que la sous-traitance bon marché ne serait jamais capable de fournir le même niveau de valeur.

On a alors observé deux types de réactions : la première, où les cadres de l'entreprise ont commencé à penser à la perte d'un avantage si stratégique et à trouver des façons d'optimiser les prix sans sous-traiter, et la seconde, où les cadres, riants à cette idée, se disaient que de toute façon, il était impossible que leur FSI comprenne quoique ce soit à propos de l'industrie dans laquelle l'entreprise travaille.

Interne VS Externe

Ce qui différencie les fournisseurs internes des autres, c'est leur compréhension spécifique de la compagnie et de l'industrie et de ce qu'ils peuvent faire pour aider la compagnie à atteindre ses objectifs. Cette connaissance, combinée à une volonté commune de réussir, est ce qui motive la compagnie à utiliser des fournisseurs de services internes au lieu des fournisseurs externes.

Mais ce ne sont pas tous les FSI qui comprennent vraiment leur compagnie et l'industrie dans laquelle elle baigne. En fait, un FSI n'est pas meilleur qu'un fournisseur externe. Certains FSI se contentent de livrer un service sans vraiment comprendre comment il est utilisé et de quelle façon la compagnie en bénéficie.

L'orientation affaires est définie par le niveau d'influence que le FSI a sur la compagnie. Il distingue les fournisseurs qui livrent simplement un service sans comprendre le contexte des partenaires qui utilisent leurs connaissances et compétences pour faire avancer les affaires. À l'extrême, une orientation affaires élevée agit à titre de motivation au changement dans une compagnie, en trouvant de nouvelles idées et des initiatives permettant de transformer l'entreprise.

Le maintien d'une orientation affaires n'est pas simple. Cela exige une maitrise du domaine (Service Informatique, RH, finances, etc.) et une compréhension de l'industrie spécifique dans laquelle votre compagnie oeuvre. Cela exige également d'avoir le sens des affaires, de comprendre les impacts que les services auront sur les unités d'affaires et de savoir comment aider l'entreprise à accomplir ses objectifs.

Cela exige un certain type d'employé; des gens capables d'avoir les deux pieds dans deux mondes différents et en mesure de faire le pont entre ces deux mondes grâce à leurs compétences et leurs idées. Cela nécessite également que ces personnes soient capables de discuter avec les dirigeants d'entreprise, dans leur propre jargon, tout en étant également capables de simplifier les concepts liés à leur département, de manière à ce que tout soit bien compris.

Plus que de simples connaissances

L'orientation affaires ne comprend pas simplement la compagnie et les affaires. Si c'était le cas, la plupart des FSI obtiendraient probablement déjà un score élevé. Une orientation affaires élevée consiste à utiliser ce savoir pour influencer la compagnie dans la bonne direction, quelque chose qu'il beaucoup plus difficile d'accomplir.

Une étude a identifié six facteurs qui contribuent à une orientation affaire élevée :

- La maturité dans les communications, pour garantir le partage des connaissances à travers l'entreprise et la compréhension de l'entreprise par le Service Informatique et vice versa;
- La compétence/la maturité de la mesure de Valeur pour démontrer la valeur de la contribution du Service Informatique pour l'entreprise;
- La maturité du partenariat, afin de refléter le niveau de confiance développé entre les participants des services informatiques et la compagnie, en partageant les risques et les récompenses;
- La maturité dans la gestion, permettant d'assurer que les participants appropriés de la compagnie et les services informatiques révisent les priorités et les allocations des ressources informatiques;
- La maturité d'architecture et de portée pour signifier le niveau de flexibilité et de transparence du Service Informatique; et,
- La maturité des compétences pour refléter le niveau d'innovation, la préparation aux changements, l'embauche et la rétention de personnel et comment ils contribuent à l'efficacité générale de l'organisation.

L'orientation affaires est mesurée en évaluant le niveau de maturité pour chacun de ces facteurs. La bonne combinaison de processus, d'outils et de gens est nécessaire pour obtenir un score élevé à l'échelle d'orientation affaires.

Payer les factures

Les départements des finances sont continuellement sous la pression de devoir réduire les couts. Pour aider avec ce mandat, la plupart des entreprises ont automatisé les processus transactionnels de faible valeur tels que les comptes payables.

Le rôle de l'équipe des comptes payables est de s'assurer que la compagnie paie ses fournisseurs sur une base ponctuelle, en respectant les directives de la compagnie. Par exemple, si un fournisseur vous donne 30 jours pour payer la facture, il ne ferait aucun sens de la payer avant cette date. Ce serait comme de refuser un prêt sans intérêt. Pour faciliter ces directives, ils ont donc établi des systèmes et procédures.

Ils ont également commencé à refiler beaucoup de leur travail aux utilisateurs eux-mêmes. Un nouveau fournisseur est sélectionné? Remplissez s'il vous plaît le formulaire de création de fournisseurs, qui contient tous les renseignements exigés. Vous projetez d'acheter quelque chose? Remplissez s'il vous plaît un bon de commande avec tous les codes comptables déjà remplis. En refilant ces tâches aux utilisateurs ils ont été capables de se concentrer sur l'aspect transactionnel de leur travail, les rendant ainsi plus efficaces.

Mais ce déplacement de tâche n'a pas tenu compte de l'énorme charge de travail à laquelle les utilisateurs font déjà face. Alors qu'il était auparavant plutôt simple d'engager un conseiller, ils doivent maintenant créer un nouvel enregistrement via un formulaire, créer un bon de commande, remplir tous les renseignements de comptabilité, recevoir la facture et l'approuver. Ce n'est qu'après tout cela que les comptes payables autoriseront le paiement.

Tout cela a grandement facilité les choses pour les FSI, mais a significativement alourdi la tâche de leurs clients. Alors que le FSI avait l'habitude de fournir des conseils et une aide dans l'achat de ce qui était nécessaire, ils sont désormais relégués au simple rôle de processeur de paiement. Évidemment, le pas suivant pour eux, selon la logique, serait de tout sous-traiter, puisqu'une faible orientation affaires rend le département presque impossible à distinguer d'un fournisseur de services externes.

Mieux vivre grâce à la technologie

Les départements de service informatique étaient auparavant reconnus comme une bande de nerds travaillant en marge du reste de l'entreprise. Ils pouvaient comprendre les ordinateurs et étaient les Dieux des systèmes de l'entreprise. Aucun changement important dans la compagnie ne pouvait arriver sans leur participation. Le Service Informatique a compris son pouvoir et s'en vantait souvent, arrêtant des initiatives parce qu'elles ne se conformaient pas « aux directives de sécurité », ou forçant de longs et pénibles processus d'autorisation pour d'autres initiatives. En général, le Service Informatique était perçu comme un barrage routier.

Le marché a commencé à y réagir en créant des solutions logiciel de service (de l'anglais « Software as a Service » ou SaaS). Le SaaS est hébergé chez le fournisseur et peut être loué et payé mensuellement, au lieu de tout payé d'un coup. De plus, il ne nécessite pas l'implication du Service Informatique. Cela a créé un déluge de départements qui ont commencé à éviter le Service Informatique et à développer leur propre solution, en utilisant les SaaS pour soutenir leurs initiatives.

Cela a mené à l'introduction d'une nouvelle vague de chefs de Service Informatique, chefs beaucoup plus astucieux quant à la manière dont la compagnie opère et à comment la technologie peut être utilisée pour faire avancer cette dernière. Ces chefs étaient même disposés à utiliser ces nouvelles solutions afin d'accélérer le processus de déploiement.

Ces nouveaux chefs sont beaucoup plus préoccupés par la compagnie que par la technologie la soutenant. Cependant, ils sont disposés à travailler avec les unités d'affaires pour développer la preuve des concepts, les épreuves, les pilotes et les essais, quelque chose que les chefs de Service Informatique traditionnels n'auraient jamais accepté.

Cette tendance a aussi mené ces dirigeants à prendre des rôles plus importants au sein de leur compagnie. Alors que les chefs de Service Informatique traditionnels avaient l'habitude de se rapporter aux finances, plusieurs ont commencé à se rapporter directement au PDG. On leur confiait souvent la charge, non seulement de la technologie, mais aussi des processus d'affaires qui sont établis entre les départements et qui sont difficiles à gérer.

Leur orientation d'affaires élevée a changé le département de Service Informatique, passant d'une organisation réactive qui répondait aux demandes, à un département menant désormais des projets transformationnels.

Qu'arrive-t-il lorsqu'un FSI possède à la fois une faible orientation affaires et un service de faible qualité? Il devient un Comptable, une machine implacable dirigée par la volonté d'optimiser les couts. Vous voulez que votre FSI soit net et efficace? Faites entrer les Comptables.

Simon Chapleau

Le Comptable

Walmart, le Comptable ultime

Y a-t-il un endroit plus ennuyeux que Walmart? Soyons honnêtes, je préfère probablement aller chez mon dentiste que de me rendre chez Walmart. Je redoute en fait ma visite hebdomadaire.

La première chose que vous voyez en entrant dans un Walmart est le préposé à l'accueil. Il sourit toujours, accueillant. Il ou elle vous offrira un chariot de courses, question de se rendre utile. Mais la réalité consiste en ce que le préposé à l'accueil n'est pas là pour vous; il fait partie de l'équipe de prévention des pertes et il est là pour s'assurer que vous ne volerez rien. La plupart des détaillants voient un taux de rétrécissement (un mot sophistiqué pour la perte qui inclut le vol) d'environ 1%, qui peut créé un trou significatif dans les profits, surtout pour un détaillant à faibles marges comme Walmart. Le préposé à l'accueil aide donc à prévenir ce rétrécissement.

Mais être préposé à l'accueil peut être un travail difficile. Une préposée assez âgée de Batavia, New York, a été frappée au visage lorsqu'elle a demandé à un client de présenter un reçu pour les achats faits. La pauvre femme de 70 ans a dû être hospitalisée.

Ensuite, vous êtes frappés par des rangées et des rangées d'étagères. Tout chez Walmart est conçu pour rendre les courses commodes et par commodes, on veut surtout dire rapides. Chaque Walmart a en moyenne 3 400 visites de clients chaque jour, ainsi il se crée un besoin de faire entrer et sortir ces clients le plus rapidement possible, afin que le magasin ne devienne pas bondé. Walmart le fait en ayant des allées assez larges pour loger plusieurs charriots de courses et en ayant des produits en nombres suffisants et disposés de manière pratique, pour être faciles à saisir.

Walmart vend un petit peu de tout, des produits alimentaires aux télévisions très haut de gamme. Mais ne vous attendez pas à recevoir de l'aide pour décider quel produit est le meilleur pour vous. La plupart des employés de Walmart sont des commis à l'étalage; ils sont là pour remplir les étagères et s'assurer que tous les produits sont toujours disponibles en quantité suffisante. Si vous vous demandez si la télé que vous regardez sera compatible avec votre système de cinéma maison, alors vous serez déçu. Le meilleur conseil que vous entendrez est, « si ça ne fonctionne pas, rapportez-le simplement pour un remboursement! » Et ne vous attendez pas à ce que quelqu'un offre d'apporter le téléviseur jusqu'à votre voiture après l'avoir acheté. Si vous avez besoin d'aide, vous devrez demander et attendre qu'un commis d'entrepôt se libère et qu'il puisse venir vous aider.

Quand vous êtes prêts à payer, il y a des rangs et des rangs de caissiers. Après tout, Walmart fait 36 millions de dollars de ventes chaque heure. Ça fait beaucoup de boites de Tide scannées et emballées. Mais évidemment, ce ne sont pas toutes les caisses qui sont ouvertes. Walmart fait le suivi les délais de traitement du paiement des achats et s'assure qu'il n'y a que le nombre nécessaire de caisses ouvertes, pour permettre une expérience d'achat agréable, au prix de revient le plus bas possible pour le magasin.

Et quand vous partez, les préposés à l'accueil doivent vérifier votre reçu et s'assurer que vous avez payé pour tout ce qui est dans votre charriot d'achats. La politique antivol de Walmart est simple : tout le monde est suspect. Les préposés vérifient systématiquement les reçus et les sacs de chacun, pas seulement ceux des gens qui semblent louches.

Est-ce que cela semble être une agréable expérience d'achat? Non, il n'y a qu'une seule raison d'aller chez Walmart : les bons prix. Et en estimant que 42% des clients de Walmart sont des familles avec un revenu total de moins de 40 000 $ par an, le prix est important. La plupart de ces familles n'en ont rien à faire de l'éclairage dur, du véritable rôle des préposés à l'accueil ou du fait que vous devez attendre en ligne à la caisse. Ils veulent recevoir des produits de qualité pour le prix le plus bas possible. Et c'est ce que Walmart leur offre.

La culture entière de Walmart est conçue pour garder les prix les plus bas possible. Et c'est évident dans tout qu'ils font.

Pour les débutants, être un fournisseur de Walmart est difficile. Walmart met en place des contrats très stricts pour garantir la disponibilité des produits, le prix et la livraison. On donne aux fournisseurs des fenêtres de livraison qui sont de seulement 15 minutes. S'ils ne respectent pas ces délais, ils se voient imposer d'importantes pénalités. En fait, certains fournisseurs à qui j'ai parlé croient que Walmart fait plus de bénéfice avec les pénalités qu'il impose aux fournisseurs qu'en vendant leurs produits (bien que j'aie de la difficulté à y croire).

Mais les fournisseurs ne sont pas les seuls à être maltraités; les employés reçoivent aussi le traitement « économique ». Les procès ont fusé de toute part et ont démontré que Walmart avait demandé à ses employés de ne pas prendre leurs pauses et avait refusé de payer les heures de diner. Ou encore, si l'employé oublie de pointer sur sa carte de temps en finissant sa journée de travail, le gérant considère qu'il n'aura travaillé qu'une minute et donc, lui refusera une journée complète de salaire. On demande régulièrement aux employés de faire des heures supplémentaires sans salaire, pendant leur temps libre. Les exemples de mauvais traitement d'employé abondent, des employés du magasin à ceux de la distribution et même, au sein de la chaine d'approvisionnement.

Les employés ne sont pas les seuls à avoir des conditions de travail difficiles, les gérants doivent aussi se soumettre au traitement de Walmart. Les gérants parlent de leur programme de formation plus comme d'un endoctrinement que d'une formation. Un aspect important de cette formation consiste à apprendre à cibler les employés à problèmes; ceux qui risquent d'avoir des idées de syndicalisation ou qui pourraient se rebeller contre les pratiques d'emploi de l'entreprise. Les directeurs de magasin reçoivent une prime si les salaires sont au-dessous d'un certain seuil. Cela met de la pression sur les directeurs salariés (qui ne sont pas payé pour leurs heures supplémentaires) afin qu'ils travaillent plus d'heures sans compensation.

Et oubliez l'idée d'avoir un bureau en coin. Walmart est très fier de pouvoir dire qu'il maintient les couts de gestion au plus bas. Cela signifie que l'espace de bureau, les ordinateurs et les fournitures sont tous fermement gérés. Aucune voiture de fonction couteuse, aucun ordinateur ou tablettes tactiles, et certainement aucun voyages dans les Caraïbes pour une « retraite de l'équipe de gestion ». Les gérants montrent le même niveau d'économie que tous les autres acteurs de l'organisation.

Mais Walmart est-il gêné de cette situation? Pas du tout. En fait, ils sont fiers de cela. Leur culture entière est de maintenir les couts au plus bas. Et cela se traduit dans tout ce qu'ils font, de la gestion de fournisseurs et d'employés aux conditions d'entreposage. Tout est relié à l'efficacité et à la gestion des couts.

Et c'est leur force. Walmart assume sa personnalité de Comptable et engage des gens qui correspondent à ce « moule ».

Pourquoi l'appelle-t-on le Comptable?

La plupart des comptables modernes sont des experts de la gestion des finances de leur compagnie. Le mélange des connaissances de planification stratégique, les aperçus analytiques et le pragmatisme du monde réel leur permettent d'optimiser les finances de leur compagnie. Mais ce n'est pas de ce type de comptable qu'il est question ici.

Notre définition de Comptable se base sur l'ancienne vision, plus concentrée sur les couts, du Comptable. Celui qui passe des heures en étudiant soigneusement ses colonnes de chiffres pour trouver des endroits où faire des coupures, et où retirer ou réduire certaines dépenses. Ils achèteraient volontiers le papier hygiénique brun, à une seule épaisseur, qui ressemble à du papier sablé, pour pouvoir réduire les couts d'utilisation de votre salle de bain. Ils remplacent la machine à café de marque par une distributrice payante.

C'est donc notre version du Comptable, que nous distinguerons par un C majuscule. Alors si vous êtes un comptable de commerce, je suis désolé si je vous ai offensés avec ce titre, mais je suis sûr que vous conviendrez du fait que c'est un titre approprié. Et si vous êtes le genre de comptable décrit précédemment, alors je ne suis pas désolé du tout.

Le Comptable : Une définition

Les comptables croient que les services partagés sont un mal nécessaire, quelque chose qui est essentiel, mais qui doit être dirigé fermement. Ils ont peur que les utilisateurs puissent abuser ou voler des ressources de compagnie si on les laisse à eux-mêmes. Ils croient que le contrôle des utilisateurs est essentiel au contrôle des prix.

Leur orientation économique les fait se soucier peu du service. Non pas que le service ne soit pas important pour eux, mais ils croient que le service devrait être optimisé pour réduire les prix, pas pour aider les utilisateurs. Par exemple, les Comptables instaureront des heures de service de 9 à 5, même quand la compagnie opère 24/7. Avez-vous besoin du service à l'extérieur de ces heures de travail? Attendez jusqu'à demain.

L'orientation basée sur les économies réduit aussi leur participation dans la planification des affaires et des opérations. Les comptables sont rarement présents sur les comités exécutifs ou ne prennent que très rarement part aux activités de planification stratégique. Ils ont typiquement un rapport courtois, mais lointain, avec les unités d'affaires de la compagnie.

Traits

Avantages : les 5 premiers avantages compétitifs du Comptable
- Prudent : Prudent dans ses actions et ses décisions. Ne prendra pas de risques inutiles et préférera des solutions éprouvées.
- Consciencieux : Poussé à faire ce qui est juste pour la compagnie. Les décisions sont guidées par ce qui est le meilleur en ce moment.

- Travailleur : Travaillera avec énergie et engagement. Ne compte pas ses heures et est entièrement dédié, en tout temps.
- Pratique : Soucieux de l'utilisation réelle de quelque chose plutôt que de la théorie et des idées. Moins inquiet avec de grandes idées, mais plus avec l'exécution quotidienne.
- Rationnel : Agit avec raison et logique. Ne se laisse pas avoir par les tendances, les discours de ventes ou ce que les autres font.

Défis: régions potentielles de faiblesses
- Conservateur : s'agrippe à l'attitude et aux convictions. Ne s'adapte pas bien aux nouveaux modes de pensée, aux méthodes ou aux orientations.
- Inflexible : Peu disposé à changer ou à faire des compromis. Ne réagit pas bien aux changements, préférant le statu quo.

Les solutions – Utiliser la bonne vieille méthode

Quand ma femme était enceinte de notre fille, nous avions un obstétricien qui exerçait depuis plus de 30 ans. Ma femme demandait quelle sorte de médication elle pourrait prendre pendant qu'elle était enceinte et il continuait de dire « Utilisez la bonne vieille Aspirine, etc. » Son point était d'utiliser la médication qui avait été sur le marché depuis déjà des années, considérant que tous les effets secondaires possibles auraient été dévoilés et compris à ce moment-là. C'était la voie la plus facile de réduire les risques pour le bébé.

Les Comptables utilisent la même métaphore pour les solutions qu'ils livrent aux clients. S'il déploie un nouveau plan de compensation, une solution de logiciel ou un conseil juridique, le Comptable « utilisera la bonne vieille méthode. » Chaque fois qu'une nouvelle tendance dans l'industrie apparait, le Comptable attendra que d'autres l'évaluent et s'y cassent les dents avant de l'utiliser. Même alors, la solution devra fournir quelques excellents avantages au Comptable afin de le convaincre d'embarquer.

J'avais un client qui était fier d'utiliser la même application financière depuis vingt ans. Et il aurait continué à l'utiliser encore vingt ans si le fournisseur n'avait pas cessé ses opérations. Pour le Comptable, le vieux est avantageux.

Le service – Nous serons là entre 8:00 et 17:00

Si vous avez déménagé récemment, vous comprenez certainement comment il peut être pénible de faire installer tous les services essentiels dans votre maison. Que ce soit le câble, le téléphone ou le gaz, la plupart des fournisseurs vous donnent une très large fenêtre du temps de la journée pendant lequel ils pourraient se présenter pour l'installation. Et vous feriez mieux d'y être quand ils se manifesteront autrement, l'installation sera remise à dans 15 jours.

Les Comptables construisent leurs services en se basant sur les travaux qui sont les plus appropriés pour eux, pas sur ce qui est le mieux pour leurs clients. Il n'est pas rare de voir des Comptables fournir le service seulement pendant les heures ouvrables régulières, alors que le reste de la compagnie opère 24/7. Les Comptables établissent leur offre de services de façon à ce que les couts soient réduits et que le tout soit le plus simple possible pour eux. Le fait d'avoir des changements de plage de travail couterait plus cher en temps supplémentaire et rendrait la gestion beaucoup plus compliquée. Enfin, comment le Comptable saura-t-il si les gens qui travaillent de nuit travaillent effectivement?

Le Comptable s'occupera de votre demande lorsque ce sera opportun pour lui de le faire. Ce n'est pas qu'il livre le mauvais service. Mais il hiérarchise son travail, en se basant sur ce qu'il croit être le plus urgent. Et il ne s'inquiète pas nécessairement de vous informer du statut de votre demande, ce qui peut laisser les utilisateurs frustrés, ne sachant pas quand leur demande sera prise en charge, ou si elle le sera.

Les gens – Travailler dur maintenir le statu quo

Les Comptables en chef sont très contrôlants, au point où ils prennent la plupart des décisions pour leur département. Ils sont conscients de chaque activité qui a lieu dans le département et fournissent des conseils et directives pour la plupart d'entre elles. En fait, leur style de leadership est tellement destiné au contrôle que la majorité de leur personnel leur laisse toutes les décisions. Le Comptable signera typiquement tous les contrats, autorisera tous les frais et rencontrera tous les fournisseurs.

Les employés sont généralement très fidèles à la compagnie pour laquelle ils travaillent. Il est commun de voir des gens travailler toute leur vie pour la même compagnie. En dépit de ce niveau de loyauté, les employés en savent généralement très peu sur la compagnie elle-même. Ils ne sont pas encouragés à passer du temps avec leurs collègues de travail, simplement parce qu'ils ne croient pas que ce soit utile. Cela laisse très peu d'occasions, pour les employés qui travaillent sous le Comptable, de prendre n'importe quelle décision.

Les Comptables sont plutôt du type à tout centraliser, préférant garder toute leur équipe sous un seul et même toit, question de pouvoir mieux tout contrôler.

La gouvernance – Combien coutera-t-elle?

Dépenseriez-vous un sou pour gagner un 25 sous? La plupart des personnes diraient oui, mais pas nécessairement les Comptables. Surtout si le sou est venu de leur budget et que le 25 sous est allé à quelqu'un d'autre.

Chaque initiative commence normalement avec les Comptables, demandant « Combien cela coutera? » Ensuite, ils voudront connaitre les possibilités de retours sur investissement, les risques, etc. Mais la première préoccupation du Comptable est de garder un budget équilibré et garder les prix aussi bas que possible. Et pour une très bonne raison. Le Comptable sait que chaque initiative finit par couter plus que planifié et qu'elle peut avoir un impact négatif sur le budget opérationnel, pour les années à venir.

Les Comptables ont typiquement très peu besoin d'une structure de gouvernance complexe. Pourquoi? Puisqu'elle réduit le nombre de nouveaux projets qui sont entamés. Et quand de nouveaux projets arrivent vraiment a commencé, c'est généralement parce que la compagnie n'a plus le choix. Le Comptable commencera de nouvelles initiatives si un nouveau règlement a pris effet, si un produit n'est plus soutenu ou si le patron le demande explicitement. Et les Comptables préfèrent commencer de nouveaux projets seulement quand ceux-ci proviennent du patron. De cette façon, ils savent que la demande est une priorité pour la compagnie et ils acceptent qu'il y ait des conséquences sur les budgets.

Les budgets – un sou sauvé est un sou gagné

Les Comptables sont devenus maitres dans l'art de maintenir un budget strict. Ils travaillent sans relâche afin de réduire les couts et de compenser le cout de la vie qui augmente. Ils estiment très bien lorsqu'ils testent leurs opérations en les comparant à leurs pairs.

Ils sont également maitres dans l'art d'optimiser les couts. Ils se plongeront dans les contrats, en s'assurant que le fournisseur a livré tout comme promis et sinon ils couperont leur paiement. Ils gèrent les heures supplémentaires très agressivement, encourageant plutôt les gens à faire usage d'une banque d'heures. Ils reconsidèreront l'usage de téléphone cellulaire et questionneront fréquemment le personnel par rapport au nombre élevé de minutes qu'ils utilisent. Ils connaissent leur budget sur le bout des doigts et sont capables d'indiquer le prix exact de presque tous les services qu'ils utilisent.

Les Comptables sont également excellents dans la gestion des surprises. Ils cacheront plus souvent qu'autrement de l'argent partout dans leur budget pour qu'ils soient, si quelque chose d'inattendu se produit, en mesure de s'y attaquer sans revoir le budget. Les Comptables utiliseront toutes les sommes à leur disposition si les budgets de la compagnie sont du genre « utilisez-le ou perdez-le », pour ne pas perdre les fonds d'urgence qu'ils ont réussi à accumuler au courant de l'année.

Les mesures de performance – tout est dans le budget

Les Comptables utilisent peu de mesures de performance et pour de très bonnes raisons : ils savent exactement ce qui arrive. Ils sont si impliqués dans les opérations quotidiennes de l'entreprise qu'ils savent si quelqu'un n'est pas productif, si un actif est sous-performant, ou s'il y a de nouveaux problèmes à régler.

La seule mesure réelle de performance pour le Comptable est le budget.

Où trouver le Comptable – Stable et conscient des couts

Les comptables peuvent généralement être débusqués dans les compagnies qui sont fermes et dirigées sur des marges serrées, par exemple dans le domaine manufacturier ou du transport. La stabilité de la compagnie permet au Comptable d'évoluer lentement, en minimisant les risques et en conservant le capital. La culture de ces compagnies promeut en général un contrôle serré des ouvriers et quelquefois, des relations de travail difficiles, ce qui correspond bien à la personnalité du Comptable.

Stratégies pour le Comptable

Le Comptable est un maitre de la gestion de budget et de la réduction de couts. Son oeil de lynx lui permet de voir des occasions que personne d'autre n'aurait pu voir. Mais son focus intense sur la productivité peut avoir un impact dramatique sur le niveau de service qu'il fournit. Pour avoir du succès, le Comptable a besoin de se concentrer sur la livraison de service autant que sur les finances. Nous avons identifié trois stratégies pouvant aider le Comptable à offrir une valeur ajoutée.

1. Devenir prévisible.

Une source commune de frustration des utilisateurs est l'imprévisibilité du service que les Comptables fournissent. Certains jours, le service est bon, d'autres jours, il faudra attendre une éternité, puisqu'une autre priorité a pris le dessus. Cela peut avoir un effet désastreux sur la réputation du Comptable, en soutenant l'image d'un partenaire imprévisible et peu fiable.

Le Comptable peut élever le niveau de satisfaction (ou réduire au moins le mécontentement) en établissant des normes pour les services. Il devrait se concentrer à énoncer ses attentes concernant les délais et ce, dès le début de l'assignation du travail : « vous devez le compléter d'ici vendredi ». Il devrait également ajuster ces attentes lorsqu'une nouvelle priorité survient : « Désolé, il faudra encore deux jours pour compléter votre demande, une urgence est survenue. » L'imposition d'une norme conséquente aidera les clients à se créer des attentes claires et réalistes et aidera aussi le Comptable à mieux gérer sa propre performance de service.

2. Mesurer la performance de service

Le Comptable est un maitre des chiffres. Il comprend les variations dans ses budgets et dans la productivité de son personnel. Il n'est pas hors du commun de voir le Comptable se pencher sur des tables détaillées décrivant la productivité des différentes parties de son équipe, stimuler les variations et mettre en place de nouvelles normes de performance.

Mais une chose que le Comptable oublie presque inévitablement de mesurer est la performance de son service, *telle que perçue par les utilisateurs*. La vision du Comptable ne reflète souvent pas la réalité que les utilisateurs perçoivent. L'équipe du Comptable pourrait être très efficace et productive, mais les utilisateurs pourraient y voir de longs délais et un mauvais service. En changeant de point de vue, le Comptable peut mesurer la façon dont son service est perçu et identifier les facteurs qui influencent la qualité du service livré. Cela ouvre souvent la porte à l'amélioration des services sans qu'il y ait d'impact sur les couts d'opération. Cela aide également le Comptable à gérer sa réputation en étant capable de démontrer la performance réelle de son équipe, par opposition aux rumeurs entendues près de la machine à café.

3. Expérience avec de nouvelles initiatives

L'avantage compétitif du Comptable est de rester sceptique, pendant que les autres essaient les toutes dernières idées et solutions. Cela laisse le Comptable derrière les autres en termes d'adoption, mais aussi en termes d'expérimentation et d'apprentissage. Cela contribue également à la réputation de conservateur du Comptable et à son côté « peur du risque ».

Le Comptable devrait investir une petite portion de ses ressources vers de nouvelles initiatives qui offrent un bon potentiel de retour. Pour le Comptable, essayer de nouvelles technologies, des pratiques commerciales ou de nouvelles approches aidera le personnel à s'y familiariser et rendra l'adoption plus facile dans l'avenir. Cela montrera aussi au reste de l'organisation que les Comptables ne sont pas aussi rigides que l'on pourrait le croire.

Idées fausses

Le Comptable livre un service horrible

Le fait de se concentrer sur la coupure des couts ne doit pas signifier qu'on livrera un mauvais service. Chez Walmart, par exemple (le Comptable ultime), le service n'est pas mauvais. Le service n'est pas bon non plus, mais personne ne revient chez Walmart en se disant que le caissier a été impoli, qu'il y avait seulement une caisse ouverte ou que les clients devaient attendre des heures.

En fait, le fait de fournir un mauvais service va à l'encontre des objectifs ultimes du Comptable, qui souhaite réduire les couts.

Le Comptable se rend compte que si les gens arrêtent de demander du soutien, les problèmes s'aggraveront et les corriger deviendra alors très compliqué. En fait, les Comptables préfèrent que les utilisateurs ne tentent pas de régler le problème d'eux-mêmes et qu'ils appellent plutôt pour obtenir de l'aide lorsqu'un problème survient. Certains vont même jusqu'à verrouiller les ordinateurs pour que les utilisateurs n'aient pas accès aux fonctions administratives.

L'excuse disant qu'il livrera un mauvais service simplement parce qu'il est Comptable ne fonctionne donc pas.

Le Comptable ne se soucie pas de ses utilisateurs
Le Comptable veut que ses utilisateurs soient productifs.

Être un Comptable est un travail difficile et peu gratifiant. Le service est clairement vu comme un centre de couts, quelque chose dont nous serions capables de nous passer, mais avec quoi nous sommes coincés. Nous devrions donc l'optimiser, question qu'il nous coute le moins cher possible.

Travailler pour le Comptable

Travailler pour un Comptable peut être difficile. Son style de direction peut rendre difficile l'introduction de nouvelles idées et méthodes, le Comptable préférant les méthodes éprouvées. Les Comptables sont très prudents quant à la confiance qu'ils accordent aux employés, en laissant très peu de marge pour la prise de décision et l'erreur. Une façon de gagner la confiance d'un Comptable est de lui montrer que vous êtes en contrôle de votre budget. Les trois stratégies dictées ci-dessous vous diront comment contrôler votre budget.

1. Connaissez vos prix
Mon département reconsidérait le contrat de la compagnie de services de téléconférence, quelque chose que nous utilisions beaucoup depuis que nous étions distribués à travers 22 sites. Pour moi, c'était un projet facile, où il suffisait de choisir le bon fournisseur et d'assurer la transition, donc je l'ai donné à un de mes directeurs de

projet cadets, à titre d'exercice d'apprentissage. Quelques jours après que le contrat ait été signé, j'ai reçu un appel de mon président tard dans la nuit, un Comptable, me demandant quelle était la différence de couts entre le nouveau fournisseur et l'ancien. J'ai répondu d'un air détaché que les nouveaux prix étaient 0,06 $ par minute, comparés à 0,08 $ par minute dans le passé. Il a répondu qu'il aurait pu jurer que c'était plutôt 0,07 $ par minute auparavant. Me mettant à douter moi-même, j'ai envoyé un courriel au directeur de projet pour obtenir les couts réels. Au final, le président avait raison, c'était bien 0,07 $. Ce n'est qu'un peu plus tard que l'ampleur de la situation m'a frappé : le président d'une compagnie d'un milliard de dollars savait, par coeur, les prix des télécommunications, qui reflétaient moins de 20.000 $ par an, alors que je ne m'étais pas souvenu de quelque chose que nous avions fait quelques jours auparavant.

Les Comptables s'attendent à ce que vous sachiez votre budget sur le bout de vos doigts, parce qu'eux-mêmes le connaissent probablement aussi bien. Vous devriez comprendre tous les facteurs qui ont un impact sur votre budget tel que les prix des fournisseurs, les ressources humaines, les fournitures, etc. Les Comptables vous questionneront régulièrement sur les facteurs qui sont liés à vos prix et il y a de grandes chances pour qu'ils en connaissent déjà la réponse. Répondre n'importe quoi, en espérant gagner du temps, n'aura pour résultat que de vous faire perdre votre crédibilité.

2. Soyez proactive par rapport à l'optimisation des prix

Les Comptables utilisent souvent une technique intéressante de réduction des prix. Ils choisiront un nombre au hasard (généralement 10%) et couperont le budget de ce pourcentage, en demandant aux gens de tout mettre en oeuvre. Aucune grande analyse, aucune comparaison, rien. Simplement un nombre aléatoire qui est, en général, réalisable. Et dans les faits, les gens trouvent normalement le moyen de rencontrer l'objectif. Ainsi, une simple expédition de pêche devient positive pour le Comptable. Et la base pour cela est que les

Comptables croient qu'il y a toujours des occasions d'optimiser et que les gens ont simplement besoin d'être suffisamment motivés pour y arriver.

N'attendez pas d'être défiés. Le plus souvent, le Comptable veut simplement être rassuré sur le fait que vous gérez de manière stricte les couts et rien ne le démontre mieux que de régulièrement trouver des opportunités. Que ce soit 10% ou pas, le simple fait de se questionner sur les dépenses et de les réduire lorsque nécessaire démontre que vous êtes proactif au sujet de la gestion du budget.

3. Gérer les risques

Les Comptables sont souvent forcés de s'occuper des projets simplement parce qu'ils n'ont pas d'autre choix. Admettons qu'une suite logicielle n'est plus soutenue et doit être modernisée, qu'un nouveau règlement force le changement de la moitié de la flotte, ou qu'un PDG s'est fait convaincre, par une firme de RH, de mettre en place un nouveau projet d'engagement des employés.

Le Comptable déteste les surprises. Comprendre les couts à venir et gérer de façon à les éviter/minimiser ne maintient pas seulement les couts au plus bas, mais cela démontre également que vous êtes prêts à faire face aux surprises dans le futur.

Dans notre chapitre suivant, nous regarderons le Majordome, la personnalité la plus adaptée à l'utilisateur des FSI. Le Majordome et le Comptable sont souvent en désaccord, luttant pour des détails entre ne pas vouloir accommoder les utilisateurs et ne pas pouvoir le faire (dû à un manque de fonds, par exemple).

Vous souvenez-vous des fois où vous avez reçu un bon service? Peut-être à un restaurant ou dans un hôtel? Vous avez alors sans doute été servi par un Majordome, quelqu'un qui vit pour servir.

Le Majordome

Un excellent café, à 4 $ la tasse

Starbucks a accompli quelque chose dont les autres compagnies ne peuvent que rêver : ils ont fait d'un produit (le café) une expérience de première qualité. Personne n'aurait cru possible qu'une compagnie charge plus de 4 $ pour une tasse de café et que les gens fassent la file pour en acheter. Surtout avec Dunkin Donuts, Tim Horton et McDonald qui le vendent pour environ un dollar. Et Starbucks y est arrivé non pas en vendant du café fait de grains de première qualité (au test de gout, Starbucks arrive souvent derrière McDonald), mais en vendant une expérience.

Starbucks a défini l'intégralité de la compagnie par son excellent service à la clientèle. Le matin, vous êtes servis rapidement et avec efficacité, et vous pouvez ensuite revenir l'après-midi pour travailler à une de leurs tables, dans une atmosphère décontractée. Le soir, vous pouvez vous y rendre pour une soirée en amoureux, dans une ambiance chaleureuse et agréable. Tout ça, dans un seul et même établissement.

Starbucks accomplit tout cela par ses efforts sans cesse grandissants à former son personnel. Chaque employé de Starbucks passe par un entrainement intensif incluant les principes fondamentaux du café, l'excellence du service au client, la gestion des émotions et la gestion des situations difficiles.

Les directeurs de Starbucks passent beaucoup de leur temps à réévaluer la performance des employés et ils accentuent la satisfaction du client sur une base régulière. Ils fournissent continuellement du renforcement positif et de la rétroaction.

Le service de Starbucks est réactif. Ils sont là quand vous avez besoin d'eux. Ils passent beaucoup de temps à se préparer pour que, lorsque vous vous présenterez, toute votre expérience d'achat soit aussi bonne que vous auriez pu l'imaginer.

Pourquoi le fait d'être un Majordome fonctionne chez Starbucks

Starbucks livre un service supérieur à ses clients et ces clients sont disposés à payer une prime pour y avoir droit. L'atmosphère, le service et la marque font autant partie du produit que le café lui-même.

Comment cela s'applique-t-il aux fournisseurs de services internes?

Premièrement, être un Majordome ne signifie pas de dire oui à tout. Starbucks n'offre pas de beignets ou de repas cinq services. Ils ont un menu et y tiennent. Ils offrent un ensemble assez limité de services, qu'ils livrent très bien.

Deuxièmement, le service est le coeur de l'offre de Starbuck. Ils adaptent leur service selon la situation (le service rapide le matin, le service personnalisé après l'heure de pointe). Les Majordomes ont tendance à faire la même chose. Ils adaptent leurs niveaux de service en fonction de l'époque de l'année, par exemple lors du dernier droit avant la fin d'année.

Les Majordomes fournissent le service à travers les gens. À coup sûr, ils ont les outils et les processus dont ils ont besoin, mais ils se rendent compte que ce sont les gens qui font la différence. C'est pourquoi ils concentrent une grande partie de leur temps à l'entrainement et dirigent activement les employés, sur une base quotidienne. Les Majordomes passent généralement leur temps à écouter, pour supporter un appel et ensuite, offre du soutien pour aider la personne à mieux répondre dans une situation semblable, à l'avenir.

Pourquoi l'appeler le Majordome?

Alfred est probablement le majordome le plus célèbre de l'histoire. Si vous n'êtes pas familiers avec Alfred, il est le majordome de Batman. Plus important encore, il protège l'identité secrète de Batman, en lui permettant de lutter contre le crime sans devoir s'inquiéter au sujet de ce qui arrive à la maison.

Mais Alfred fait aussi des choses qu'il aimerait mieux ne pas faire. Quand Batman est blessé et ne devrait pas aller lutter contre le crime, Alfred l'aide quand même à enfiler son costume et l'encourage dans sa voie. Mais, il n'essaie jamais d'influencer « le Maitre Wayne. » Plutôt, il est toujours là pour lui, prévoyant chacun de ses besoins et demandes.

C'est ce qui différencie les Majordomes des autres familles. Ils sont toujours là pour leurs clients et ils feront des pieds et des mains pour satisfaire leurs besoins. Et ils le feront même s'ils n'approuvent pas ces besoins.

Qui est le Majordome?

Les Majordomes ont un fort désir de satisfaire leurs utilisateurs. Ils se rendent compte que leur organisation dépend d'eux et sont plus que disposés à jouer un rôle de soutien. Ils croient que chaque utilisateur devrait être traité comme un client payant et devrait non seulement être satisfaits, mais devrait aussi être capable de se fier complètement à eux.

Les Majordomes apprécient particulièrement les domaines où les utilisateurs sont très bien documentés et demandant en ce qui concerne le Service Informatique.

Traits

Avantages : le top 5 des avantages compétitifs du Majordome

- Compatissant : ressent de la sympathie et s'inquiète pour les autres. Comprend la situation des autres et offre son soutien.
- Courtois : Poli et respectueux dans leurs manières. Traite toujours les utilisateurs et collègues avec le plus grand respect.
- Sympathique : Gentil et plaisant. Travaille à maintenir un environnement agréable et plaisant et à éviter les conflits.
- Utile : Toujours prêt à aider. Laissera tout tomber pour aider un utilisateur ou un collègue dans le besoin.
- Flexible : Capable de s'adapter à différentes situations. Accommodera facilement les besoins des utilisateurs ou collègues et changera ses méthodes de travail en conséquence.

Défis: faiblesses potentielles

- Inconsistant : manque d'uniformité dans la livraison des services. La crise du jour prend souvent la priorité sur tout le reste.
- Indécis : A des difficultés avec la prise de décisions complexes, surtout si elles ont un impact négatif sur les utilisateurs. Les Majordomes s'engagent souvent trop, en raison de leur incapacité à dire non.

Où pouvons-nous trouver le Majordome?

Le Majordome se retrouve souvent dans les industries où les ouvriers ayant un certain savoir abondent. Ces ouvriers sont généralement raffinés, comprennent leurs besoins très précisément et se perfectionnent selon les tendances de l'industrie. Ils savent souvent mieux que n'importe qui d'autre ce que sont leurs besoins et ont besoin seulement de quelqu'un pour leur livrer le service.

Les exemples de telles industries sont l'ingénierie, le design, la loi, la consultation, la recherche et le développement ainsi que les médias. Les besoins de ces utilisateurs sont souvent très spécialisés et varient à travers la compagnie, qui rend difficile pour un FSI le fait d'être bien documenté sur autant de domaines que tous les utilisateurs.

La solution – la crème glacée et les cornichons? Aucun problème.

Les hôtels de luxe sont fantastiques quand vient le temps de servir leurs invités. Ils pensent que quand les gens sont loin de leur famille (particulièrement les gens d'affaires) et qui mettent toutes leurs dépenses sur leur compte de frais peuvent être très demandant. Et bizarres. Par exemple, un invité a demandé que l'on place, dans la chambre de son ami, 100 flamants de plastique. C'était probablement une farce (le portier n'a pu que le déduire, puisqu'il n'a pas posé la question au client). Un autre a demandé une suite nuptiale pour la première nuit de Black Magic et Cricket, deux chiens s'étant mariés un peu plus tôt dans la journée. L'Hôtel était heureux de leur laisser des cadeaux de bienvenus comme des os et des jouets pour chiens.

Comme les portiers, les Majordomes ne jugent pas, ils livrent. Ils sont concentrés sur la livraison d'un haut niveau de service au client et essaient de répondre à chaque besoin de l'utilisateur.

Les solutions offertes par les Majordomes sont celles que le client demande.

Mais contrairement aux hôtels, les Majordomes ne sont pas proactifs dans leurs recherches de solutions. Malgré qu'ils soient toujours très heureux de répondre aux besoins de leurs clients, ils n'auront pas tendance à être proactifs et à offrir des solutions par eux-mêmes. Les Majordomes manquent généralement de la connaissance au plan des affaires (faible orientation affaires) leur permettant d'offrir des solutions adaptées aux besoins du client. Ils ne sont pas au courant du type d'industrie dans laquelle travaillent leurs clients et ne sont généralement pas informés sur ce que les autres font. Cela amène souvent des solutions moins optimales ou à des duplications au sein de l'organisation.

Vous avez probablement déjà vu des compagnies ayant deux ou même trois logiciels de CRM, parce que l'équipe des ventes et celle du marketing ne sont pas arrivées à s'entendre sur une seule et même solution logicielle. Ou encore un département informatique qui ne supporte que les PC, à l'exception d'un département qui voulait absolument des MAC. Le Majordome est toujours heureux d'accommoder ses utilisateurs, même si cela s'avère parfois couteux sur le long terme et que cela crée des problèmes (comme d'avoir des données d'utilisateurs partagées entre deux bases de données différentes).

Le service – Comment puis-je vous aider?

Le Majordome est toujours prêt à servir.

Les Majordomes établissent souvent des engagements de niveau de service (une description des services qu'ils fournissent et les normes de performance de chacun). Mais ceux-ci sont indicatifs seulement, puisqu'ils aiment souvent excéder ces normes. Les Majordomes promettent que les processus d'embauche seront terminés dans deux semaines? Ils essaieront de le faire faire dans une semaine. La fin du mois se ferme en cinq jours? Faisons-le en trois jours. Les Majordomes ne croient pas à la possibilité de sous-livrer, mais promettent plutôt beaucoup et livrent encore bien plus.

Les Majordomes aiment particulièrement s'occuper de requêtes complexes et spécifiques. Bien qu'ils tentent d'uniformiser leurs services, ils n'ont aucun problème à s'adapter aux différents besoins des utilisateurs.

Par exemple, j'ai travaillé avec une équipe des comptes payables qui utilisait des processus différents, selon le fournisseur. L'équipe de gestion avait des relations très spéciales avec les fournisseurs clés et souhaitait que ceux-ci demeurent heureux. Ils se sont donc mis à demander à l'équipe des comptes payables toute sorte de pratiques non conventionnelles, comme d'envoyer un chèque par courrier le jour même de la réception de la facture, ou de payer le fournisseur aussitôt que la commande était passée (même si le matériel n'avait pas encore été livré). Et l'équipe des comptes payables était heureuse de s'y plier, même si cela signifiait de faire des heures supplémentaires, afin de gérer toutes les exceptions.

Le service est également en lien étroit avec les besoins de l'entreprise. Le Majordome suivra les heures d'opérations de l'entreprise, créera des cédules de travail différentes si nécessaire, s'assurera d'avoir du personnel « sur appel », toujours disponible pour répondre aux utilisateurs jour et nuit. Il n'est pas inhabituel pour les Majordomes de travailler pendant leurs jours de congé afin de s'assurer qu'ils n'ont pas reçu de requêtes qu'ils pourraient traiter immédiatement.

Les gens – Épuisés mais prêts

Nous référons souvent aux personnes qui sont toujours prêtes à résoudre des problèmes comme étant des pompiers. Après tout, le plus important travail du pompier est d'attendre pendant des jours qu'un feu survienne, et d'ensuite grimper dans leur camion et de travailler sans relâche jusqu'à ce que le feu soit éteint. Ils peuvent travailler jusqu'à 24 heures d'affilée afin de sauver des vies et de s'assurer que le feu est éteint. Mais quand vous discutez avec un pompier, il vous racontera une tout autre histoire. Pour eux, la plus importante partie de leur travail consiste à se rendre de maison en maison pour s'assurer que les avertisseurs de fumée et les détecteurs d'incendie sont en bon état, que les foyers sont nettoyés et sécuritaires et que les nouvelles constructions sont bâties selon les normes du bâtiment. Leur travail le plus important est de prévenir les incendies avant qu'ils ne se produisent.

Les Majordomes sont des pompiers typiques, motivés par les situations de crise. Ils sautent sur toute occasion de régler un problème ou de résoudre une difficulté. Particulièrement doués à gérer les situations problématiques, ils gardent leur sang-froid et demeurent concentrés sur leur tâche. Plusieurs incendies en même temps? Pas de problème, ils prioriseront et assigneront des ressources afin de contenir la situation et s'assureront que tout est pris en charge.

Mais à la différence des pompiers, le Majordome n'est pas aussi doué pour prévenir les incendies. Les Majordomes sont centrés sur le respect des demandes du client et sur la gestion de crise, ce qui fait qu'ils négligent souvent les activités courantes comme la gestion générale, la gestion et la prévention des risques. Il ne serait pas anormal qu'un Majordome utilise le seul extincteur d'incendie et qu'il soit ensuite pris au dépourvu, sans extincteur, si un second feu devait survenir. Autant ils voudraient pouvoir planifier et être proactifs, autant il y a toujours une crise à régler qui les en empêche. Cela laisse le département dans un mode de réactivité continuelle.

Les employés d'un Majordome sont également concentrés sur la gestion de crise. En fait, cela devient rapidement le seul style de gestion qu'ils connaissent. La plupart des Majordomes se plaignent d'avoir perdu le contrôle de leurs journées et d'avoir de la difficulté à prioriser le travail, laissant les évènements de la journée dictés leur horaire. Un Majordome est déjà allé jusqu'à me dire : « J'adore mon travail, chaque jour, je ne sais jamais ce qui va m'arriver! ».

Cet état constant de concentration sur les crises laisse souvent les employés épuisés et sur le bord de l'épuisement professionnel. L'incapacité du Majordome à dire non force son équipe à être créative afin de répondre à toutes les demandes, et la créativité échouant souvent, elle est plus souvent qu'autrement remplacée par un plus grand nombre d'heures de travail. Il n'est pas inhabituel de voir des employés travailler les soirs et les fins de semaine pour faire avancer certains projets ou requêtes.

Gouvernance – Quand en avez-vous besoin?

Un vieux cliché dit que les travailleurs de la construction remettent toujours leur travail en retard. Si vous avez déjà sous-contracté quelqu'un pour la construction de votre maison, vous penserez surement que ce n'est pas un cliché du tout. La réalité est que la compétition est féroce dans le monde de la construction, et si un contracteur dit à client qu'il n'aura pas le temps de réaliser le projet dans les délais requis, il perdrait très certainement le contrat au profit de quelqu'un d'autre. Ils acceptent donc souvent plus de travail qu'ils sont en mesure d'en fournir et finissent par travailler plus d'heures, tout en remettant le travail en retard.

Les Majordomes ont une attitude similaire. Ils n'ont jamais fait face à un projet qu'ils n'aimaient pas. Le processus de gouvernance du Majordome est plutôt simple : « Si l'utilisateur le demande, c'est que ce doit être important. » Les Majordomes ne remettent pas en question les demandes de leurs clients, se fiant sur eux pour ne demander que ce qui est véritablement essentiel. Lorsque de nouvelles requêtes arrivent, ils les ajoutent simplement à la liste des choses à faire. Évidemment, cette liste devient vite très longue, au point de devenir parfois irréaliste.

Les majordomes laissent les crises dicter leurs priorités. Une nouvelle règlementation vient d'être entérinée et nous devons nous y conformer avant le 31 décembre? Occupons-nous-en dès maintenant. Un vice-président commence à se plaindre du fait que son projet n'avance pas assez rapidement? Concentrons-nous sur ledit projet. La priorité est souvent basée sur les décibels; celui qui criera le plus fort l'emportera.

L'aversion du Majordome pour les conflits le mène souvent à retarder la communication de mauvaises nouvelles, essayant plutôt de résoudre la situation en travaillant plus ou simplement, en refusant de reconnaitre le problème. Ils préfèrent éviter de parler à leurs clients plutôt que d'adresser le problème d'emblée. Évidemment, cela peut devenir très frustrant pour leurs clients. Ils ont fait une demande pour un projet ou service, et le Majordome a accepté et semblait motivé à s'y mettre, mais ils n'ont plus reçu de nouvelles. Travaille-t-il sur le projet? M'a-t-il oublié?

Budget – Combien prévoyons-nous dépenser?

Les Majordomes ont beaucoup de difficulté à gérer un budget. Pas parce qu'ils ne sont pas financièrement instruits, bien loin de là. Mais puisqu'ils n'aiment pas dire non, cela les met dans des situations où ils en viennent à étirer leur budget jusqu'à sa limite. Et lorsque des problèmes surviennent, le budget est déjà dépassé.

Les Majordomes qui ont du succès réalisent ce problème et en conséquence, ils préfèrent laisser le client gérer le budget. Par exemple, les Majordomes possèdent souvent un petit budget d'opération approprié à leurs besoins, mais aucun fonds pour les initiatives. Lorsqu'un client interne fait une requête, ils doivent transférer au Majordome les fonds requis. Parfois, le Majordome ira jusqu'à charger le client pour l'utilisation de ses services (surcharge) pour s'assurer que le budget est réellement en lien avec les besoins de ses utilisateurs. La philosophie qui sous-tend cette vision est simple : « S'ils sont prêts à payer pour, c'est que ce doit être ce qu'ils veulent. »

Les Majordomes n'aiment pas se comparer aux autres puisqu'ils savent que les résultats leur seront probablement défavorables. Ils adaptent leurs services à chaque utilisateur et donc, ne peuvent pas maintenir le même niveau d'efficacité opérationnelle que les autres.

Mesures de performance : Les utilisateurs sont la clé

Les Majordomes mesurent leur succès en se basant sur ce que les utilisateurs pensent. La plupart de leurs unités de mesure tournent autour de la performance de service et de la satisfaction.

Les mesures typiques incluront :
• Temps de réponse du service (rapidité de prise en charge du problème)
• Temps de résolution du service (rapidité de résolution du problème)
• Satisfaction de l'utilisateur (basé sur les sondages de satisfaction)

Les Majordomes sont extrêmement diligents quant au suivi des mesures et s'assurent que celles-ci demeurent à l'intérieur des normes de performance. Mais les Majordomes ne communiquent pas ces données, ne voulant pas paraitre vantards.

Stratégies

Le Majordome sait déjà comment livrer un service exceptionnel. Sa préoccupation constante pour le bien-être de ses utilisateurs lui donne un avantage naturel quand vient le temps de satisfaire ses clients. Mais le Majordome a des points faibles, qui peuvent également le reléguer à n'être qu'un fournisseur de marchandises. Le Majordome tend à être invisible, et sa valeur est également prise pour acquis. Nous avons identifié trois stratégies qui peuvent aider le Majordome à renforcer ses forces et à éviter ses propres points faibles.

1. Planifier des initiatives pour les trois prochaines années

Les Majordomes ne sont généralement pas enclins à planifier à l'avance, ce qui les mène à en prendre plus qu'ils ne peuvent en donner. Pour contrer cette tendance à se surmener, les Majordomes doivent développer un plan de toutes les initiatives qui devront être gérées au cours des trois prochaines années. Il y a de fortes chances pour qu'il y ait déjà assez de travail identifié pour combler complètement la capacité de travail des prochaines années.

Cette liste devient ensuite un outil de gestion de la gouvernance. Chaque fois qu'un nouveau projet ou qu'une nouvelle initiative est identifiée, quelque chose d'autre de la liste doit être retiré ou des ressources doivent y être ajoutées. Le Majordome n'a pas à prendre cette décision, laissant la compagnie gérer sa propre priorisation.

2. Respectez le niveau de votre engagement de service

Les Majordomes peuvent gérer les attentes de leurs clients en demeurant consistants dans la livraison de leurs services. Au lieu d'essayer de livrer plus rapidement que promis, ils peuvent simplement livrer exactement au moment prévu. Ça semble contre-intuitif? Les clients établissent leurs attentes en fonction de leurs expériences passées. Si le Majordome surpasse constamment les estimations, le client s'attendra à ce qu'il en soit ainsi à tous les coups. Les clients seront alors insatisfaits le jour où le Majordome livrera seulement « à temps ».

Respecter ses engagements veut parfois dire d'attendre avant de livrer un travail au client, même si le travail est complété et c'est souvent très difficile à faire pour le Majordome. Pourquoi attendre, nous avons l'opportunité d'impressionner le client!?

3. Mesures et rapports sur les exceptions

Les Majordomes aiment gérer des crises et franchement, ils y sont excellents. Mais une entreprise ne peut pas être constamment gérée en mode « crise ». La montée constante d'adrénaline pour terminer le travail devient non seulement lourde pour les individus impliqués, mais elle repousse les travaux moins urgents, bien qu'importants, à une date ultérieure (comme la planification, par exemple).

Puisqu'ils ont de la difficulté à dire non, les Majordomes peuvent alors éduquer l'entreprise que la quantité et les impacts de la crise. En mesurant et en reportant le nombre de crises que le Majordome a dû gérer au cours d'un mois donné, il peut alors démontré que tout n'est toujours pas aussi critique que le client le prétend. Est-il normal que 35% des requêtes soient considérées comme étant des crises? Est-ce réellement des crises? Cela permet également au Majordome de démontrer les conséquences de gérer les crises, comme le fait que cela rallonge les délais d'autres projets, par exemple.

Travailler pour un Majordome

Travailler pour un Majordome requiert une compréhension constante de ce qui se passe. La préoccupation constante du Majordome avec le service à la clientèle pousse tout le monde à être à l'affut de tous les problèmes qui pourraient survenir. Le Majordome aime bien sauter à pieds joints sur un problème, ce qui rend la gestion difficile, puisqu'il y a plus de chefs que de cuisiniers dans la cuisine. Une façon de gagner la confiance d'un Majordome consiste à toujours considérer les impacts de toutes les décisions sur les utilisateurs. Les trois stratégies suivantes vous aideront à gagner la confiance du Majordome.

1. Connaitre vos clients

Les Majordomes connaissent généralement toutes les personnes qu'il peut être utile de connaitre au sein de l'entreprise. Non seulement ils connaissent leur nom, mais ils savent probablement beaucoup plus que cela sur chacun d'entre eux et même, sur les relations qu'ils ont établies les uns avec les autres. Le dirigeant des finances déteste le dirigeant des services informatiques? Le Majordome est déjà au courant.

En comprenant qui sont les différents joueurs et leurs différents pouvoirs, il devient plus facile pour le Majordome de gérer les crises et de s'assurer que la bonne réputation du département est maintenue. En développant des relations interpersonnelles avec tous ces joueurs clés, le Majordome peut être assuré que vous livrerez le meilleur service possible pour chacun d'entre eux.

2. Connaitre le statut de la crise du jour

Si vous travaillez pour un Majordome et avez du personnel se rapportant à vous, vous êtes voué à une expérience très frustrante. Les Majordomes aiment être tenus au courant de tout, en temps réel, par rapport aux problèmes qui pourraient survenir. Ils veulent des nouvelles fraiches à tout moment et évitent généralement les étapes inutiles pour les obtenir, allant droit à la source. Cela signifie que vous devez vous attendre à ce que votre patron passe par-dessus votre tête et s'adresse directement à votre personnel.

En étant toujours au courant de tout ce qui se passe, vous pourriez vous positionner comme LA personne à contacter pour des nouvelles fraiches. Le Majordome sera rassuré par le fait que vous êtes effectivement entrain de gérer la crise (ou au moins, que vous y gardez un oeil) et il passera vite au prochain appel.

3. Connaissez la performance de vos services

Les Majordomes invitent généralement les utilisateurs à se plaindre directement à eux. Et lorsqu'ils reçoivent une plainte, ils réagissent agressivement afin de découvrir ce qui s'est passé et de résoudre le problème. Cela signifie que vous risquez de recevoir plusieurs appels pour savoir pourquoi Bob, au Marketing, n'a pas encore reçu son ordinateur ou pourquoi le poste du département des ventes n'est toujours pas pourvu.

En comprenant la performance des services (et ces variations), vous devriez être en mesure de savoir si un ou plusieurs niveaux de service n'ont pas été atteints et pourrez fournir un compte rendu sur demande. Cette vision proactive de la performance de service permet de prévenir les surprises. Plus l'avis lui sera remis tôt, plus il vous sera facile de gérer les perceptions.

4. Compléter votre patron : planifiez votre travail

Un des problèmes majeurs rencontrés avec les Majordomes est leur manque de planification. Ils sont tellement pris par les activités opérationnelles du quotidien de leur FSI qu'ils ne prennent pas le temps de s'assoir et de planifier.

Vous pouvez les aider en comprenant votre propre capacité et en priorisant le travail. En développant un plan d'action à long terme, vous pouvez identifier les problèmes potentiels avant qu'ils ne surviennent (comme les conflits entre deux projets ou les restrictions de ressources) et aider le Majordome à éviter ces problèmes alors que c'est encore possible.

À l'autre bout du spectre, on retrouve l'Institutrice. Les institutrices sont presque complètement à l'opposé des Majordomes. Alors que le Majordome vit pour servir, l'Institutrice à un agenda personnel différent et les utilisateurs n'en constituent qu'une petite partie.

Êtes-vous le genre de personne qui n'aime pas prendre de décision, qui préfère suivre un chemin déjà tracé? Alors vous aimerez travailler avec l'Institutrice, qui aime dire aux autres quoi faire et comment le faire.

L'Institutrice

Apple, l'Institutrice

L'entreprise Apple est un exemple parfait d'Institutrice. Elle sait ce dont les utilisateurs ont besoin mieux qu'ils ne le savent eux-mêmes.

Suivez-moi à travers l'expérience d'achat d'un produit Apple. D'abord, vous entrez dans le magasin (ou vous achetez en ligne). Vos choix sont limités : voulez-vous un ordinateur fixe (tour) ou portable? C'est à peu près tout. Bien sûr, il existe des différences (pour les utilisateurs plus expérimentés, par exemple), mais la gamme de produits est très limitée. Mais soyez assurés qu'avec un Mac, vous pourrez saisir n'importe quel produit et ça fonctionnera quand vous rentrerez chez vous.

Ensuite, vous ouvrez la boite. L'ordinateur demande quelle langue vous souhaitez utiliser, les coordonnées de votre réseau internet et votre lieu de résidence. Puis il démarre, juste comme ça. Pas de longues configurations ou l'inclusion de dizaines de logiciels d'essai qui remplissent votre bureau et vous demandent de faire des mises à niveau et de vous inscrire.

Apple développe ses produits pour plus de simplicité. On pourrait aussi dire qu'il assume que ses utilisateurs sont idiots. De toute façon, les produits se vendent bien.

Apple est connu pour ne pas faire d'études de marché. Comment le pourraient-ils? Comme ils réinventent régulièrement diverses versions de leurs produits, les données d'études de marché ne révèleraient probablement rien de pertinent.

Apple décide ce qui est bon pour vous. Alors que la plupart des entreprises travaillent dur pour que la transition se fasse en douceur pour leurs clients, Apple n'a aucune honte à tout réinventer. Vous avez toujours des logiciels sur CD? Désolé, vous auriez dû y penser avant d'acheter un MacBook Air.

Ils changent tout. Encore.
Apple a été le facteur dominant du secteur de la technologie depuis plus de dix ans maintenant, écrasant la concurrence avec leurs lecteurs de musique, leurs téléphones, leurs tablettes et leurs ordinateurs. Ils ont pris ce qui était autrefois des composants génériques « Beige » et les ont transformés en objets de désir pour les adeptes de technologie.

Apple n'est pas connu pour son excellent service à la clientèle toutefois. Oui, ils ont de grands magasins décorés au gout du jour, des vendeurs sympathiques et des « génies de l'informatique » pour vous aider à résoudre vos problèmes, mais avoir accès à ces génies peut prendre beaucoup de temps. Ils ne sont pas connus pour leur politique de remplacement facile non plus. S'il y a un problème, vous pouvez avoir à vivre sans votre ordinateur pendant des jours avant qu'il ne soit réparé.

Ils ne sont pas non plus très transparents quant à leur feuille de route. Vous ne savez jamais ce à quoi le prochain iPhone va ressembler, ou comment le prochain iMac performera. Le 2000 $ que vous venez de mettre sur un MacBook pourrait très bien être sans valeur dans six mois, quand un nouveau modèle changera du tout au tout, encore une fois.

Apple semble savoir ce que les gens veulent avant qu'ils ne le veuillent. Ils ont concentré beaucoup de leurs efforts sur la conception de leurs produits, rendant ceux-ci non seulement très différents en apparence, mais étirant aussi les limites des matériaux et des composantes pour fabriquer des dispositifs qui sont plus légers, plus petits et, bien sûr, plus chers.

Ils ont également mis beaucoup d'énergie à simplifier les choses pour leurs utilisateurs. La plupart de leur matériel et de leurs logiciels sont assez intuitifs et sont faciles à apprendre et à utiliser. Leurs applications tendent à imiter des objets réels et ne contiennent que le minimum de boutons et de composantes. Apple conçoit des choses brillantes, par ce qui manque, tout autant que par ce qui est là.

La compréhension innée d'Apple de ce que les gens recherchent dans un dispositif technique (facilité d'utilisation, le statut, etc.) leur a permis de créer une demande pour des produits complètement nouveaux et ainsi, de dominer leur marché.

Pourquoi est-ce qu'être une Institutrice fonctionne pour Apple?

La principale différenciation d'Apple réside dans la conception des produits. Ils créent de petites œuvres d'art que les gens veulent posséder et utiliser, en plus d'y être identifiés. Leurs produits sont les symboles d'un certain statut. L'attention portée à une bonne conception leur permet de répondre aux demandes des clients et d'en créer de nouvelles.

Comment cela s'applique-t-il aux fournisseurs de services internes?
Apple en sait beaucoup plus sur la conception que nous. Les Institutrices ont tendance à en connaitre aussi beaucoup plus sur

l'entreprise que les utilisateurs. Comprendre ce qui motive l'entreprise et comment elle va évoluer permet à l'Institutrice d'avoir une longueur d'avance sur tout le monde.

Toutefois, Apple est très sélectif dans sa conception. Ils offrent peu d'options et peu de composantes. Les Institutrices ont tendance à limiter les choix des utilisateurs en leur fournissant ce dont ils ont besoin, et seulement ce dont ils ont besoin. Elles ne proposeront pas diverses avenues si elles peuvent l'éviter.

En somme, Apple rend les choses très simples. Les Institutrices tendent à supprimer toutes les fonctionnalités et les composantes qui ne sont pas requises par l'utilisateur. Cela rend les applications et les systèmes beaucoup plus faciles à utiliser et cela réduit également les appels de soutien, en limitant les causes possibles de problèmes.

Pourquoi utiliser le terme « Institutrice »

Je sais ce qui est bon pour vous

Avez-vous déjà vu l'émission de téléréalité Super Nanny? Chaque semaine, la Super Nanny (Fran) visite des familles où les enfants sont très turbulents : de véritables terreurs qui crient, mordent et lancent des objets à leurs parents. Grâce à un ensemble unique de discipline britannique, de structure et de patience, elle transforme ces enfants en petits anges. Bien sûr, tout au long du spectacle, nous voyons que ce n'était jamais la faute des enfants, mais plutôt les échecs de leurs parents qui les ont rendus monstrueux.

Ce qui est intéressant à propos de Super Nanny, c'est qu'elle offre un service, mais lorsqu'elle le fait, elle prend le contrôle de la famille. Elle établit des règles que les enfants et les parents doivent suivre. En un mot, elle sait ce qui est mieux pour tout le monde.

Nos Institutrices sont similaires. Elles fournissent des services pour aider les consommateurs, mais leur attention n'est pas centrée sur le fait de les servir adéquatement et de répondre à tous leurs besoins. Elle est plutôt centrée sur le fait de garder les consommateurs productifs. Et si, pour ce faire, ils doivent établir des règles, déterminer des délais et créer des listes de tâches, ainsi soit-il.

L'Institutrice : Une définition

L'Institutrice est la force motrice derrière l'adoption de processus au sein de l'entreprise. La vision commune de l'entreprise et des divers sujets s'y rattachant lui permettent de savoir ce dont l'entreprise et ses utilisateurs ont besoin pour devenir plus productifs.
Tout comme une vraie Institutrice, elle guide les utilisateurs dans la bonne direction, en s'assurant qu'ils apprennent, qu'ils sont productifs et qu'ils obéissent aux règles.
Son attention est mise sur l'amélioration des processus d'affaires et se traduit souvent par des couts plus élevés. Toutefois, les couts sont toujours justifiés avec un excellent retour sur l'investissement.

Traits

Avantages : top 5 des avantages concurrentiels de l'Institutrice

• Décisive : elle a la capacité de prendre des décisions rapidement et efficacement. Elle ne fait pas de second essai et préfère faire le mauvais choix plutôt que de ne rien faire.
• Déterminée : une fois qu'une décision est prise, elle est résolue à ne pas la modifier. Elle ne laissera pas le doute ou l'incertitude changer le cours de ses actions.
• Énergique : forte et affirmée, elle impose des points de vue et des actions aux autres.
• Indépendante : elle ne dépend pas des autres.
• Auto disciplinée : elle contrôle son propre comportement. Elle maintient des normes et des pratiques de travail rigoureuses.

Défis: les zones potentielles de faiblesses

• Solitaire : elle ne s'associe pas étroitement à l'entreprise. Elle ne se considère pas vraiment comme faisant partie de l'équipe.
• Impitoyable : elle n'a pas de compassion pour les autres. Elle conduira ses initiatives, quelles que soient les conséquences pour les autres.

Où trouve-t-on l'Institutrice?

On peut souvent trouver l'Institutrice dans le secteur du commerce de détail. Avec des taux de roulement plus élevés que 40%, les organisations de vente au détail ont du mal à gérer cet afflux constant de personnes. Heureusement, les Institutrices sont très bonnes pour mettre sur pied des processus et contrôler le travail effectué par les utilisateurs. Le service public est aussi un terrain propice pour les

Institutrices, où elles peuvent développer et gérer des processus de contrôle d'une vaste masse de salariés du secteur public.

Les Institutrices peuvent également être trouvées dans n'importe quel type d'entreprises qui passe par un changement profond ou une transformation. Dans ces situations, les Institutrices sont souvent plus que des mercenaires, ayant été sélectionnées pour un mandat spécifique de quelques années, pour ensuite quitter. Cela permet à l'entreprise de mettre en œuvre le changement drastique et ainsi, de laisser tout le ressentiment des employés visé uniquement l'Institutrice.

Solution – Ce n'est pas parce que vous êtes essentiels que vous êtes importants

Henry Ford a révolutionné le monde manufacturier avec l'invention de la ligne d'assemblage. Plutôt que d'avoir des ouvriers qui vont et viennent pendant que les véhicules restent immobiles, il a réalisé qu'il pouvait obtenir des avantages significatifs en terme de productivité en déplaçant les véhicules en face de la station de travail des employés. De plus, les travailleurs pourraient se spécialiser et devenir encore plus productifs en faisant le même travail, encore et encore. Bien sûr, le travail à la chaine est débilitant pour les travailleurs, mais les voitures sont de plus grandes qualités.

Les Institutrices ont une vision exacte de la façon dont elles veulent voir l'organisation dans l'avenir. Et plus dangereusement, elles ont un plan pour y arriver. Leurs grandes orientations d'entreprise leur donnent un bon aperçu de la façon dont l'entreprise fonctionne et elles peuvent aussi facilement voir les possibilités d'amélioration. Elles comprennent également l'environnement concurrentiel et ce qu'il faut pour surpasser les concurrents.

Les Institutrices aiment la prévisibilité et beaucoup de leurs solutions s'articulent autour du contrôle de la façon dont les employés travaillent. L'Institutrice va souvent se concentrer sur des initiatives qui permettront d'automatiser certaines parties de l'organisation et de réduire la dépendance de l'entreprise face au capital humain. Les Institutrices élaboreront des procédures et des systèmes pour contrôler la façon dont les employés travaillent, interagir avec leurs clients et optimiser leur productivité.

Bien sûr, les Institutrices sont ouvertes aux recommandations des utilisateurs. Et dans certains cas, elles pourraient même mettre en œuvre quelques-unes d'entre elles, mais seulement si elles ne contredisent pas les initiatives ou les normes qui sont déjà mises en place. Les Institutrices seront souvent systématiques à ce sujet, en allouant une partie spécifique de leur budget pour les demandes des utilisateurs, ou comme le dit l'adage, elles « achètent la paix. »

Service – Les utilisateurs tels du bétail

Lorsque je travaillais pour une société de protection des animaux, j'ai eu droit à quelques expériences intéressantes, dont l'une était de visiter un abattoir de porcs. Une chose qui m'a vraiment frappé, c'est la façon dont le directeur de l'usine a insisté pour que les porcs attendent trois heures après leur arrivée avant d'être abattus. Son raisonnement était que cela donnait le temps aux cochons de se détendre après un long voyage en camion. J'étais un peu surpris par cela, surtout que la nature du travail était de tuer les animaux. Bien sûr, ce n'était pas pour les animaux en soi. Le raisonnement était que, soumis au stress, les animaux ne goutent pas aussi bon et que trois heures est le temps minimum à laisser à l'animal pour lui permettre d'évacuer toutes les hormones du stress. Compatissant : bacon sans stress.

Un humoriste a dit « *J'aime mon public...* en tant que groupe. Je ne veux pas voir des personnes se présentant à ma porte la nuit ». Contrairement à ce qu'on peut croire, les Agents aiment leurs utilisateurs. Après tout, les Agents sont dans un rôle de soutien et leur responsabilité première est de leur donner les moyens pour qu'ils puissent faire leur travail. Mais les Agents aiment leurs utilisateurs de la même façon qu'un agriculteur aime ses bêtes : en tant que groupe.

Les détaillants font face à un niveau extrêmement élevé de roulement de personnel (jusqu'à 40% pour certains). Cela signifie que le service des ressources humaines est très occupé avec le recrutement, mais qu'il doit aussi être extrêmement efficace dans la formation de ses employés afin qu'ils puissent être productifs pendant leur très courte période à l'emploi. Un de mes clients détaillants avait des difficultés avec l'embauche d'employés et je me demandais ce que le département des ressources humaines pouvait faire pour améliorer les choses. Ma première réaction a été de demander s'ils prévoyaient faire un sondage auprès des employés, pour identifier les points sensibles, quelque chose d'assez commun dans les organisations de vente au détail. Sa première réaction a été de me dire : « Eh bien, je ne m'inquiète pas vraiment de ce qu'ils pensent, je veux seulement qu'ils travaillent dur. » Je pouvais sentir qu'il avait aussitôt regretté cette affirmation, mais c'était l'attitude des ressources humaines de cette entreprise. Ils offraient des programmes de formation et des pratiques d'accueil qui avaient été conçus pour rendre les employés le plus productifs possible et ce, aussi rapidement que possible. De la même façon, un éleveur donnera des antibiotiques à ses porcs pour garder les animaux en bonne santé, réduisant ainsi les pertes.

Cette approche de la gestion des utilisateurs fonctionne bien pour certaines industries, comme celle de la vente au détail. Mais cette attitude peut entrer en conflit avec les utilisateurs qui n'aiment pas être « gérés » si ouvertement, en particulier les travailleurs avisés qui sont dans une industrie où les employés sont très conscients du fait qu'ils sont la pierre angulaire de l'entreprise.

Les gens – Avoir les armes pour avancer

Ernest Shackleton, un aventurier célèbre qui a tenté de traverser le continent Antarctique en 1914, a fait la plus intéressante des annonces :

« Hommes recherchés pour voyage périlleux. Bas salaires, froid glacial, de longues heures d'obscurité complète. Retour en toute sécurité non assuré. Honneur et reconnaissance en cas de succès. »

Qui aurait répondu à cette annonce? Personne n'ayant un esprit sain, ça c'est sûr. Je serais prêt à parier que la plupart des personnes qui avaient postulé étaient des Institutrices. Les Institutrices sont toujours prêtes à relever un défi. Elles cherchent toujours à se mesurer à quelque chose de difficile, pour la popularité et la gloire, mais surtout pour leur satisfaction personnelle.

L'Institutrice est une dirigeante forte. Déterminée, elle n'hésite pas à prendre des décisions. Cela vient facilement aux Institutrices, car leur vision de la manière dont les choses devraient se produire est très forte. La prise de décision est donc simplement une question de choisir l'option qui correspond le mieux à leur vision. Une fois que la décision est prise, elles n'y reviennent pas, préférant les laisser suivre leur cours, même si elles sont mauvaises. Non pas parce qu'elles pensent qu'elles ne font pas d'erreurs, mais parce qu'elles se rendent compte que l'inaction est pire que de prendre la mauvaise route. Cette attitude peut être perçue comme hautaine alors qu'en réalité, ce n'est qu'une tentative pour faire avancer les choses.

Les Institutrices sont également très centrées. Une fois qu'elles se sont fixé un objectif, elles feront tout ce qu'elles peuvent pour y parvenir. Et quand on parle de tout, c'est qu'elles feront vraiment tout. Elles font de grands efforts pour respecter leurs engagements. Très créatives, elles vont trouver des moyens de contourner les obstacles que personne n'aurait considérés et vont utiliser tous les raccourcis possibles pour faire bouger les choses. Ça offensera souvent les puristes qui préfèrent les choses bien faites plutôt que les choses faites rapidement. Mais les Institutrices préfèrent avoir quelque chose de correct aujourd'hui que quelque chose de mieux demain.

Les gens qui travaillent pour l'Institutrice ont tendance à être également très intelligents. L'Institutrice engage les meilleurs et utilisera souvent une aide extérieure en cas de besoin (consultants, entrepreneurs, etc.) Les équipes s'appuient sur l'Institutrice pour définir la direction et peuvent se sentir perdues quand l'Institutrice n'est pas là pour les guider. Il faut un certain temps à l'équipe afin de gagner la confiance de l'Institutrice, mais ensuite, cette équipe disposera d'autonomie et de latitude, tant qu'elle livrera la marchandise. Les gens intelligents aiment en général travailler pour les Institutrices, car elles leur permettent d'expérimenter de nouvelles approches et de prendre des risques.

Gestion – Les règles sont pour les autres

Il y a quelques années, les iPad étaient à la mode. Ils sortaient tout juste et tout le monde en voulait un. Bien sûr, tout le monde avait des raisons très commerciales d'en vouloir un : « Ma productivité va monter en flèche. », « Je serai en mesure de travailler juste en face du client. » Bien sûr, les départements de technologies de l'information ont su anticiper le tout et la plupart ont décidé d'attendre avant le déploiement du iPad, pour voir dans quelle mesure ils pourraient être vraiment efficaces. La plupart des départements de technologies de l'information ont utilisé l'aspect de la « sécurité » et de « la compatibilité des normes » pour justifier leurs décisions.

Mais une drôle de chose a commencé à se produire. Certains travailleurs des technologies de l'information ont commencé à utiliser des iPad. Ils se présentaient à des réunions avec l'une des tablettes convoitées. Bien sûr, cela a causé tout un tumulte, avec des utilisateurs qui se demandaient : « Comment se fait-il que des personnes dans le domaine des technologies de l'information utilisent des iPad, mais que nous ne puissions pas? » Et ils ont répondu rapidement qu'ils expérimentaient cette technologie pour voir si l'iPad pouvait être une solution viable pour l'avenir. Mais la réalité est que la plupart d'entre eux voulaient juste un iPad.

C'est le comportement typique de l'Institutrice. Les règles sont pour les autres. Est-ce que le FSI a un bon mécanisme qui permet à l'entreprise de prendre des décisions sur les projets à venir? Eh bien, ce projet est une priorité, il n'a donc pas besoin d'approbation. Existe-t-il des normes d'entreprise pour les différents hôtels et restaurants lorsque nous voyageons? Eh bien, dans ce cas, nous devons aller à cet autre hôtel et nous éviterons ainsi de respecter les règles pour le moment.

Les Institutrices se considèrent comme au-dessus des règles car, dans la plupart des cas, elles sont celles qui établissent les règles. C'est pourquoi il n'est pas rare de voir des services informatiques avec de nouveaux ordinateurs, même si l'entreprise a des normes claires qui déterminent qu'ils seront gardés pour quatre ans. Ou alors, un département des ressources humaines qui accélère le recrutement d'un nouvel employé tout simplement parce qu'ils en ont besoin le plus rapidement possible. Et les finances qui contrôlent très bien les budgets et ne vous laisseront pas trop dépenser, mais trouvent des fonds cachés lorsque leur projet a vraiment besoin d'être réalisé.

Ce relâchement concernant les règles est l'un des principaux facteurs de mécontentement des utilisateurs travaillant pour l'Institutrice. L'attitude de l'Institutrice selon laquelle « Tout le monde est égal, mais nous sommes plus égaux que d'autres » conduit souvent à la frustration et la perte de confiance. Rien ne fait plus mal dans les relations de travail que l'injustice, et l'Institutrice est très bonne pour cela.

Budget – Le tout pour le tout

Souhaiteriez-vous prendre tout votre argent et parier sur un seul projet? Les chances sont que vous souhaitez distribuer vos ressources dans plusieurs domaines afin de réduire les risques. L'Institutrice pense différemment. Pour avoir un impact, l'Institutrice pense qu'il est important de concentrer étroitement son énergie et ses ressources, ce qui se reflète souvent sur le budget. L'Institutrice ne se gêne pas pour investir tout son budget dans une initiative ou un programme majeur, même s'il est extrêmement risqué. L'Institutrice n'épargne aucune dépense pour faire de ses initiatives un succès, en obtenant les meilleures ressources et en s'assurant qu'elles sont pleinement productives.

D'autre part, l'Institutrice est très consciente des considérants de la productivité, lorsqu'il s'agit de la prestation de services. L'Institutrice optimise sans cesse les couts, toujours en essayant de réduire les budgets de fonctionnement au strict minimum. Elle n'est pas aussi obsessionnelle que le comptable, toutefois. Les comptables réduisent les couts pour garder leurs budgets faibles, tandis que les Institutrices réduisent les couts afin de libérer du budget pour d'autres projets. Chaque dollar économisé par les Institutrices quotidiennement est un dollar qu'elles peuvent mettre dans leurs différentes initiatives.

Quand vient le temps de réduire les budgets, l'Institutrice va souvent préférer réduire les niveaux de service plutôt que d'annuler un projet. Il n'est pas inhabituel pour les Institutrices de réduire les heures de service ou de supprimer des services entièrement, lorsque les budgets sont attaqués. L'Institutrice aime s'assurer que les utilisateurs en sentent les effets, lorsque les budgets sont réduits, pour ainsi dissuader de nouvelles tentatives dans le futur.

Généralement, les Institutrices ont tendance à avoir des budgets très généreux. Leur planification minutieuse et leur excellence opérationnelle réduisent les surprises au minimum, ce qui leur permet d'utiliser les fonds d'urgence qu'elles aiment garder pour elles (tout comme le comptable). Elles ne sont pas gênées d'emprunter des ressources, des utilisateurs ou des experts provenant d'autres groupes ou départements, en cas de besoin.

Les mesures de rendement – Tout sur les projets

Les Institutrices s'appuient sur la performance des projets comme principal indicateur de succès. Alors qu'elles mesurent la performance opérationnelle ainsi, elles vont souvent faire le minimum pour conserver l'intérêt des utilisateurs et les empêcher de se plaindre. Mais la performance est au coeur du problème, et elles ont une longueur d'avance en s'assurant que les projets sont gérés avec fermeté et en utilisant des méthodes efficaces et bien définies.

Stratégies

L'Institutrice est hyper-concentrée sur ses objectifs. Pour elle, les trois prochaines années sont entièrement planifiées et elle sait exactement quelles sont les étapes nécessaires pour y arriver. Elle sait aussi que les petites équipes spécialisées dans les délais agressifs ont de bien meilleures chances de succès que les projets de longue haleine. Mais l'Institutrice ne peut pas tout faire par elle-même. Elle a besoin que son équipe et ses clients partagent sa vision. Nous avons identifié trois stratégies pour aider l'Institutrice à livrer sa vision tout en réduisant le nombre d'ennemis potentiels.

1. Impliquer les utilisateurs dans les projets

Les Institutrices détestent tout ce qui a le potentiel de ralentir un projet. Elles préfèrent de petites équipes de personnes très compétentes. C'est pourquoi les Institutrices négligent souvent d'impliquer les utilisateurs dans ses projets, car elles ne les voient que comme un autre obstacle potentiel à gérer. Mais comme nous l'avons vu plus haut, la participation des utilisateurs est essentielle à la réussite d'un projet.

Les Institutrices qui réussissent développent des processus et des rôles permettant de faciliter l'intégration des usagers à leurs projets. Les Institutrices définissent des lignes directrices (comme avoir des gens qui travaillent à temps plein, pour la durée du projet) pour éviter les conflits et permettre aux utilisateurs d'être centrés sur la tâche à accomplir.

2. Respecter vos propres règles

Les Institutrices sont vraiment bonnes pour mettre au point des processus et des règles permettant de contrôler le comportement de leurs utilisateurs. Elles ne sont toutefois pas aussi bonnes pour suivre elles-mêmes les règles. Cette attitude crée beaucoup de frustration chez les utilisateurs, qui voit cela comme étant injuste et élitiste.

Les Institutrices devraient faire un effort conscient pour obéir aux mêmes règles que tout le monde et ne pas non plus laisser le personnel s'en tirer lorsqu'ils enfreignent les règles. Cela signifie d'utiliser les mêmes ressources que tout le monde (pas de tablette de fantaisie quand tout le monde ne peut en avoir un), et en suivant les mêmes procédures (ne pas débuter un projet sans l'approbation du comité de gestion, par exemple) pour la prise de décision.

3. Communiquer plus

Les Institutrices ont une vision si claire de l'endroit où elles veulent aller que souvent, elles ne voient pas la nécessité de se justifier en détail. Soit cela est trop évident pour elles, soit elles se sentent frustrées que d'autres ne suivent pas. Mais la communication de cette vision est un élément essentiel pour obtenir l'adhésion et la collaboration du reste de l'entreprise.

Les Institutrices devraient élaborer un plan de communication pour communiquer leur vision, leur plan et l'impact qui en résultera sur l'entreprise. Elles doivent être assez humbles pour écouter les préoccupations et s'adapter, dans la mesure du possible. En montrant de l'empathie pour les préoccupations des autres, les Institutrices pourront rallier les gens autour de leur vision et ainsi rendre l'exécution plus facile.

Travailler pour une Institutrice

Travailler pour une Institutrice est souvent un enfer. L'Institutrice est très concentrée, ce qui peut constituer un défaut. Elle sera préoccupée par ses projets en cours et par l'état de leurs réalisations en tout temps. Elle est très disciplinée dans ses activités au jour le jour et s'attend à la même chose de son personnel. L'Institutrice ne tolère généralement pas les personnes se présentant en retard ou étant mal préparés lors des réunions. Elle s'attend à ce que vous planifiez votre travail et que vous travailliez sur votre plan. L'Institutrice n'acceptera aucune excuse pour un projet en retard et, si vous êtes en retard, vous feriez mieux d'avoir passé quelques nuits blanches à montrer au moins que vous avez essayé. Voici quelques stratégies pour s'entendre avec une Institutrice et éviter ses pièges.

1. Apprenez à connaitre l'état de votre projet

De la même façon que les comptables sont obsédés par les couts et les majordomes par les crises, les Institutrices sont obsédées par l'état des projets. Dans l'esprit des Institutrices, chaque projet suit un continuum qui représente des étapes d'exécution de leur vision. Chaque projet, aussi banal soit-il, est un jalon important pour elles. Elles sont généralement obsédées par l'idée de démontrer qu'elles sont mieux que tout le monde dans l'entreprise et elles tolèrent rarement les erreurs et les projets étant en retard.

Bien sûr, cela implique que vous gériez activement votre projet : l'élaboration d'un plan, le suivi et l'adaptation si des problèmes surviennent, etc. Cela signifie aussi que vous connaissez les principales étapes de votre projet et les dates qui y sont associées. Les possibilités; l'Institutrice les connait. Vous avez dit que cette phase serait terminée d'ici le 31 octobre? Il y a fort à parier que l'Institutrice vous attendra, avec son costume d'Halloween, pour que vous lui montriez que la phase est complétée.

Les Institutrices attendent de vous des miracles afin que vos projets demeurent sur la bonne voie. Cela inclut le fait d'être innovant, en travaillant comme un chien et en amenant les gens à travailler dur. Les Institutrices n'hésiteront pas à avoir des gens qui travaillent durant un long week-end juste pour respecter une fausse échéance. Donc, assurez-vous de pouvoir réellement réaliser tout ce dans quoi vous vous engagez.

2. Comprenez la vision de l'Institutrice

L'énorme attention des Institutrices vient d'une vision limpide qu'elles ont de l'entreprise. Malheureusement, les Institutrices ne sont pas de grandes communicatrices, donc ce n'est pas tout le monde qui peut avoir le privilège de comprendre leur vision des choses.

Assurez-vous que vous la comprenez. Demandez des explications supplémentaires à l'Institutrice, élaborez des scénarios en fonction de ce que vous savez et validez-les avec elle. Discutez des conséquences des différentes décisions. Ce niveau d'engagement vous permettra d'acquérir une meilleure compréhension de l'endroit où l'Institutrice va, et aussi de montrer que vous vous souciez de sa vision.

3. Restez concentré
Ne débutez pas des initiatives qui ne sont pas en lien avec sa vision.

Par exemple, un jeune responsable de projet a eu une excellente idée pour réduire les couts de son service. En mettant en place une salle pour accueillir les serveurs et la migration de certains des serveurs qui étaient sur le site d'un fournisseur, ils pouvaient réduire le cout mensuel de co-implantation de près de 5 000 $, soit une économie de 60 000 $/an, pour un investissement de seulement 30 000 $. Une assez bonne épargne. Un comptable aurait été ravi et aurait demandé que le projet commence tout de suite! Mais comment a réagi l'Institutrice? Pas très bien. Le DSI a demandé de faire le point avec le gestionnaire du projet : « Est-ce que je semble avoir besoin d'argent? Pourquoi perdez-vous votre temps sur ce sujet? N'avez-vous pas assez de choses à faire? »

Les Institutrices croient que tous les projets prennent trop de temps à s'exécuter. Lorsque vous introduisez de nouvelles initiatives, tout ce que vous dites, c'est que le projet actuel pourrait se faire plus rapidement. Au lieu de cela, il faut plutôt vous concentrer sur les projets en cours, ceux qui appuient la vision de l'Institutrice.

4. Complémentaire : Communiquer, devenir le lien

La plus grande lutte des Institutrices est de communiquer clairement leur vision au reste de l'entreprise. Mais les Institutrices n'ont pas la patience d'établir des relations avec les différentes parties prenantes de l'entreprise.

En devenant un agent de liaison entre l'entreprise et l'Institutrice, vous fournissez un service aux deux parties. Vous aidez l'Institutrice à communiquer le message et vous faites en sorte que le reste de l'entreprise comprenne à quel point les choses seront bonnes dans l'avenir. En outre, vous aidez l'entreprise à influencer l'ordre du jour de l'Institutrice et vous les aidez à se préparer aux changements à venir.

La pseudo- Institutrice

Les gens confondent souvent l'Institutrice avec la pseudo-Institutrice, une erreur facile puisque les deux peuvent être perçues comme arrogantes et détachées. Mais il y a une différence essentielle entre les deux : les vraies Institutrices savent vraiment ce qu'elles font.

La pseudo-Institutrice est tout simplement une Comptable avec un problème d'attitude. Les Comptables ont une faible projection d'orientation affaires et ils le savent. Ils n'essaient pas de faire semblant qu'ils en savent plus que quiconque sur la façon de gérer l'entreprise et ils ne se plaignent pas du fait que les utilisateurs sont incompétents.

D'autre part, les pseudo-Institutrices croient qu'elles sont compétentes et qu'elles savent comment faire fonctionner l'entreprise, mais en réalité, elles n'ont pas les compétences ou les connaissances requises pour y parvenir. Elles fondent leurs opinions sur des hypothèses non prouvées, en s'appuyant sur leurs observations et leurs opinions biaisées.

Les vraies Institutrices possèdent un très haut niveau de connaissances de l'entreprise et comprennent l'industrie ainsi que leur propre expertise en la matière (technologie de l'information, ressources humaines, finances, etc.). Lorsque les Institutrices commentent l'état d'un processus d'affaires, elles offrent non seulement une opinion, mais aussi un état de fait, déterminé par une analyse détaillée. Quand une pseudo-Institutrice se plaint de l'entreprise, c'est souvent le simple résultat de plaintes et de fausses perceptions.

JE SUIS UNE INSTITUTRICE

Je l'avoue : je suis une Institutrice

Quand je parle avec de nouveaux clients, l'une des questions que j'ai à leur poser est : « Quel profil de personnalité pensez-vous avoir? » Bien sûr, la plupart des personnes répondent qu'elles sont des Agentes. Être une Agente semble être le meilleur des deux mondes : une orientation services élevée, pour satisfaire les utilisateurs, combinée à une orientation affaires solide, pour influencer l'organisation. Après cette question, nous complétons l'évaluation et je découvre que la plupart de ceux qui veulent être des Agentes ne le sont pas. Les personnes aiment à penser qu'elles sont des Agentes, mais en réalité, elles n'agissent pas comme des Agentes dans leurs activités quotidiennes.

Je suis pareil, puisque je me plais à penser que je suis une Agente. Mais, je l'avoue, je suis une Institutrice. Une Institutrice déchirée, car bien que j'aime dire que j'ai un sens du service très élevé, je suis en réalité beaucoup plus préoccupée par l'atteinte des objectifs, peu importe ce qu'il faut faire pour y arriver.

Dans cette section, nous allons regarder mes expériences en tant qu'Institutrice travaillant comme chargé de projet. J'ai eu la chance de travailler dans une grande organisation, avec une équipe très talentueuse et des cadres solides. Il y avait beaucoup d'argent et un engagement fort pour atteindre les objectifs. Tous les ingrédients étaient en place pour la réussite du projet, mais nous verrons que, même dans le meilleur des cas, les choses ne sont jamais faciles.

Le contexte

Je travaillais depuis près de dix ans comme consultant chez Gartner, un cabinet de conseil en gestion des technologies de l'information de renommée mondiale, quand un nouveau client m'a demandé d'évaluer son entreprise, pour savoir si elle était prête à mettre en œuvre un important projet de transformation. L'entreprise a traversé une série d'acquisitions dans différents pays et régions et s'est éparpillée dans tous les sens, en termes de processus et de systèmes.

Le client était dans l'industrie de l'équarrissage, ce qui consiste essentiellement à utiliser des pièces de restes d'animaux après l'abattoir, à les déchiqueter, à les cuire et à les revendre comme nourriture pour animaux. 18 énormes roues de carcasses d'animaux étaient déployées dans l'usine chaque jour et les contenus déversés dans d'énormes fosses. La vue et l'odeur de l'opération étaient assez puissantes. Pour certaines personnes, elles étaient insupportables. C'était si insupportable que la compagnie avait cessé la formation des nouveaux embauchés, préférant les laisser faire des tâches subalternes dans l'usine pour quelques semaines afin de voir s'ils seraient capables de résister à cet environnement. Ça ne faisait aucun sens de former des personnes qui risquaient de quitter, parce qu'elles ne pouvaient pas vivre avec l'odeur.

Trouvez-moi morbide, mais quelque chose dans cette société me fascinait. Avant ce moment, j'avais toujours travaillé en assurances, en technologie de l'information ou dans d'autres entreprises de cols blancs et je n'avais jamais travaillé dans un tel type d'entreprise auparavant. Quand on m'a offert la possibilité de prendre en charge ce projet, j'ai accepté à la condition que je puisse visiter les usines, ce à quoi les dirigeants étaient plus qu'heureux d'accepter.

Après avoir fait une évaluation initiale, je suis arrivé à une conclusion étrange : ils n'étaient pas prêts à aller de l'avant avec ce projet, mais ils devaient poursuivre de toute façon. Au cours des deux dernières années, l'entreprise avait tenté de cartographier et de restructurer ses processus d'affaires, sans succès. Des consultants talentueux ont été amenés à animer des ateliers, mais ce qui a été produit était inutilisable. Les différents départements de l'entreprise et leurs installations, réparties dans différents endroits, voyaient le monde très différemment. Il serait impossible pour l'entreprise de réaliser des économies d'échelle jusqu'à ce qu'ils puissent tous être d'accord sur une manière commune de faire les choses.

La stratégie que je proposais était de créer un sentiment d'urgence, en fixant une date agressive et en laissant savoir que les systèmes seraient changés d'ici là, prêt ou pas. Ce sentiment d'urgence aiderait les gens à être plus raisonnables dans leurs demandes et plus conciliants dans la conception de nouveaux procédés. Donc, où allait cette théorie? Je savais qu'il y aurait des conséquences liées à cette approche et j'ai informé le client qu'il devrait probablement connaitre un taux de rotation du personnel de 5% à 10%, parce que certains ne seraient pas en mesure de suivre et d'autres n'auraient tout simplement pas envie de travailler dans un environnement étroitement règlementé. Ce serait le cout de l'atteinte des résultats. À ma grande surprise, les propriétaires ont accepté ma proposition.

Mais pour réaliser un tel projet, ils auraient besoin d'un autre type de leader. Ils avaient l'habitude de gérer par consensus, mais pour obtenir le succès qu'ils espéraient, ils avaient besoin de quelqu'un de plus dictatorial, qui pourrait mettre de l'avant cette initiative, peu importe les conséquences. Quelqu'un d'organisé et de très talentueux, qui pourrait pousser le projet, peu importe ce qu'il en couterait. En un mot : une Institutrice.

Accepter

Le directeur administratif et financier dirigeait de manière très sympathique et énergique et avait été, auprès de diverses sociétés, le maitre d'oeuvre de nombreux projets d'ingénierie. Ayant de l'expérience dans ce domaine, il était très conscient du prix à payer pour l'organisation, afin de réaliser quelque chose d'une aussi grande ampleur. Il a embauché un cabinet de recrutement pour trouver quelqu'un qui pourrait mener cette initiative, mais personne ne semblait correspondre au profil. Ayant passé en revue ma propre liste de clients avec lui, en essayant de trouver un chargé de projet qui serait intéressé par un tel projet, il en est venu à une conclusion : je devais être celui qui dirigerait ce fameux projet.

Pendant les dix années précédentes, j'avais été consultant, donnant des conseils en gestion des technologies de l'information et laissant les clients gérer l'exécution. Toutefois, une partie de moi s'était toujours demandé si je pouvais supporter d'être de l'autre côté de la barrière, celui qui est responsable des résultats, plutôt que de simplement donner des conseils. Pourrais-je vivre avec la rigueur quotidienne des opérations, aidant la compagnie entière à changer tout, en livrant en même temps un projet d'envergure? C'était un défi qu'il m'était difficile de refuser. Ce qui m'a aidé à prendre ma décision a était le fait que ma fille était sur le point de commencer l'école. Sortir des sentiers battus serait formidable et être capable de s'installer quelque part a définitivement eu un impact. J'ai donc dit oui.

Dès que j'ai dit oui, je savais que j'embarquais dans une sérieuse aventure. Le directeur administratif et financier m'a informé que, malgré qu'il m'ait offert le poste, il avait encore à suivre le processus des ressources humaines, qui comprenait une entrevue des employés qui seraient sous ma supervision. Maintenant, ma tâche était assez claire. Je savais que j'allais devoir garder un grand nombre de personnes, même si leurs compétences ne correspondaient à pour ce projet. Et maintenant, ils allaient me rencontrer en entrevue? C'est sur mon top 5 des situations les plus surréalistes et maladroites que j'ai rencontrées dans ma vie. Mais j'ai encore du travail!

Démarrage

Le projet a commencé avec un bang. Le gestionnaire de projet y étant affecté nous a quitté précipitamment. Ce n'était pas un gros problème, car mon plan était de le remplacer de toute façon, mais il est parti plus tôt que ce que j'avais prévu. Pas de soucis, j'avais quelqu'un d'autre à l'esprit. Quand je lui ai demandé de venir plus tôt que prévu, il m'a informé qu'il ne serait pas en mesure de prendre le poste, car un engagement antérieur avec un client était revenu sur la table, et qu'il ne pouvait pas les laisser dans le pétrin. La conscience est l'une des raisons pour laquelle je voulais l'engager, alors que pouvais-je dire? Alors... j'avais un nouvel emploi, la date de début du projet était fixée et la date de fin du projet était établie à neuf mois plus tard. Et je n'avais pas de gestionnaire de projet.

Toute personne saine d'esprit aurait revu la date et reporté le projet pendant un certain temps. Je veux dire, comment pourrions-nous commencer un projet sans un gestionnaire de projet ou une équipe de gestion et sans un contrat signé avec un fournisseur? Mais j'ai décidé de conserver les dates. Le directeur administratif et financier (mon patron) pensait que j'étais fou. Mais je devais avoir été assez convaincant, puisqu'il avait choisi d'aller de l'avant avec mon plan.

Travaillant avec des partenaires extérieurs très talentueux, j'ai recruté un gestionnaire de projet et certaines personnes clés et nous avons signé un contrat avec un fournisseur. Puis, nous avons réuni une équipe de projet. Faire tout cela dans un si court laps de temps a exigé beaucoup de créativité, d'agressivité et surtout, d'arrondir les coins. Tous ces coins arrondis ne m'avaient pas permis de me faire des amis dans l'organisation. J'avais contourné la plupart des règles des ressources humaines pour le recrutement, en faisant affaire avec un cabinet de recrutement direct, en menant des entrevues d'emploi moi-même (sans les ressources humaines) et en promettant des emplois, même si la paperasse n'était pas complétée. Et je signais des contrats à gauche et à droite, sans leur implication juridique et financière. Définitivement pas la meilleure façon de créer des relations harmonieuses.

Les autres départements ont compris l'urgence de la situation et, même s'ils n'aimaient pas l'approche, ils ont été très coopératifs et utiles. Ils ont convenu de la procédure accélérée et ont caché les trous que j'ai créés dans ma quête folle de démarrage du projet.

Renforcer la crédibilité

Les utilisateurs

Les utilisateurs avaient été négligés pendant un certain temps. En fait, ce n'est pas entièrement vrai. Les utilisateurs qui travaillaient dans les trois bureaux administratifs avaient été très bien servis. Cependant, les employés des 22 usines avaient été cruellement négligés. Les usines fonctionnaient généralement 24 heures par jour, 6 jours par semaine. Le septième jour était utilisé pour l'entretien et les réparations. Pourtant, le soutien technique en informatique était disponible uniquement pendant les heures normales de bureau. Et ce n'était donc pas vraiment de l'« Assistance ». Officiellement, la seule façon de recevoir un soutien était d'envoyer votre demande par courriel, même si votre problème était que votre courriel ne fonctionnait pas. Sinon, vous pouviez traquer l'un des gars du soutien technique, si vous pouviez en trouver un, et le supplier de venir régler votre problème immédiatement. Bien sûr, cette option était uniquement disponible pour les utilisateurs situés au siège social, puisque l'équipe du soutien informatique y a été localisée.

Même dans le bâtiment du siège social, le soutien variait selon l'importance que vous aviez. Vous êtes l'adjointe administrative du vice-président? Vous obteniez alors un soutien instantané, même s'ils devaient arrêter de travailler avec un autre utilisateur. Si vous êtes un employé en ressources humaines, vous feriez mieux d'être patient. De nouveaux équipements étaient également distribués selon cette méthode, les VIP et les amis étant servis en premier. Comme vous pouvez l'imaginer, cette méthode a conduit à beaucoup d'animosité, car elle était non seulement injuste, mais aussi imprudente.

Soutien externe

Pour améliorer le processus de soutien, j'ai décidé d'externaliser complètement le soutien. Un des avantages du soutien externe, c'est qu'il offre une uniformité dans le processus. Alors que les VIP voyaient une réduction de leurs services, les employés de l'usine ont obtenu une augmentation immédiate des services. Tout le monde obtenait désormais le même niveau de soutien. Bien sûr, tout le monde n'était pas heureux à ce sujet. Les utilisateurs qui appelaient habituellement Bob et pouvaient ainsi obtenir immédiatement de l'aide devaient maintenant téléphoner à un spécialiste de l'assistance qui leur posait une série de questions diagnostiques. Et il n'y avait plus de favoritisme avec les nouveaux équipements. Vous voulez une nouvelle souris? Vous aurez ce qui est dans la norme, et non le nouvel appareil que vous avez vu chez Best Buy.

Mais la prévisibilité a ses avantages. Les utilisateurs ont commencé à réaliser qu'ils pouvaient voir leurs demandes traitées très rapidement, qu'ils pouvaient réellement compter sur l'équipe de soutien pour faire les choses.

Service de mesure

Pour quantifier la crédibilité du département, j'ai commencé à faire des enquêtes mensuelles de satisfaction des utilisateurs. Chaque mois, nous avons demandé à 1/6ème des utilisateurs ce qu'ils pensaient des services reçus, de sorte que chaque utilisateur ait été interrogé, deux fois par an. La participation a été inégale au premier abord parce que les utilisateurs ne croyaient pas que l'enquête allait changer quoi que ce soit. Mais j'ai fait un suivi avec chaque commentaire négatif en les remerciant pour leur temps et en leur expliquant ce qui serait ou ne serait pas fait. Le mot s'est rapidement propagé à l'intérieur de l'organisation que le sondage était lu et que des actions concrètes étaient mises en place en guise de réponse.

Les résultats de l'enquête ont été communiqués à la réunion mensuelle du département de technologie de l'information. Les différences entre les niveaux de soutien ont été expliquées par les différents propriétaires de services. Ce rapport mensuel servait de rappel constant du fait que la satisfaction était aussi importante que le budget ou les projets. Au début, la réaction du personnel était de rejeter les mauvais commentaires en disant des choses comme : « Eh bien! Ces gars-là ne sont jamais contents, rien ne va changer cela! » Mais plus le temps passait, plus les gens ont commencé à reconnaitre qu'il était possible de changer les perceptions des utilisateurs.

J'ai aussi communiqué les résultats de l'enquête dans les réunions mensuelles du comité exécutif. Dans un premier temps, les autres dirigeants ont ri, ne croyant pas les résultats que je leur montrais. Mais chaque mois, je leur montrais de nouveaux résultats, bons ou mauvais, et j'expliquais les variations et ce que je voulais faire pour corriger cela. Au fil du temps, le sondage est devenu un aliment de base de la réunion. En fait, le président a commencé à se tourner vers les autres groupes en leur demandant leurs résultats de satisfaction. Je ne me suis pas fait d'amis de cette façon non plus.

En plus de l'enquête mensuelle, j'ai également mis en place un sondage post-soutien, où une demande de soutien sur huit a été suivie d'une enquête de satisfaction rapide, en leur posant des questions sur leur expérience. Le fournisseur externe était responsable si la satisfaction chutait et recevait également des pénalités pour les objectifs de satisfaction non atteints. Les objectifs et les pénalités assuraient que le fournisseur soit centré sur les bonnes priorités et qu'il allait terminer les demandes aussi rapidement que possible.

À l'interne, le programme de mesure était difficile à vendre. Le personnel n'a jamais été tenu responsable et a estimé que ce n'était pas juste de les tenir responsables de la satisfaction, étant donné que de nombreux éléments étaient hors de leur contrôle. Au fil du temps, ils ont commencé à voir les facteurs qui contribuent à la satisfaction et ont été en mesure d'influer sur les niveaux de satisfaction avec leur expertise. Ils ont également réalisé que les compétences techniques seules ne suffiraient pas et ont commencé à passer du temps à apprendre davantage sur le service client.

Pour moi, ce processus a été très éprouvant. Comme une Institutrice typique, j'aime la mise en place de nouveaux processus et les méthodologies, mais quantifier la satisfaction jour après jour exige un niveau d'engagement que je n'avais pas prévu. Faire le suivi avec les utilisateurs mécontents est également intéressant. Entendre les plaintes et la façon dont les services ont échoué dans un moment où ils en avaient besoin n'est jamais amusant. Mais leurs plaintes fournissaient une rétroaction précieuse, qui m'a aidé à prendre les bonnes décisions au fil du temps.

Comprendre les utilisateurs

J'étais nouveau dans l'industrie et ça paraissait. J'ai régulièrement utilisé les mauvais termes, n'ai pas compris certaines discussions lorsqu'elles sont devenues trop spécifiques et ne n'ai pas réalisé l'ampleur des activités de l'entreprise. J'ai décidé de remédier à cela en me fixant un très grand objectif : je voulais en savoir plus sur l'entreprise que toute autre personne. Ça sonne probablement arrogant de penser que je pouvais en savoir plus que les gens qui y ont travaillé pendant plus de vingt ans. Toutefois, peu de gens comprennent vraiment tout ce qui se passe dans une entreprise de A à Z. Ils comprennent généralement une petite partie comme un département ou un rôle particulier, mais rarement l'ensemble du processus. Et une grande partie de ce que les gens comprennent est généralement obsolète, datant du temps où ils étaient au bas de l'échelle eux-mêmes, ce qui peut avoir été il y a de ça plusieurs années.

J'ai décidé de relever ce défi par l'observation systématique de tous les grands postes de l'entreprise et du processus de production, de A à Z. Gardez à l'esprit que c'est une société de recyclage de carcasses d'animaux, donc passer du temps dans les usines et sur la route n'était pas la proposition la plus attrayante. Pour être assuré que je ne serais pas le seul à avoir du plaisir, j'ai partagé le tout avec les membres de mon équipe. Tout le monde a obtenu une nouvelle paire de bottes à embout d'acier et un casque et nous sommes allés au travail. Nous avons passé du temps à regarder par-dessus l'épaule de tout le monde. Nous avons regardé ce qu'ils faisaient et avons posé des questions, l'une après l'autre. Nous avons fait une partie du travail chaque fois que nous le pouvions (certains travaux nécessitaient une formation ou des certifications spécialisées). J'ai même visité les abattoirs qui ont fourni les carcasses et l'entreprise de l'alimentation animale qui a acheté notre produit. Je voulais comprendre le processus du début à la fin.

À la fin de ce processus d'apprentissage, nous avons pu comprendre comment l'entreprise fonctionne et corriger certaines fausses croyances de l'équipe de direction. Vous pensez que les clients ne voulaient pas de livraisons pendant l'heure du diner? En fait, c'est parce que les chauffeurs aimaient à se retrouver en groupe au local pour le diner. Je me demandais pourquoi les usines sont parfois inactives pendant de longues périodes. C'est parce que l'équipe de transport ne le dit pas à l'usine lorsque les livraisons sont retardées. Toutes ces petites incohérences ont été mises en lumière et les vieilles croyances ont été défiées.

Ça m'a aussi donné l'occasion de mieux comprendre la réalité de nos utilisateurs. Certains conducteurs pouvaient à peine lire, et s'attendre à ce qu'ils utilisent des ordinateurs portables était trop leur demander. Certains utilisateurs ont dû travailler dans cinq applications différentes simultanément sur un écran minuscule à faire sans cesse des allers-retours. L'apprentissage de ces choses nous a permis de revoir notre configuration standard pour rendre les utilisateurs plus efficaces (y compris en fournissant plusieurs écrans aux personnes du service à la clientèle).

Notre présence dans les usines et autres activités a contribué à améliorer notre crédibilité dans le domaine. Les utilisateurs ont vu que nous prenions le temps de comprendre ce qu'ils faisaient, au lieu de s'appuyer sur des hypothèses. Ils nous ont vus nous promener, poser des questions, contester. Et ils ont vu les résultats de nos visites : de nouveaux équipements, de nouvelles heures de service et des services adaptés pour mieux répondre à leurs besoins. En quelques mois, nous sommes passés de risée de l'organisation à un prestataire de service décent. En fait, nous avons été rapidement remplacés dans l'objet de leurs blagues cruelles par l'un des autres fournisseurs de services internes. Bien que demandant, ces efforts ont contribué à faire du projet un succès par la suite.

2. Orientations

Orientations de l'équipe et leur vision

Comme mentionné précédemment, l'entreprise avait grandi par acquisitions. Cela signifiait que l'équipe informatique est devenue une combinaison de groupes informatiques basée à différents endroits. La relation entre ces équipes était si mauvaise qu'ils avaient convenu de ne pas parler l'un à l'autre. Au lieu de cela, chaque groupe gérait leur propre infrastructure. J'essayais de regrouper une équipe de Canadiens français qui détestaient leurs collègues canadiens-anglais et une équipe américaine qui a refusé de prendre les commandes de quiconque au nord de la frontière.

Donc, nous avons eu trois infrastructures distinctes avec trois ensembles d'applications, de normes et d'outils. Un utilisateur aux États-Unis avait un service complètement différent d'un utilisateur au Canada. Les systèmes ne communiquaient pas entre eux et il était très difficile de fermer les livres en fin de mois. Les finances passaient une grande partie de leur temps à essayer de corriger les problèmes.

Les équipes auraient aussi pu s'entendre sur leur rôle. Certains pensaient qu'ils étaient censés maintenir les couts aussi bas que possible (comptable) et toutes leurs décisions étaient en lien avec cette orientation, tandis que d'autres pensaient qu'ils doivent tout donner à l'utilisateur (majordome) puisqu'après tout, il payait pour cela. Le résultat est que certains bureaux avaient de l'équipement de pointe tandis que d'autres avaient les vieilleries d'antan.

Comment une Institutrice réagira-t-elle à cela? Partir de zéro.

Au lieu d'essayer de reconstruire l'équipe et de passer des mois, voire des années, en mettant en place des processus, en faisant la redéfinition des rôles et en raccommodant les relations, j'ai décidé de sous-traiter à peu près tout. Dans les deux premiers mois, j'ai réduit la taille de l'équipe de près de moitié. J'ai mis sous contrat deux sociétés différentes pour prendre en charge le réseau et l'infrastructure informatique. Les serveurs qui étaient logés dans des placards ont tous été transférés dans une installation sécurisée avec une protection et du soutien en tout temps. L'équipe de soutien a été sous-traitée à une société privée qui a fourni un soutien 24/7 (pour correspondre aux horaires des usines) au lieu du 9-5 qui était fourni précédemment. J'ai gardé en interne les gens du projet et quelques techniciens prometteurs.

J'ai aussi embauché pas mal de nouvelles personnes, des individus talentueux provenant d'autres industries et entreprises qui ont apporté un ensemble plus robuste de compétences et de pratiques de gestion que ce qui était déjà en place.

En quelques mois, l'équipe était méconnaissable. Cela a rendu les anciens membres de l'équipe et les utilisateurs très anxieux. Tout le monde n'était pas d'accord avec les nouvelles orientations. Plusieurs doutaient de la solidité de l'externalisation de presque tout, essentiellement en donnant les clés à un partenaire extérieur. Plusieurs ont vu cela comme un risque majeur et une claque dans le visage, comme si on disait que tout ce qu'ils avaient fait pendant des années était faux.

Mon instinct a été de balayer leurs préoccupations de côté. S'ils savaient ce qu'ils faisaient alors je ne serais pas là. Mais leurs préoccupations sont devenues plus grandes. Ils sont devenus plus bruyants et ils ont aussi commencé à chercher des conflits lors des réunions, au diner, partout où ils pouvaient trouver un public. La relation entre les fournisseurs externes et l'équipe interne a rapidement dégénéré. Les problèmes sont devenus impossibles à résoudre, chaque partie accusant l'autre. L'exécutif a vu la dissidence et ils ont commencé à eux-mêmes remettre en question l'orientation. Après tout, quel message ça envoie lorsque l'équipe de direction n'est pas d'accord avec les décisions?

Il a fallu un certain temps pour résoudre ces problèmes. Certains employés ont décidé qu'ils ne pouvaient pas travailler dans cet environnement et ils sont partis. D'autres ont décidé d'investir un peu de temps à comprendre la vision et les contraintes et ils ont appris que d'aller à l'extérieur nous a permis de gagner de la maturité rapidement, quelque chose qui aurait été difficile à faire étant donné les circonstances à l'interne. J'ai fait un peu de travail, afin de rassurer les gens sur le fait que je ne pensais pas que tout n'allait pas avant, mais que de nouvelles initiatives exigeaient de nouvelles orientations. J'ai communiqué la vision, plus tard que j'aurais dû le faire, mais le résultat a été bénéfique.

Alignement d'affaires

Peu de temps après le début du projet, l'enclume est tombée : la restructuration des entreprises. L'entreprise avait trop de vice-présidents et a décidé de rationaliser sa structure, passant d'une structure de matrice à un traditionnel maigre. Dans le processus, il a remplacé des postes de direction clé. Toute personne faisant un projet majeur va vous dire que l'un des risques les plus importants, c'est un changement de direction de l'entreprise. De nouveaux dirigeants signifient de nouvelles approches, visions et priorités. La plupart des gens auraient mis le projet en attente jusqu'à ce que la nouvelle équipe de direction ait déterminé son orientation et auraient attendu que la poussière retombe avant de faire quelque chose d'important. Mais ce serait d'autres personnes. J'ai décidé de continuer, comme n'importe quelle autre Institutrice ferait.

La nouvelle équipe de direction provenait d'une société différente, qui était beaucoup plus soucieuse des couts. En fait, l'entreprise a été reconnue pour être extrêmement agressive dans la gestion des couts, astucieuse dans les négociations et bonne pour presser les fournisseurs. Une entreprise manufacturière traditionnelle où il avait une culture du rapport cout-contrôles strict. Bien sûr, cela signifiait que leurs fournisseurs de services internes étaient plus du type des comptables ou des majordomes que des Institutrices. La nouvelle équipe s'attendait à un rôle totalement différent, pour le comité exécutif, que celui que j'ai joué et se demandait pourquoi j'étais assis à la table des « adultes ».

Cet affrontement entre les attentes de la nouvelle équipe et mon propre profil de personnalité était la racine de nombreux conflits qui auraient pu surgir au cours de mes quatre années à l'entreprise.

Bien sûr, une nouvelle équipe de direction souhaite changer les choses. En fait, ils doivent le faire. Chaque dirigeant a généralement un mandat spécifique, que ce soit pour améliorer la qualité, résoudre un problème, réduire les couts, augmenter les ventes ou la totalité de ce qui précède. Ces cadres ne laisseront pas un projet en cours ralentir leurs initiatives, tout comme je ne voudrais pas laisser leurs initiatives me ralentir. C'est tout bien et bon pour les cadres, mais les employés devenaient coincer entre les jeux de pouvoir.

Ainsi, alors que nous mettions en œuvre un important projet de transformation de l'entreprise, les différentes unités d'affaires se sont également lancées dans leurs propres projets et initiatives. L'entreprise n'avait jamais vu un tel niveau d'activité. Les employés étaient tirés dans toutes les directions, on leur demandait de participer à des projets et des initiatives en essayant de garder les opérations de l'entreprise en cours. Le stress et l'anxiété sont passés au summum. Les utilisateurs se sont plaints d'épuisement professionnel. Les employés venaient régulièrement dans mon bureau en pleurs, me disant combien leur situation familiale devenait difficile, comment voyager causait des problèmes et, dans certains cas, comment la contrainte avait une incidence sur leur mariage. Ça devenait rapidement un jeu de fou et personne n'était prêt à prendre une autre direction.

Alors, qui a gagné le jeu? Eh bien, comme vous l'avez probablement deviné, l'Institutrice. Il est venu un moment où les propriétaires ont dû intervenir et arrêter la folie. Et puisque le projet de transformation de l'entreprise est l'un des projets de prédilection des propriétaires, il a obtenu le droit de passage alors que d'autres projets ont été revus à la baisse. Une approche plus rationnelle aurait été de redéfinir les priorités des projets ensemble comme une équipe, prendre des décisions en fonction des priorités et des capacités. Mais personne n'était prêt à se sacrifier pour le bien de tous, chacun pensait que leur propre initiative apporterait le plus d'avantages.

3. Démontrer la valeur

La date de mise en production du projet approchait rapidement et l'inquiétude commençait à augmenter un peu. Les cadres étaient inquiets, certains demandant que le projet soit retardé. L'organisation n'était clairement pas prête à s'engager dans un changement de cette ampleur et, franchement, l'équipe du projet non plus d'ailleurs. Nous avions encore d'importants problèmes à résoudre et des résultats qui étaient en retard. Le niveau de risque devenait assez élevé et plusieurs membres de l'équipe de direction ont pensé que nous nous dirigions vers une catastrophe complète si nous continuions. J'ai poussé pour maintenir la date. Ma pensée était que si nous commencions à remettre à plus tard maintenant, nous allions trouver une bonne raison de reporter à nouveau. Donc, nous allions nous accrocher et le faire. Mais, c'est facile à dire quand vous implantez le changement et non quand vous le subissez.

Pour assurer la réussite du projet, je savais qu'une certaine gestion des attentes devait avoir lieu. La plupart des utilisateurs pensaient encore qu'ils obtiendraient un nouveau système informatique qui ressemblait à celui qu'ils avaient utilisé auparavant. Ils ne réalisaient pas l'ampleur du changement qui venait sur leur chemin. Ils n'avaient pas compris que la mise en œuvre serait accompagnée de la réduction des effectifs dont le meneur principal du projet en premier lieu.

Gestion du changement

Afin d'identifier les différents besoins de l'entreprise, j'ai choisi d'utiliser une approche de planification de compte avec les différentes unités d'affaires. Nous avons identifié les services qu'ils utilisaient, comment ils les utilisaient, leur satisfaction envers ces services et comment ils les comparaient avec le reste de l'entreprise, ainsi qu'avec les zones qui seraient touchées par le nouveau système. Nous nous sommes assis avec chaque chef puisqu'il était important de discuter de ces éléments. Nous avons ensuite élaboré un plan d'action pour les aider à se préparer. Cet exercice nous a permis de prioriser les activités au sein des unités d'affaires, les aidant à réaliser ce qu'ils avaient à faire pour se préparer et ce que nous pourrions faire pour aider. Ces discussions n'ont pas toujours été faciles, ni même polies, mais elles ont permis à chacun de construire des relations au fil du temps.

Nous avons travaillé avec les ressources humaines sur la partie de gestion du changement du projet, en aidant les utilisateurs à comprendre comment leurs vies seraient touchées. J'ai voyagé, faisant la tournée, présentant le projet et le nouveau système, recueillant les préoccupations et répondant aux questions en toute transparence. (« Des gens vont perdre leur emploi? » « Oui, certains d'entre vous. ») Ce n'était pas amusant. Pendant que je faisais cette tournée, j'avais envie d'être de retour avec l'équipe pour poursuivre le projet. En Institutrice typique, je sentais que la conduite du projet était plus importante que la gestion de la perception des usagers. Heureusement, les ressources humaines ont été très utiles pour me garder sur la bonne voie avec ces activités. Finalement, nous avons découvert que ce que nous faisions n'était pas encore suffisant et que vous ne pouvez jamais investir trop de temps dans la gestion du changement.

Une de mes principales préoccupations était d'établir les bonnes attentes pour les utilisateurs. Le projet avait été survendu dans l'organisation, en promettant que le travail serait plus facile, plus rapide et que les systèmes donneraient exactement les rapports qu'il faut quand il le faut. Il s'est vendu à un avenir que je ne pouvais pas livrer. La tournée, en collaboration avec l'équipe pour faire des démonstrations sur place du nouveau système, a contribué à remettre les attentes à un niveau plus réaliste. Les utilisateurs ont vu que ce n'est pas un système facile et qu'il ne ferait pas tout ce que nous voulions faire, parce qu'un système tout simple qui peut tout faire serait tout simplement trop couteux. Certaines transactions seront plus faciles mais vous ne les verrez pas, car elles seront automatisées. Vous verrez donc les transactions qui n'ont pas fonctionné, celles qui vont vous obliger à creuser plus profondément dans le système pour voir ce qui a échoué. Ce fut une expérience de profonde réflexion pour plusieurs, mais les utilisateurs étaient reconnaissants, car cela les avait préparés aux nouveaux systèmes automatisés.

Communiquer avec les utilisateurs

Lorsque nous nous sommes préparés, nous avons établi un plan de communication assez rigoureux. Nous avons envoyé des communications mensuelles sur l'état du projet pour les utilisateurs, y compris de courtes vignettes de l'équipe de projet expliquant les nouveaux processus. Nous nous sommes assuré que les utilisateurs connaissaient les membres de l'équipe du projet, les représentants des fournisseurs et des utilisateurs clés. Nous avons essayé très fort de montrer aux utilisateurs que nous travaillions pour eux.

Dans chacune des communications, j'ai inclus mon adresse courriel et numéro de téléphone cellulaire, encourageant les utilisateurs à me contacter. L'équipe de communication a pensé que j'étais folle, que je recevrais un déluge de plaintes. Mais en général, je n'ai reçu que quelques appels chaque semaine et la plupart étaient très mineurs.

Indépendamment de l'importance, j'ai fait un suivi à chaque utilisateur. Je voulais connaitre l'état du problème, les appeler et écouter leurs préoccupations. Certains utilisateurs pouvaient continuer encore et encore, et vraiment tester ma patience. Certains ont fait des demandes irréalistes et je leur ai expliqué que ce qu'ils demandaient était impossible pour moi mais tout le monde a vu que nous avons pris les plaintes au sérieux.

Pour que le projet soit un succès, les utilisateurs avaient à voir la valeur en celui-ci. Une partie des intentions du projet était de réduire les couts (et cela a été le cas), mais il devait aussi aider les utilisateurs. Pour ce faire, le système devait faciliter la vie quotidienne des utilisateurs. Nous avons travaillé dur pour enlever les choses inutiles du système. Comme nous l'avons vu, trop d'options peuvent être mauvaises pour les utilisateurs. Avoir des boutons, des pages ou des écrans qui n'ajoutent pas de valeur est une perte de temps et ajoute à la confusion. L'équipe du projet a identifié tout ce que nous pouvions enlever pour faciliter la vie des utilisateurs. Nous avons également développé des ressources de formation à la demande. Depuis, quelques activités ne sont effectuées que quelques fois par an par les utilisateurs (comptes de charges par exemple) et comme les gens oublient à un moment ou à un autre, nous avons développé de petites vidéos qui amènent les utilisateurs à travers les différentes tâches de base. Nous avons tout fait pour rendre le système facile à utiliser, pour rendre meilleure la vie quotidienne de nos utilisateurs.

Conclusion

Nous avons fini par livrer à temps et selon le budget, ce qui est rare pour ce type de projets. Bien sûr, il n'était pas très paisible et l'entreprise a travaillé très dur pour corriger les erreurs et ensuite, rattraper les arrérages de travail régulier que la mise en œuvre du projet avait créé. Au final, le projet a été livré comme promis. En fait, nous avons reçu l'Octas pour le projet d'application d'entreprise de l'année. Toute l'équipe était très excitée et je suis fière d'eux. Contre toute attente, ils ont accompli l'impossible dans un court laps de temps.

Une fois que la mise en œuvre a été achevée et que le système et les processus ont été stabilisés, l'organisation avait besoin de repos. Tout le monde a travaillé sans relâche pour faire avancer les choses, pour réparer les parties qui n'ont pas fonctionné et pour joindre tout le monde au nouveau système. J'ai été récompensé avec plus de responsabilités, notamment en étant responsable des processus d'affaires et de la logistique dont je ne savais rien. J'étais heureuse d'être sur la bonne voie pour devenir un joueur important dans l'organisation.

Mais le projet n'a pas été entièrement complété. Afin de récolter la prochaine phase de bénéfices, nous aurions à examiner quelques éléments fondamentaux de l'entreprise, nos interactions avec les clients et comment nos ministères ont travaillé ensemble. Malheureusement, l'appétit n'était plus là pour un autre projet du Big Bang. L'équipe de direction a opté pour une approche plus souple, en utilisant certains travailleurs à temps partiel, afin d'identifier et mettre en œuvre des opportunités dans toute l'organisation.

J'étais contre cette approche. J'ai aussi compris d'où ils venaient. Nous avions passé tellement de temps et d'énergie à travailler sur un aspect de l'entreprise que nous devions maintenant laisser une marge de manœuvre pour obtenir d'autres choses. La mission de l'entreprise n'est pas de se transformer, elle est là pour servir ses clients qui avaient été négligés.

Alors, je suis allée avec le plan, ce qui était une grave erreur. Pas à cause de l'entreprise ou de son approche puisqu'après tout, toutes les autres sociétés font des changements lents et réguliers, et ça fonctionne pour eux. Mais cela n'a pas fonctionné à cause de moi.

Les Institutrices sont très concentrées. Elles aiment lorsque leurs projets vont rapidement et avec intensité. Lent et régulier ne fonctionnent tout simplement pas pour une Institutrice. C'était une situation où les agentes auraient été dans leur élément. Une Agente pourrait tirer parti de la politique interne pour obtenir les initiatives en cours. Et une Agente aurait été assez patiente pour laisser les projets suivre leur cours. Un Majordome aurait également été couronné de succès, en collaboration avec les différentes unités d'affaires, pour les aider à s'améliorer à leur propre rythme. Mais cette situation n'était pas pour une Institutrice.

Je suis devenue déconcentrée. J'ai éparpillé mes ressources sur plusieurs initiatives et j'ai eu plusieurs petits projets en cours en même temps pour donner l'illusion du progrès. Mon équipe a senti mon manque d'intérêt et de priorité. Tout le monde était habitué à être « super engagé », en travaillant dur et amenant des résultats. Maintenant, ils ont eu du mal à obtenir la coopération des différentes unités d'affaires. Des réunions ont été annulées et personne ne suivait à travers les décisions. Le moral a commencé à diminuer assez rapidement et les conflits interservices ont commencé à éclater.

Je redoutais d'aller travailler. Mes journées commençaient à paraitre de plus en plus longues et j'avais hâte de rentrer à la maison le soir venu. Les Institutrices ne font pas bien dans un rôle de gestion opérationnelle pure. Sans un grand objectif, il est difficile pour les Institutrices de trouver la motivation pour faire la même chose jour après jour.

C'est peut-être un des aspects les plus importants de la recherche de profils de personnalité : l'orientation entraine la satisfaction. Les Comptables aiment regarder les couts, les Majordomes aiment servir, les Agentes aiment à jouer un rôle important, et les Institutrices aiment être constamment centrées.

Comprendre votre profil de personnalité vous permettra de trouver un rôle dans lequel vous pouvez réussir, un rôle où vous serez excités et motivés et où vous sentirez que vous apportez une contribution réelle. Que vous gériez un prestataire de service interne, travailliez dans une équipe ou soyez un soutien de première ligne, l'alignement est la clé.

L'Agente

Espérez l'incroyable

Weight Watcher est renommé pour son programme de perte de poids. Ils ont réussi à transformer quelque chose qui peut être vraiment compliqué en quelque chose de très simple : compter les calories. La plupart des gens ont du mal à perdre du poids non pas à cause d'un manque d'exercice (bien que ce soit un facteur), mais parce qu'ils mangent trop d'aliments d'un mauvais type. Toutefois, compter les calories, les protéines, les hydrates de carbone (glucides) et le gras dans la nourriture peut être très ardu. Weight Watchers a fait le travail d'avance pour ses membres et ils utilisent un simple système de point permettant de rendre facile le comptage des calories et donc, la planification des repas devient un jeu d'enfants.

Weight Watchers livre un très bon service à la clientèle. Ils offrent leurs services par le biais de différentes avenues (téléphone, Internet, groupes de rencontres, etc.). Ils sont au diapason des besoins de leurs membres et ils entrainent leurs employés de premières lignes à offrir un service excellent et constant. Le personnel est souvent lui-même une source d'expériences personnelles réussies des services et procure des encouragements avec le sourire.

Ce qui fait de Weight Watchers un grand agent est dû en majorité à leur objectif de permettre à leur membre de suivre une diète avec simplicité. La plupart des gens ont peu de temps et d'habilités à compter les calories et à planifier leurs repas. Weight Watchers a conçu des solutions simples pour y arriver. Ils comprennent que trop manger est un problème comportemental et ils offrent des groupes de support, des conseils et des guides pour aider les membres à perdre du poids.

Weight Watchers utilise leur expertise sur la perte de poids pour offrir un programme facile à suivre, en résolvant les problèmes avant qu'ils n'apparaissent. Ils permettent donc aux membres d'obtenir tous les bénéfices des experts, sans avoir à devoir devenir eux-mêmes des experts.

Pourquoi devenir une agente de travail pour Weight Watchers?

Les Weight Watcher sont de grands Agents, parce qu'ils ont permis à leurs membres de suivre une diète simplement. Ils offrent un bon service et ne tombent pas dans le piège de faire ressentir de la culpabilité à leurs clients face à leurs problèmes de poids.

Les diètes miracles vont et viennent, mais aucune n'est aussi simple à appliquer que le système de points établi par Weight Watchers. De plus, bien que les diététistes vous diront que ces points ne sont pas toujours constants, de façon générale, Weight Watchers offre un bon cadre de référence pour gérer la nutrition.

Pourquoi l'appeler une Agente?

Avez-vous déjà vu Jerry Maguire? Tom Cruise y joue un agent sportif qui quitte une grande compagnie, avec beaucoup de clients, pour démarrer sa propre compagnie et, dans le processus, il finit avec un seul client, mais devient le meilleur agent sportif de tous les temps. Il suit son client partout, le conseille, l'encadre et s'occupe de tout de façon à ce que son client puisse se concentrer sur ce qu'il fait de mieux : jouer au football.

J'ai basé cette famille sur un agent sportif exactement pour cette raison : l'agent permet aux usagers de se concentrer sur ce qu'ils font de mieux. Les Agentes sont les vraies partenaires de l'entreprise, parce qu'ils procurent conseils et encadrement, mais également parce qu'ils sont réceptifs aux besoins et requêtes du client.

Cela fonctionne tant et aussi longtemps que personne ne demande : « Montre-moi l'argent! »

L'Agente : une définition

L'Agente croit qu'elle peut amener la compagnie à devenir plus compétitive en servant mieux ses clients. Les Agentes croient qu'elles ont besoin d'être impliquées activement dans la majorité des initiatives de la compagnie pour avoir un impact majeur et bénéfique.

Leur orientation service élevée les aide à se bâtir une réputation solide auprès de leurs usagers. Ces derniers comprennent que les Agentes gèrent une entreprise comme le fait un fournisseur de services externes et qu'ils prennent chaque question et chaque demande au sérieux. L'Agente travaille également fort, dans le but de prévenir l'apparition de problèmes, investissant beaucoup dans un entretien proactif et des systèmes de diagnostics précoces.

L'orientation service élevée leur donne une perspective unique de l'entreprise. Les agentes ont une vision claire de la façon dont la compagnie pourrait fonctionner et s'en différencient. Elles voient les inefficiences et les problèmes interdépartementaux. Toutefois, contrairement aux Institutrices, les Agentes sont très flexibles dans leur approche. Elles savent comment utiliser chaque projet, initiative et interrogation de façon à les amener plus près de leur vision. Comme une championne d'échec, elles voient plusieurs mouvements possibles avant qui que ce soit d'autre, ce qui fait des Agentes une menace pour plusieurs cadres.

Traits

Avantages : Les 5 avantages compétitifs de l'Agente
- Ambitieuse : Elle a une forte volonté et l'ambition de réussir. Elle se voit comme le prochain PDG.
- Communicative : Encline à partager l'information volontiers. Elle tient toujours les gens au fait de ce qui se passe.
- Créative : Produit des idées originales, voire provocatrices. Elle trouve des solutions simples et élégantes à pratiquement tous les problèmes.
- Diplomatique : Elle use de tact et de sensibilité quand elle doit traiter avec les autres. Elle peut rallier les gens autour d'elle en adressant leurs besoins/préoccupations.
- Proactive : Anticipe et contrôle les issues. Dans un premier temps, prévient les problèmes avant qu'ils n'apparaissent.

Défis: Potentielles zones de faiblesses
- Rusée : Atteint ses buts en doublant. N'hésite pas à décevoir les gens dans le but d'atteindre leurs objectifs.
- Machiavélique : Sans scrupule dans l'avancement de leur carrière. Elles n'hésiteront pas à utiliser la scène politique pour servir leurs intérêts.

Où peut-on trouver l'Agente?

On peut trouver une Agente dans les industries qui comptent fortement sur des procédures, comme l'industrie financière, banquière, les assurances ou la santé. Les industries requérant un haut niveau d'innovation sont également des terrains fertiles pour les

Agentes, incluant les industries de haute technologie ou d'information.

Les Agentes sont également plus présentes dans les industries traditionnelles quand elles ont bâti leur influence avec succès et qu'elles sont devenues des joueuses importantes dans le monde de la gestion.

Solution : Vision globale, exécution locale

Les champions d'échecs ont une capacité impressionnante à anticiper les mouvements et à en évaluer les conséquences. Il n'est pas rare pour eux d'anticiper 10 ou 15 mouvements à partir de leur position actuelle, tout en analysant les possibles pièges et conséquences. Leurs mouvements sont étudiés avec soin, afin de les guider vers l'objectif désiré et éviter les pièges de leur adversaire.

Les Agentes sont similaires aux champions d'échec, puisqu'elles gardent constamment un œil sur le futur. Elles ont une bonne idée de ce à quoi il devrait ressembler et elles ont un plan pour y arriver. En outre, contrairement aux Institutrices, les Agentes sont très flexibles dans son exécution. Plutôt que d'imposer une vision et un plan rigide à tout le monde, les Agentes sont plus ouvertes et compréhensives dans la planification. En fait, les Agentes ne planifient pas trop loin l'avenir, préférant demeurer flexibles pour accommoder les besoins de l'entreprise, les demandes et les opportunités.

Toute initiative soutenue par l'Agente est dirigée vers sa vision. Si elle ne l'est pas, elles vont trouver une façon de la transformer. Les Agentes sont les maitres dans l'art d'organiser leur agenda avec ou contre les autres.

Les Institutrices aiment la fluidité et sont extrêmement flexibles. Elles n'hésitent pas à laisser tomber leurs plans élaborés avec soins si une meilleure solution existe. Elles vont changer les styles de gestion et les approches si quelque chose de mieux fait son apparition. Toutefois, elles ne dérogent jamais à leur vision ultime. Toutes les solutions, les outils et les initiatives des Institutrices sont comme des coups d'échec. Peu importe celui qu'ils choisissent, le but ultime est de vous mettre échec et mat.

Service : Merci d'avoir appelé, nous serons avec vous dans un instant

Il existe une très vieille histoire concernant les ascenseurs de l'*Empire State Building*. Les locataires se plaignaient qu'elles étaient trop lentes. Après plusieurs analyses, les ingénieurs ont déterminé qu'elles fonctionnaient comme il se doit et qu'ils ne pouvaient rien faire pour les accélérer. Un jeune ingénieur a eu l'idée d'ajouter des miroirs dans le hall des ascenseurs. Soudainement, les plaintes ont cessé. Le problème n'était pas la vitesse des ascenseurs, mais bien le fait que les locataires n'aient rien à faire en les attendant. Les miroirs leur donnaient l'occasion de replacer leurs cols et leurs cheveux, passant ainsi le temps d'attente.

Les Institutrices comprennent que les services qu'elles offrent comportent plusieurs facettes et elles les gèrent toutes. Pendant que les Majordomes sont heureux de travailler de plus en plus fort pour procurer un bon service, les Agentes sont plutôt axées sur la finalité, soit faire cesser les plaintes. L'Agente est le type d'organisation qui va chercher la solution la plus simple, comme installer des miroirs.

Les compagnies commerciales dans le domaine des services s'organisent pour être efficaces et réceptives envers leurs clients. Elles utilisent des outils et des procédés pour rendre le processus de support le plus aisé possible. En même temps, elles développent des méthodes pour aider les clients à s'aider eux-mêmes. Elles simplifient leurs produits, développent des portails de services autonomes et tiennent des forums de discussion avec des clients fortement engagés qui répondent aux questions des autres (gratuitement!). Elles travaillent également très dur pour devancer les attentes, ainsi, les clients sauront exactement à quoi s'attendre en termes de vitesse et de résolution.

Les Agentes utilisent la même approche dans leur propre service interne. Elles gèrent leur service exactement comme s'il s'agissait d'un service commercial. Dans plusieurs cas, les Agentes ont établi un degré d'acceptation de service avec leurs clients internes. La liste de leurs services et des performances visées sont établies et négociées avec leurs clients internes et sont ensuite utilisées pour suivre de près les performances et les rapports de variations. Cette gestion, semblable à une gestion commerciale de leurs services, les aide à se bâtir de la crédibilité et à offrir le bon niveau de service, sans plus, sans moins.

Ils passent également beaucoup de temps en assistance préventive. Les Agentes préfèrent de loin que personne n'appelle avec ses problèmes. Elles travaillent dur pour les empêcher de survenir, d'abord en sélectionnant le bon produit, en l'entretenant adéquatement et en installant un service d'alertes précoces. Il ne serait donc pas rare pour quelqu'un du support technique d'appeler un usager pour l'informer du fait qu'il faudra remplacer son ordinateur bientôt, puisqu'il a commencé à afficher des messages d'erreurs.

Peuple : Dites bonjour au nouveau PDG

Une expérience sur la chance a été menée par l'université de XXX. Ils ont demandé à différentes personnes si elles étaient généralement chanceuses dans la vie. Ensuite, elle leur a donné une tâche simple : ils devaient compter le nombre de photos dans un journal. Sur la page

XXX, il y avait une énorme photo sur laquelle il était inscrit : « Arrêtez de compter! Il y a 53 photos dans ce journal, rapportez cette information à l'expérimentateur. » Le point intéressant de l'étude est que la majorité des gens qui se considéraient comme chanceux ont vu cette photo et n'ont pas eu à toutes les compter, alors que la majorité des gens qui ne se percevaient pas comme chanceux ne l'ont pas vue et ils ont continué de compter jusqu'à la fin. La leçon qui ressort de cette étude est que les gens qui se perçoivent eux-mêmes comme chanceux sont peut-être tout simplement plus attentifs aux opportunités existantes. Celui qui ne cesse de regarder le trottoir ne verra jamais la belle blonde de l'autre côté de la rue qui le regarde. Les gens chanceux le sont parce qu'ils voient plus d'opportunités.

Les Agentes seraient considérées comme extrêmement chanceuses. Elles voient des opportunités partout. En fait, elles ne font pas que les voir, mais elles travaillent activement pour les créer. Elles utilisent la plupart des situations à leur avantage, afin de faire avancer leur propre plan.

Elles mettent également régulièrement les pieds en dehors de leur zone de responsabilité. Elles vont souvent se tailler un rôle comme bras droit du PDG, en s'occupant de projets classifiés et stratégiques qui étaient sous la responsabilité de ce dernier. Les Agentes seront également souvent désignées pour diriger des projets interdépartementaux.

Les Agentes sont souvent étiquetées comme étant machiavéliques. Elles s'emparent rapidement de la politique de toute organisation et adaptent leur propre style en accord avec elle. Elles savent sur quel bouton appuyer pour voir leurs initiatives approuvées et peuvent ainsi bloquer ceux qui se retrouvent sur leur chemin.

L'équipe de l'Agente est également très astucieuse. L'Agente n'est pas embarrassée d'engager des gens en provenance de différents industries ou secteurs pour avoir des aperçus neufs ou de nouvelles méthodes. Les Agentes appliquent leurs pratiques commerciales avec empressement suivant leur propre environnement. Par exemple, les Agentes ont été les premières à impliquer le rôle des relations d'affaires, un rôle de liaison entre le fournisseur de services interne et l'entreprise qui agit un peu comme un gestionnaire de compte commercial.

Travailler pour une Agente peut parfois être difficile. Celle-ci est hautement flexible et elle n'hésitera pas à changer d'orientation pendant la nuit, laissant les autres ramer pour garder la tête hors de l'eau.

Gouvernance : Voyons de quoi je suis capable.

J'ai déjà assisté à une réunion d'un comité de direction et l'un des participants a dit à la blague : « Alors M. l'Agent, quels projets avez-vous approuvés cette année? » Tout le monde s'est mis à rire parce que le sujet de la rencontre était précisément de prendre cette décision et que tous savaient que l'Agente avait déjà aligné les pièces de façon à ce que tout se termine selon un alignement particulier.

Les Agentes aiment promouvoir une certaine ligne de direction en créant des comités de direction comme mécanismes de gouvernance. Ces comités permettent à toute la compagnie d'évaluer les bénéfices relatifs de chaque initiative et de décider laquelle sera mise en place cette année. Ce procédé aide à développer un sentiment d'appartenance à l'entreprise quand ils voient leurs projets être comparés objectivement et évalués à leur mérite.

Mais bien sûr, les Agentes laissent rarement quelque chose au hasard. C'est pourquoi elles sont plus susceptibles de diriger les mécanismes de gouvernance eux-mêmes, s'assurant d'identifier, d'évaluer et de comparer les différentes initiatives sur la table. Les Agentes vont également promouvoir leur propre vision au reste de l'entreprise, allant même aussi loin qu'à demander aux différentes parties de l'entreprise de supporter ses propres initiatives. Les résultats finaux révèlent souvent une liste d'initiative qui est rarement différente de ce que l'Agente désirait au départ.

Les Agentes se laissent également un peu de latitude en n'allant pas au comité. Elles ont souvent des fonds secrets pour les urgences qu'elles utilisent pour acheter des faveurs au sein de l'entreprise.

Budget : Changer tout ce qu'on touche en or

Les Agentes semblent changer tout ce qu'elles touchent en or. Leur budget est rarement scruté, ou réduit, mais il semble toujours y avoir de l'argent disponible lorsqu'une nouvelle initiative émerge.

N'allez pas croire que les Agentes dépensent sans compter, au contraire. Elles gèrent leur budget étroitement, s'assurant que chaque somme d'argent soit allouée adéquatement. Pourtant, contrairement aux Comptables, elles ne sont pas dans une constante quête d'optimisation, se contentant d'être « suffisamment bonnes ».

Les Agentes comptent sur des points de repère en tant qu'indicateurs, afin de s'assurer que leur budget est adéquat. Cela leur permet de ne pas dépenser trop ou pas assez en services et opérations.

Les mesures de performance : Protéger leur réputation

Les Agentes comprennent que leur rôle en tant qu'agent de changement dépend de leur réputation comme fournisseur de service. Si elles ne peuvent pas fournir l'essentiel adéquatement, plus personne ne les prendra au sérieux. C'est pourquoi elles mesurent la performance des services sérieusement. Ceux-ci définissent un accord de niveau de service de façon à ce que les attentes des clients soient concordantes avec la performance de leurs services.

Alors que la plupart des compagnies vont rapporter des performances telles que « Nous avons répondu à 90% de toutes les demandes en trois jours », l'Agente y jettera un regard différent. Elle dira plutôt : « Nous avons atteint nos objectifs de service avec succès », ce qui peut être défini dans l'accord de niveau de service comme étant réussi à 90%. Légère nuance, mais qui fait toute la différence du monde. Les Agentes ne tentent pas de compléter tous les services, mais plutôt d'atteindre leurs cibles.

Les Agentes tentent également de mesurer leur contribution à l'entreprise, ce qui est généralement mesuré par leur niveau d'influence. Il peut être qualitatif, comme le nombre de projets majeurs qu'elles ont dirigés, comparativement au reste de l'organisation, ou le nombre d'actionnaires qui les soutiennent. Il peut également être quantitatif, comme le retour des investissements sur leurs projets ou l'impact qu'ils ont sur la performance de l'entreprise.

Toutefois, il y a un aspect que les Agentes aiment comparer à tout le monde : est-ce que les choses tournent autour d'elles? Elles aiment être en contrôle et si elles sentent que l'organisation dépend entièrement d'eux, elles savent qu'elles réussissent.

Stratégies

L'Agente est une force de la nature. Elle se sent aussi à l'aise dans son univers hyper-spécialisé que dans l'industrie dont font partie ses clients et peut impressionner n'importe qui au cours d'une conversation. Très flexible, elle n'hésite pas à changer de stratégie en cours de route pour s'adapter à de nouvelles situations ou évènements. Son intelligence, ses habilités à planifier et sa connaissance de la politique peuvent faire d'elle une alliée puissante, mais également une menace pour plusieurs cadres, spécialement ceux qui ne s'entendent pas avec elle. Nous verrons trois stratégies pour aider l'Institutrice dans sa quête de la domination du monde.

1. Bâtir la confiance

La force de l'Agente provient de son rôle au sein de l'entreprise. Ses aptitudes uniques et ses habiletés font d'elle un choix solide pour diriger n'importe quelle initiative importante. Or, ce rôle peut rapidement devenir une menace pour les autres. Il n'est pas inhabituel de voir les cadres d'une entreprise essayer de ramener les agentes dans les tréfonds de leur service interne.

La confiance est bâtie sur des comportements constants, une chose difficile pour nos Agentes ultras flexibles. Ils peuvent y arriver en faisant un travail plus rigide qui deviendra prévisible. Les clients aiment la prévisibilité et peu importe ce que l'Agente peut faire pour devenir prévisible sera bien reçu.

Les Agentes peuvent également nourrir la confiance en ayant une planification et un horaire très explicites pour chaque personne concernée. Certains cadres peuvent percevoir l'Agente la mieux intentionnée comme étant machiavélique. En montrant ses cartes, l'Agente peut empêcher les gens de supposer le pire.

2. Gérer la performance

L'agente est souvent à l'extérieur pour un nouveau et excitant projet interdépartemental ou pour diriger un exercice de planification stratégique. Toutefois, ce temps passé hors de la direction des opérations peut avoir quelques conséquences, soit la diminution de la qualité du service. Les Agentes ont constamment besoin de garder un œil sur la performance opérationnelle de leur service, puisqu'il s'agit de la mécanique de confiance entretenue par l'entreprise. Sans l'excellence opérationnelle, l'Agente perdra toute sa crédibilité.

La gestion de la performance commence avec des mesures. Avoir les bonnes mesures pour suivre de près les processus basés sur la performance (le travail fait) et sur les résultats (le fruit de ce travail) est essentiel pour s'assurer que tout est en contrôle.

Communiquer cette performance est également important pour prévenir activement les détracteurs d'utiliser les problèmes à un moment précis du travail pour sous-estimer la performance de l'Agente. À mesure que les Agentes deviennent plus influentes, on voit cette relation évoluer différemment, car elles se voient comme étant supérieures à tous les autres et donc, ne voient plus la nécessité de démontrer leur performance.

3. Éduquer les autres

La flexibilité de l'Agente peut être déconcertante pour la plupart des gens. Ce n'est pas tout le monde qui peut comprendre qu'une personne change ses plans dramatiquement en plein milieu de leur exécution. Cette façon de faire peut amener les gens à penser que l'Agente n'a pas d'objectifs clairs, ou qu'elle n'a pas vraiment de plan, et qu'elle improvise en cours de route.

L'Agente a besoin de démontrer que ses objectifs n'ont pas changé, mais seulement la stratégie pour les atteindre. De plus, chaque stratégie comporte ses avantages et ses risques. L'Agente doit communiquer clairement les risques qu'impliquent un changement de stratégie et l'adoption d'une nouvelle à ce stade de l'initiative. Alors que l'Agente peut être très confortable avec le niveau de risque encouru, ce n'est pas tout le monde qui partage son avis.

Travailler pour l'Agente

Travailler pour une Agente nécessite un grand sens de l'autonomie. Il n'est pas surprenant de voir l'Agente disparaitre pour plusieurs jours ou mêmes semaines à la fois, travaillant sur un projet spécial pour le PDG ou tentant une nouvelle initiative par elle-même. Or, pendant qu'elle est absente, elle s'attend à ce que les choses continuent sans accro. L'Agente passe un certain temps et certaines ressources à développer un processus afin de faciliter la livraison du service et elle s'attend à ce que les gens le suivent, peu importe qu'elle soit présente ou non. Même si elle aime les risques et qu'elle est très tolérante envers les grandes erreurs, elle ne tolère pas les petites. Elle s'attend à ce que tout le monde soit aussi professionnel qu'elle en tout temps. Nous avons identifié trois stratégies pour bâtir une bonne relation avec une Agente.

1. Se soucier du bon fonctionnement de la routine

Les Agentes ont un pied dans leur département et l'autre dans l'entreprise. Il n'est pas habituel pour elle de prendre un projet externe, comme de la planification d'entreprise. Pendant qu'elles sont occupées avec ces initiatives, elles ont besoin d'être rassurées en sachant que quelqu'un tient le fort pour elles.

S'occuper du bon fonctionnement de la routine signifie de gérer notre service de manière proactive et de façon à ce que les problèmes et les crises soient détectés et gérés dès leur apparition. Ainsi, il s'agira simplement de garder les Agentes dans le rythme en les informant distinctement des étapes de résolutions que vous adoptez. Les Agentes attendent de vous que vous preniez les décisions pendant qu'elles sont absentes en suivant les mêmes principes qu'elles. Elles aiment lorsque les gens prennent des initiatives et elles préfèrent vous voir prendre une mauvaise décision que pas de décision du tout.

2. Comprendre l'entreprise

Uniquement comprendre votre domaine d'expertise n'est pas suffisant pour l'Agente. Elle s'attend à ce que tous ses employés comprennent l'entreprise et soient capable de prédire les conséquences de n'importe qu'elle décision ou opération. Elle utilise souvent du vocabulaire plus près de celui de l'entreprise que de sa propre expertise et elle veut que vous fassiez de même.

L'Agente a peu de patience pour tout expliquer encore et encore à son personnel. Elle veut que vous soyez autonome et que vous accomplissiez vos devoirs. Un bon moyen d'impressionner l'Agente est de passer du temps à observer des postes clés dans l'organisation. Passer du temps avec l'équipe du service à la clientèle, celle des ventes ou celle de l'assemblage. Tâchez de comprendre comment l'entreprise opère réellement, ce qui fonctionne ou non. Plus vous serez au fait de ce qui se passe sur le terrain, plus vous aurez de la valeur aux yeux de l'Agente, à tel point qu'elle se tournera systématiquement vers vous pour valider un plan ou une décision.

3. Ne vous placez pas dans son chemin

Tout comme un champion d'échecs, les Agentes anticipent leurs mouvements et leurs conséquences. Il serait facile de mettre en péril leur plan en interprétant mal une directive ou une action. Par exemple, ce n'est peut-être pas le moment d'entrer en conflit avec le département des ventes si l'Agente essaie de les séduire, afin qu'il se joigne à une nouvelle initiative.

De façon générale, l'Agente a peu de tolérance pour ceux qui s'immiscent dans leur partie d'échecs, un peu comme un chien sur une allée de quilles. Lors d'une réunion, par exemple, clarifiez toujours le rôle que l'Agente aimerait vous voir endosser et quelles informations elle est prête à vous divulguer. Si des clients vous posent des questions et que vous n'êtes pas certain des réponses, attendez jusqu'à ce que vous pussiez confirmer avec elle, afin d'éviter de révéler les plans de l'Agente à l'avance.

L'Indécis

Imaginez faire la rencontre d'une nouvelle connaissance. La personne est amicale et extravertie. La conversation est fluide et c'est un plaisir de discuter avec elle. Vous finissez par partager des histoires pendant près d'une heure. Le lendemain, vous retombez sur cette personne. Excitée à l'idée de discuter à nouveau avec elle, vous engagez la conversation, mais cette fois, elle est froide, distante et ennuyeuse. Le samedi suivant, cette personne vous appelle pour aller manger avec elle. Quelle est votre réaction? Y allez-vous? Les chances sont plutôt que vous trouverez une excuse polie pour vous en débarrasser. La plupart des gens sont prévisibles et avoir à gérer une personne qui ne l'est pas peut être déstabilisant et inconfortable.

L'Indécis ne fait pas vraiment partie de la famille. En fait, il s'agit plutôt de la conséquence d'un fournisseur de service interne qui ne se comporte pas selon les termes d'une famille spécifique. Parfois, il se comportera comme une Institutrice, parfois comme une Comptable et d'autres fois, comme un Majordome (mais rarement comme un Agent).

L'Indécis a deux problèmes majeurs :

1. Comportement inconstant. Une journée, l'Indécis peut offrir un excellent service à la clientèle et la suivante, une nouvelle priorité arrive et le service prend le bord de la fenêtre. Ce comportement inconstant est un moyen certain de tuer la relation de confiance qu'il a avec les usagers. Dans une relation de service, il est crucial d'être prévisible, ainsi les utilisateurs peuvent vous faire confiance.

Toutefois, être imprévisible détruit toute chance de construire une relation.

Un comportement inconstant peut également provenir de différents membres de l'équipe. Un individu peut être très centré sur le client, alors que l'autre est d'abord focalisé sur le budget. Quand un client fait affaire avec chacun séparément, il ne sait pas lequel représente le plus fidèlement la personnalité du département.

2. Dire une chose et agir différemment. L'Indécis dira que la satisfaction des clients est importante pour eux (comme le Majordome). Pourtant, dans leur comportement quotidien, ils focuseront sur le contrôle des couts comme le Comptable. C'est très frustrant pour leurs usagers, parce qu'ils se voient promettre une chose et voient complètement autre chose. En outre, ce comportement est très embêtant pour leur personnel, puisqu'ils ne savent pas comment agir. Est-ce qu'ils devraient faire ce qu'ils disent ou ce qu'ils font? Comme nous l'avons vu précédemment, ce qui intéresse mon patron me fascine.

En essayant de plaire à tous, on ne plaît à personne
Alors qu'il n'y a ni bonne ni mauvaise famille, être indécis est mauvais. Les clients ne savent pas à quoi s'attendre de ce genre de personnes (un facteur clé de leur satisfaction) et le personnel ne sait pas comment se comporter. Il s'en suit de la confusion et une mauvaise communication dans tout.

La seule façon de se sortir de ce cycle est de se recentrer, typiquement en se concentrant sur un profil de personnalité. En se focalisant sur un rôle et en le faisant bien, le fournisseur de services interne peut définir des objectifs et reconstruire sa crédibilité auprès des clients.

Jusqu'à maintenant, nous avons soulevé l'importance pour le fournisseur de services internes d'engendrer la confiance par le biais de la satisfaction de leurs clients, le facteur qui influence le rôle d'un FSI (l'orientation de l'entreprise et du service) et les quatre différents profils de personnalité (Comptable, Majordome, Institutrice et Agente) qui proviennent des deux dimensions.

Maintenant que vous comprenez un peu mieux ces personnalités, nous allons aborder comment vous pouvez bâtir un lien solide avec l'entreprise.

Nous allons considérer un plan en trois phases, en commençant par construire notre crédibilité en s'assurant de ne rien faire qui pourrait briser le lien de confiance (comme fournir un mauvais service). Nous discuterons des trois types d'alignements (équipe, vision, entreprise) et finalement, nous verrons des moyens de devenir de vrais partenaires stratégiques.

Sur notre parcours, nous verrons ce que les diététistes qui réussissent font de différent et pourquoi 63% des gens qui divorcent sont surpris par la décision de leur partenaire.

Prêts?

Partie 3. Le plan d'action

Dans la première partie, nous avons vu comment le rôle d'un fournisseur de service international évolue et l'importance de la satisfaction des usagers. Dans la deuxième partie, nous avons appris au sujet des différents profils de personnalité des fournisseurs de services internes. Maintenant, nous commencerons à développer notre plan pour démontrer la valeur de notre entreprise.

Construire des partenariats

Quand j'étais un PDG, l'un de mes fournisseurs m'a contacté pour planifier une rencontre, puisqu'il avait des nouvelles excitantes à me partager. Bien sûr, j'ai fait la rencontre avec le vendeur qui était très enthousiaste de m'informer que ma compagnie était l'un de ses plus importants clients et qu'en tant que tels, ils aimeraient que l'on devienne partenaires.

Je pouvais affirmer que ce vendeur revenait tout juste d'un séminaire de vente affirmant l'importance pour les gens dans la vente de cesser de vendre et de commencer à bâtir des relations de partenariat. Il utilisait plein d'expression à la mode et me parlait de visions dans lesquelles il me montrait comment il pouvait aider notre compagnie à croitre et à dominer dans son industrie.

Ainsi, ayant moi-même été consultant en gestion pendant 10 ans, je n'ai pas pu m'empêcher de lui demander en quoi consisterait un partenariat avec lui. Mon personnel a pu constater à ce moment que ma question était tendancieuse et ils ont eu du mal à s'empêcher de rire. Le vendeur a commencé à m'expliquer qu'il viendrait à nos réunions stratégiques, contribuant par ses idées et son expertise de notre industrie, et nous aidant à nous orienter dans la bonne direction. Il faut garder en tête que je travaillais pour une compagnie de transformation, une entreprise qui se spécialise dans la transformation des carcasses en nourriture pour animaux. Peu de gens en dehors de l'industrie en ont une quelconque expertise (ou même un quelconque intérêt).

C'est à partir de ce point que ça a commencé à dégénérer. En quelques phrases que je n'écrirai pas, je lui ai fait comprendre qu'avant de penser à devenir un « partenaire stratégique », il devrait d'abord se soucier d'être un « fournisseur décent ». Ses services n'étaient pas à leur meilleur, et manquaient plutôt de constance. Ses factures étaient truffées d'erreurs, nous forçant à les examiner une à une au microscope. Son personnel était loin d'être le meilleur et il ne comprenait rien du tout à notre industrie.

Le même phénomène se produit avec les fournisseurs de services internes. Ils commencent à planifier des réunions avec leurs clients internes, leur annonçant comment ils ont l'intention de devenir leur partenaire stratégique. Ils commencent un processus de planification stratégique, à rassembler ce dont ils ont besoin et à développer des plans d'exécution. Ensuite, les choses s'arrêtent, non pas parce que ces fournisseurs ne sont pas enthousiastes de devenir partenaires, loin de là, mais parce que leurs clients ne les trouvent pas suffisamment crédibles. « Commencez par livrer un service constant, ensuite on en reparlera ».

Nous allons maintenant voir comment les fournisseurs de services internes peuvent monter leur crédibilité pour atteindre ce statut de partenaire.

Trois étapes pour votre plan d'attaque

Plan de création à valeur accélérée :
- Étape 1. Fournir l'Essentiel
- Étape 2. Gérer les objectifs
- Étape 3. Démontrer la valeur

Dans mes classes et ateliers, j'ai développé une évaluation compréhensive et un plan d'exécution pour les fournisseurs de services internes.

Cependant, puisque nous ne sommes pas en contact personnellement, ce livre vous donnera les outils dont vous avez besoin pour commencer. Cette section est « bourrage de crâne rapide » condensé et destiné à être utilisé par vous et votre équipe.

Chaque étape est conçue pour être complétée en ordre, puisqu'elles sont dépendantes les unes des autres. Il n'y a pas lieu de diriger votre équipe vers les objectifs si vous avez encore du mal à fournir les bases et honnêtement, personne ne voudra être votre partenaire si vous avez constamment des crises à gérer.

Avant de commencer, vous devez comprendre que ce n'est pas seulement un projet. Cela implique de changer vos habitudes quotidiennes et de faire de vos usagers une priorité dans tout ce que vous faites. J'aime utiliser l'analogie de la perte de poids. Perdre du poids est extrêmement simple : manger moins et faire plus d'exercice. En même temps, perdre du poids est aussi extrêmement difficile, car ça implique de changer des habitudes quotidiennes ancrées depuis des années : Qu'est-ce que vous voulez dire pas de croustilles en regardant la télé, est-vous cinglé? Et de mettre un frein à nos impulsions. En outre, nous ne vous demandons pas de perdre du poids ici, mais de garder en tête les efforts qui seront requis.

La discussion, les exemples et les recommandations qui vont suivre vous aideront vous et votre équipe à vous lancer dans une journée productive. Premièrement, nous regarderons comment bâtir votre crédibilité en fournissant l'Essentiel.

Étape 1. Fournir l'Essentiel

Combien êtes-vous crédible comme fournisseur de services?

Nous avons vu comment les différents profils de personnalité ont un impact et comment ils sont perçus par les usagers et l'organisation, mais l'une des choses cruciales dont nous avons négligé de discuter est la qualité du service.

Dans chacun des profils (Comptable, Majordome, Institutrice ou Agente), nous avons toujours assumé un fait : ils sont tous des fournisseurs de services compétents. Oui, la compétence et l'attitude envers la fourniture de service changent d'un profil à l'autre, mais chacun d'entre eux fournit un bon service.

Même le Comptable, celui que nous avons décrit comme le profil étant le moins axé sur le service et l'orientation de l'entreprise, fournis un bon service.

Dans cette section, nous verrons que de livrer un bon service (ce qu'on appelle l'Essentiel) est crucial pour monter un partenariat et démontrer la valeur.

Nous regarderons la hiérarchie des valeurs des fournisseurs de services internes. Nous passerons en revue le cycle de vie d'un usager, soit les étapes à travers desquelles il doit passer lorsqu'il utilise vos services. Nous verrons également l'importance des indicateurs de performance, autant comme outil diagnostique que comme conducteur, et finalement, nous parlerons des différents types d'utilisateurs.

La hiérarchie des besoins

Êtes-vous au même niveau?

Nous avons déjà abordé la pyramide des besoins de Maslow. En résumé, ce que ce dernier affirme, c'est qu'il y a cinq catégories de besoins et qu'elles sont assemblées comme une pyramide. Vous ne pouvez combler un besoin supérieur tant et aussi longtemps que les besoins de base ne sont pas comblés.

Les cinq catégories de besoin sont :
- Physiologiques : Manger, dormir.
- Sécurité : Posséder un abri, être protégé des éléments et des menaces.
- Sentiment d'appartenance : Appartenir à un groupe, être accepté (famille).
- Estime de soi : Se développer une estime de soi.
- Auto-actualisation : Être le meilleur possible, faire une différence.

En outre, imaginez pour une minute que vous veniez de perdre votre maison à cause d'un terrible incendie. Tout ce que vous chérissez a été perdu. Soudainement, vous êtes passé d'un individu se situant à l'étape 3 ou 4 (peut-être même 5) à l'étape 1 ou 2. Où allez-vous dormir? Comment allez-vous faire pour défrayer les couts de remplacement de vos possessions?

À ce moment précis, ce ne serait certainement pas un bon moment pour quelqu'un de vous approcher et de vous proposer de prendre des leçons d'espagnol. Même si j'ai les meilleurs arguments de vente, vous ne serez pas dans le bon état d'esprit pour les entendre. Vos besoins essentiels ne seraient pas comblés et ce besoin aurait préséance sur tous les autres. Alors, en quoi est-ce relié à la satisfaction des utilisateurs ?

La hiérarchie des valeurs des fournisseurs de services internes

Il existe un concept similaire, soit la hiérarchie des valeurs des fournisseurs de services internes. Les usagers ont cinq catégories de besoins, toutes construites les unes sur les autres (comme la pyramide de Maslow). Elles sont :

- L'accessibilité : J'ai accès à des ressources informatiques de base.
- Fiabilité et sécurité : L'infrastructure est sécuritaire et disponible lorsque j'en ai besoin.
- L'intégration : Les données sont accessibles de partout et faciles d'utilisation.
- Transformation : Quand cela procure un avantage stratégique à la compagnie.
- Changement de paradigme : Ça renverse complètement la compagnie.

Quand nous les plaçons côte à côte, nous réalisons que les deux hiérarchies sont très similaires. Le premier niveau concerne l'accessibilité aux services. Sans services, il ne sert à rien de penser à aller plus loin. Si je ne possède pas un ordinateur décent avec une connexion Internet et le bon logiciel, les chances seront que je ne pourrai pas faire mon travail convenablement. Le même constat est également vrai pour les technologies mobiles si je voyage souvent ou que je travaille sur la route. Elles sont maintenant considérées comme essentielles pour faire mon travail.

Sur le second niveau, les infrastructures doivent être fiables et sécuritaires. Si j'ai accès à un ordinateur, mais qu'il cesse de fonctionner constamment et que je ne peux pas m'y fier, alors je ne serai pas intéressée à connaitre toutes les choses qu'il peut accomplir pour moi et mon entreprise. Je ne l'utiliserai que lorsque je pourrai m'y fier. Si c'était une voiture et que je ne pouvais pas m'y fier pour me transporter d'une ville à l'autre, il y a peu de chance que je l'utilise. Je prendrai alors l'autobus ou le train. Si le concessionnaire de cette voiture m'appelle pour m'installer de nouveaux sièges de cuir, ma première réaction serait : « Répare ma voiture, je ne peux pas lui faire confiance maintenant, je ne peux en tirer aucune valeur ».

Le troisième niveau concerne l'accessibilité aux données. Une fois que les niveaux 1 et 2 sont comblés, alors je voudrai avoir accès aux informations à un endroit pratique et être en mesure de pouvoir analyser et utiliser ces données de façon constante. Si je dois aller dans trois différents systèmes pour connaitre le statut d'un client ou d'une commande, alors je ne serai pas en train de me demander comment le système peut m'aider à agrandir mon entreprise, puisque je me demande encore comment je pourrais obtenir toutes ces données au même endroit (Excel peut-être?) et leur donner un sens. Ma priorité numéro un est de simplifier.

Le quatrième niveau est celui à partir duquel on peut parler de partenariat. Comme utilisateur, j'ai une connexion (niveau 1), l'environnement est fiable (niveau 2) et les données sont facilement accessibles (niveau 3). Avec ces niveaux en place, je suis disposé à voir comment je peux les utiliser pour diriger ma société différemment. Maintenant, la technologie d'information a une chance d'être perçue comme une partenaire. Avant que ces niveaux de base ne soient comblés, discuter de partenariat est simplement une perte de temps.

Partir avant le signal de départ

Si je n'ai pas une connexion de base, je suis au niveau 1, il n'y a pas lieu pour quelqu'un de me parler de sécurité des données (niveau 2). Ma première réaction serait « Avant de se soucier qu'une tierce personne ait accès à mes données, commençons par nous soucier du fait que j'y aie moi-même accès ». Nous ne sommes pas au même niveau. Et si quelqu'un vient me parler de comment il aimerait être un partenaire de mon entreprise, ma première réaction serait « Vous n'avez toujours pas atteint les besoins essentiels, comment pouvez-vous parler de partenariat? ».

Pourtant, après le passage en revue de centaines de plans stratégiques, nous avons constaté que la proposition de devenir un partenaire est un thème récurrent dans les technologies de l'information. Tout le monde veut aider l'entreprise à se transformer et jouer un rôle actif dans sa stratégie d'affaires. En outre, nous avons constaté que la plupart des utilisateurs n'ont pas l'impression d'avoir dépassé les niveaux 1 ou 2 encore. Aider l'entreprise à se transformer est un accomplissement qu'on entreprend au niveau 4. Il y a un écart important ici. Selon la perspective des usagers, les technologies de l'information ne semblent pas comprendre quoi que ce soit à leur situation. Ma maison est en train de bruler et ils veulent me vendre une assurance incendie? Comment peuvent-ils être autant sur la touche?

Par ailleurs, il est important pour la technologie d'information de comprendre à quel niveau les clients se situent eux-mêmes. De plus, il va de soi que le niveau des utilisateurs changera au fil du temps. Quelqu'un peut avoir été au niveau 4, prêt à discuter afin de savoir comment la technologie d'information changera tout dans son entreprise. Or, soudainement, les tablettes font leur apparition et il se retrouve une fois de plus au niveau 1. Il voudra avoir des tablettes et les connecter, alors il pourra les utiliser sur la route. La technologie d'information doit être constamment au fait de la position des clients, alors elle pourra adapter son propre discours.

Une cible en mouvement

Fournir l'Essentiel n'est pas une tâche facile. Elle requiert d'avoir une compréhension solide de ce dont les utilisateurs ont réellement besoin et d'avoir les bonnes personnes, processus et outils pour combler ces besoins. Ce concept en soi est suffisant pour garder les dirigeants de fournisseurs de services internes occupés à temps plein. Mais bien sûr, ce n'est pas encore assez difficile.

L'Essentiel change avec le temps. Les besoins évoluent. Les utilisateurs ont besoin de nouveaux services, de plus longues heures de services, de nouveaux outils. Alors que les usagers étaient parfaitement heureux de posséder un ordinateur de bureau il y a 10 ans, ils ont maintenant besoin d'un nouvel ordinateur portable, d'un iPad et d'un iPhone. Ce qui était alors considéré comme l'Essentiel et maintenant complètement dépassé.

Heureusement, certains besoins disparaissent aussi. Nous avons tendance à croire que les services doivent toujours devenir meilleurs et plus rapides, mais la réalité est que certains services deviennent souvent obsolètes à travers le temps. Un fournisseur de services internes astucieux se concentrera sur ces deux tendances pour garder son budget stable (et sa santé mentale) en éliminant les services qui ne sont plus requis.

Plan d'action

- Identifier ce qui constitue l'Essentiel pour vos services et les valider avec vos usagers.
- Évaluez si vos utilisateurs croient que l'Essentiel est atteint (par le moyen de sondages, par exemple).
- Continuer de faire le suivi de la satisfaction au fil du temps.

Ce qui est mesuré est fait

La perte de poids est un problème intéressant (excepté pour les gens qui y font face). Elle est intéressante parce qu'elle représente un équilibre quotidien entre différents comportements.

Habitudes quotidiennes

Les gens aux prises avec des problèmes de poids ont du mal à les gérer avec succès, parce qu'ils requièrent d'eux de faire tout ce qu'ils ont toujours fait, mais avec un meilleur contrôle de soi. Ils avaient l'habitude de manger beaucoup, maintenant ils doivent manger de plus petites portions. Ils mangeaient du dessert, maintenant ils doivent s'en passer. Ils avaient l'habitude d'ingurgiter de la délicieuse nourriture grasse, maintenant ils doivent manger de la nourriture fade, mais nutritive. Ils doivent combattre tous les jours, à chaque repas. Ils doivent également jongler avec des contraintes de temps, comme tout le monde. Il est bien plus facile de prendre un repas au service à l'auto que d'en cuisiner un décent.

Ainsi, non seulement ils doivent se battre contre leur nature et leurs habitudes, mais également contre des facteurs externes, comme les contraintes de temps, l'effort, etc.

Il n'est donc pas surprenant qu'une personne sur trois ayant réussi à perdre du poids le reprenne.

Ce que démontrent les recherches

Une étude dans L'Académie de Nutrition et de Diététique montre les caractéristiques de gens sur une diète qui ont réussi non seulement à perdre du poids, mais à garder leur poids stable ensuite. Ils ont retrouvé des gens ayant perdu une masse significative sur un an et leur ont demandé quels étaient leurs comportements et habitudes. Le but de cette étude était de trouver les caractéristiques des gens qui ont maintenu leur perte de poids versus ceux qui ont repris les kilos perdus.

Sur les six caractéristiques identifiées, la pesée quotidienne était l'une des plus importantes. Pour ceux qui ont repris du poids, la plupart affirment éviter la balance par honte ou déni, ou parce qu'ils savaient qu'elle apporterait de mauvaises nouvelles. Monter sur la balance était un rappel constant de leur incapacité à garder un poids stable.

Maintenant, gardons en tête que ces gens, pour perdre du poids, ont mis une énorme quantité de temps, d'énergie et fait beaucoup de sacrifices. En soi, il s'agissait d'un accomplissement. Pourtant, la plupart d'entre eux sont retournés à leurs vieilles habitudes (et leur ancien poids).

Une habitude quotidienne requiert un retour d'information

Pourquoi cela? Se peser chaque jour nous fournit une chose essentielle pour gérer un comportement : un retour d'information.

Sans cette mise au point, il devient très difficile de valider si nos comportements quotidiens nous gardent dans le droit chemin ou non. Il est très facile de trop manger, sauter une session d'entrainement ou de regarder la télévision au lieu d'aller prendre une marche.

Toutefois, de savoir que demain matin, vous aurez à monter sur la balance est une puissante motivation. Soudainement, il devient plus facile d'éviter une seconde portion de dessert.

La pire façon de se réveiller

Tous les matins je me lève et me dirige vers la balance et il me semble qu'il s'agit de la pire façon de se réveiller. Chaque fois, j'ai un peu d'anxiété. Est-ce qu'il aura augmenté, baissé ou sera-t-il resté le même? Bien sûr, j'en ai déjà une bonne idée. Je sais ce que j'ai mangé et combien d'exercice j'ai fait la veille. Il aura augmenté, jusqu'à ce que j'aie le vrai résultat. Ainsi, il s'agit d'une glorieuse façon de me réveiller (J'ai perdu 2 livres!) ou simplement un rappel que je dois faire attention aujourd'hui (J'ai pris 2 livres). Dans les deux cas, ce n'est pas un gros problème. En effet, combien de poids une personne peut-être gagner en une seule journée?

Or, pour un certain temps, j'oublierai ou je serai incapable de me peser pour quelques jours, comme lorsque je voyage. Il s'agit des meilleurs jours. Des matins sans soucis. Je me réveille et je ne ressens pas ce petit stress.

Mais bien sûr, cela se reflète pendant la journée. Je mangerai sans remords des collations tout au long de la journée. Je mangerai un dessert (ce que je n'aurais vraiment pas dû faire). De plus, peut-être que je prendrai les choses de façon un peu plus relaxe pendant mon workout, arrêter un peu plus tôt (parce que j'ai des choses à faire, bien sûr...) et par-dessus tout, je serai juste un peu plus lâche.

Malheureusement, à un moment, je dois remonter sur la balance. Cette fois, définitivement augmentée. Du coup, je suis tentée de ne plus monter sur la balance. Et si je prenais 5 livres? Et si j'en prenais 10? Aussi longtemps que je ne monte pas sur cette balance, cela n'arrivera pas. Ce n'est pourtant pas réel. Je devrai vivre avec les résultats.

Cela prend du courage pour se peser. Or, ça en prend beaucoup moins pour le faire chaque jour, puisque les variations sont beaucoup moins brutales.

Dans ce chapitre, nous verrons que l'évaluation est une partie critique de la gestion de la satisfaction des clients. Mais premièrement, jetons un regard sur les gens au régime et comment ils réussissent à perdre du poids et à maintenir ensuite leur nouveau poids.

Les mesures annuelles ne sont pas efficaces

Retournons à notre exemple de perte de poids. Imaginez que vous ne montiez sur la balance qu'une seule fois par an, en janvier. Vous vous affamerez durant une semaine avant, croiserez vos doigts et monterez sur celle balance poussiéreuse. Premièrement, il s'agira d'une grande période de stress, puisque vous résumerez les efforts de toute une année en un seul évènement.

Or, mauvaise nouvelle, vous avez pris du poids. D'accord, ce n'est pas un gros problème, l'an dernier vous aviez jeûné deux semaines avant de vous peser. De plus, vous étiez malade, alors peut-être que cela vous avait aidé un peu à perdre du poids. De plus, cette année, vous avez eu beaucoup plus de réception pendant les Fêtes, alors peut-être que c'est ce qui vous a nui.

Vous pourriez trouver plusieurs raisons pour rationaliser cette hausse de poids qui n'auraient rien à voir avec vos actions et vos stratégies pour perdre du poids.

Pas de vision à long terme

La même chose se produit avec les sondages de satisfaction. Si vous avez déjà été à la première réunion suivant un sondage de satisfaction annuel et ses résultats, vous savez que c'est quelque chose à voir. Les directeurs et vice-présidents s'assoyant ensemble, regardant les chiffres et passant par les cinq étapes du deuil :

1. Le déni : « Ces chiffres semblent incorrects, est-ce que ce sondage est statistiquement valide? »
2. La colère: « Je vous avais dit que nous n'aurions pas dû faire ce projet en novembre, c'est tout ce dont les gens se sont souvenus dans le sondage! »

3. La négociation : « Et si on retire le groupe des ressources humaines du sondage, est-ce que ça améliore les chiffres ? »
4. La dépression : » Ces utilisateurs sont impossibles à satisfaire, nous ne faisons que perdre notre temps et nos efforts à essayer de le faire. »
5. L'acceptation : « Bon d'accord, ça veut dire ce que ça veut dire. Nous essayerons de faire mieux l'an prochain ».

Ce qui finit par arriver, c'est qu'il y a beaucoup d'activités pour environ un mois. Tout le monde parle de la « voix du consommateur », d'être « orienté sur le service » et de faire les choses « comme il faut du premier coup ». Et puis, le premier budget trimestriel arrive avec ses chiffres et tout le monde oublie ce qui avait été dit au sujet de la satisfaction. Enfin, jusqu'à l'année suivante, où le cycle recommence.

Stratégie d'évaluation

Le deuxième problème avec les mesures annuelles est qu'il est impossible de déterminer ce qui augmente le degré de satisfaction. Une multitude de choses peuvent se produire au cours de l'année et avoir à la fois des impacts positifs et négatifs sur la satisfaction. Un projet visant à améliorer les stations de travail ne s'est pas déroulé aussi bien que prévu, une nouvelle application améliore la productivité, le nouveau personnel du soutien technique tarde à devenir aussi rapide que prévu. Lequel de ces facteurs a eu un réel impact ?

Avec des sondages annuels, il est impossible de le savoir. Tous ces facteurs ont été mélangés pour faire un gros chiffre reflétant la satisfaction. En outre, le problème avec les utilisateurs est qu'ils ont tendance à accorder beaucoup d'importance aux interactions les plus récentes. Ainsi, si un projet ou un service a diminué dans les derniers mois, il y a de fortes chances qu'il ait un impact significatif sur les chiffres.

Par ailleurs, mesurer le succès de chaque élément dans son individualité selon une stratégie de satisfaction devient impossible. Cela oblige les cadres à « deviner » lesquels ont été efficaces ou non.

Les gens sont dominés par les mesures d'efficacité

Retournons à notre exemple sur la perte de poids. Nous avons vu que les gens sont conduits par les mesures d'efficacité. Elles les aident à régler leurs comportements quotidiens. Comme le dit si bien Patrick Lencioni dans son livre *Les trois signes d'un travail misérable* : « L'impossibilité de mesurer est l'un des trois facteurs de mécontentement face à un travail ». La plupart des employés vont se centrer sur ces indicateurs de performance et tenter de les surpasser, mais cela ne fonctionne que tant et aussi longtemps que ces indicateurs existent.

Les indicateurs de performance financiers en sont le meilleur exemple. La plupart des compagnies publient des résultats financiers mensuels. De plus, la plupart d'entre elles ont des réunions qui suivent la publication de ces résultats. Le dirigeant des technologies de l'information va probablement s'assoir chaque mois avec le patron (ou un comité) et passer en revue les chiffres des budgets, expliquer les variations et faire une sorte de prévision pour les prochains mois.

Au sein des départements, le même phénomène se produit avec les données concernant la qualité du service, sa réceptivité, la disponibilité de son infrastructure, la charge de travail, etc.

Pour certaines organisations, le rythme est hebdomadaire. Sans tenir compte de sa fréquence actuelle, il est important pour les données sur la satisfaction de suivre le même rythme. Cela permet d'accorder de l'importance aux chiffres concernant la satisfaction et de les ramener au même niveau que toutes les autres données.

Les indicateurs de performances ne sont pas uniquement une mesure de résultat, mais également un pilote

Dans notre exemple sur la perte de poids, la pesée quotidienne ne visait pas tant à mesurer le poids. En fait, elles sont même probablement inutiles comme outil de gestion du poids. Des pesées hebdomadaires seraient plus appropriées et demanderaient moins d'efforts. La véritable raison amenant les gens à se peser chaque jour était de leur rappeler quelles étaient leurs priorités. Ce chiffre leur restait en tête toute la journée. Chaque fois qu'ils ouvraient le réfrigérateur pour prendre une collation, ils pensaient à ce chiffre qui avait un peu augmenté et refermaient la porte. Mieux encore, ils pensaient à ce chiffre qui avait baissé et ferment la porte encore plus rapidement!

Les chiffres constituent un puissant motivateur et peuvent aider à guider nos comportements.

Comment un théâtre mesure-t-il la satisfaction

J'étais avec ma femme et ma fille à une pièce de théâtre quand j'ai remarqué l'une des meilleures formes de mesure de satisfaction.

La pièce était destinée aux enfants âgés entre 8 et 12 ans. Il s'agissait d'une pièce fantastique portant sur une libraire qui tombe amoureuse du chocolatier d'à côté et un fantôme (le précédent propriétaire de la librairie) les aide à devenir un couple. C'était une pièce drôle, mignonne et divertissante. Elle était non seulement parfaite pour une enfant de l'âge de ma fille, mais également pour les adultes. Et croyez-moi, j'ai vu une foule de pièces de théâtre pour enfants assez bizarres par le passé, alors il était très rafraichissant d'en voir une qui n'était pas seulement de style nouvel âge, ou tout simplement étrange.

En quittant le théâtre, il y avait deux femmes tenant un kiosque qui donnaient des petits boutons en forme de cœur. Ils demandaient aux gens s'ils avaient apprécié la pièce à le communiquer en mettant les boutons dans une des trois boites. Elles étaient identifiées « J'ai adoré », « C'était acceptable » ou « Je n'ai pas aimé ». C'était très simple, vous n'aviez qu'à placer le bouton dans la bonne boite. Étant M. Satisfaction, j'ai arrêté ma famille et attendu de voir comment les gens répondaient à un tel sondage. J'ai été abasourdi de constater un taux de participation de 100%. Tout le monde a voté, quelques-uns ont même voté en mentionnant qu'ils n'avaient pas aimé la pièce.

C'était rapide, anonyme, facile et divertissant. Même les enfants étaient contents d'être en mesure de voter. En fait, ma fille voulait même voter deux fois!

Ce sondage a accompli une chose que nous avons tous du mal à faire. C'était immédiat, nous sortions tout juste du théâtre et la pièce était encore fraîche dans nos mémoires. En fait, nous étions tous en train d'en discuter. C'était on ne peut plus simple, vous n'aviez qu'à placer un bouton dans une des trois boites. C'était attirant pour tout le monde, ce qui explique le taux de participation de 100%. Comme sondage, c'était parfait.

Il était même bon dans ce qu'il ne faisait pas. La plupart des sondages essaient de mettre le doigt sur les problèmes en posant une tonne de questions. Pas celui-ci. Une seule question, avez-vous aimé la pièce oui ou non. D'un côté, si les réponses sont toutes bonnes, alors le théâtre peut continuer sur cette voie. De l'autre, si les réponses sont négatives, alors ils devront creuser plus loin : était-ce l'éclairage, la pièce elle-même, les comédiens, le bruit, le moment du jour, etc. Cela justifierait un différent type de collecte de données, comme un sondage en faisant des entrevues, par exemple.

Ce sondage accomplissait également autre chose. Premièrement, il me montrait que mon opinion était importante. Je n'avais aucune idée de ce qu'ils allaient faire avec mon commentaire, mais je sais qu'ils se sont donné le mal de me le demander. Deuxièmement, il offrait les réactions du public immédiatement aux comédiens et aux employés. Il leur permettait même d'expérimenter d'une représentation à une autre.

Plan d'action

- Identifiez les comportements que vous désirez promouvoir dans votre équipe.
- Évaluez tant le processus que les résultats.
- Revoyez ces indicateurs de performance à la même fréquence que tous les autres

Gérer le cycle de vie

Le cycle de vie d'un usager

Les usagers passent à travers un cycle de vie connu et prévisible. Typiquement, ils traverseront cinq phases majeures :

- **Nouvel utilisateur :** L'usager commence seulement à utiliser vos services. Dans un environnement corporatif, cela arrive généralement quand un nouvel employé est engagé. On lui fournit un ordinateur et un téléphone, on les configure, les livres et les monte. Les comptes de l'utilisateur sont créés et les mots de passe lui sont communiqués. L'usager est installé dans le système des payes et des bénéfices lui sont attribués.
- **Support** : Se produit quand l'usager demande de l'aide. Bien sûr, cette situation se produit plusieurs fois dans la vie d'un utilisateur.

- **Projet** : Quand l'usager fait partie d'un projet (ou est « victime » d'un projet). De nouveaux logiciels vont être déployés et l'utilisateur devra apprendre quelque chose de nouveau et adapter son travail au quotidien.
- **Mise à jour** : Se produit quand le service est mis à jour. C'est généralement quelque chose de positif pour l'utilisateur. Dans les technologies de l'information, il pourrait s'agir de la livraison d'un nouvel ordinateur.
- **Départ** : C'est la cessation de l'utilisation des services par l'usager, normalement à cause de leur départ.

Chacune de ces phrases possède différentes caractéristiques en termes d'espérances et d'anxiété. Un nouvel utilisateur aura un niveau élevé d'anxiété, mais les performances requises sont généralement peu élevées; ils ont beaucoup à apprendre, ce qui les rend plus obligeants. Les situations de support sont très anxiogènes, puisque les utilisateurs sont incapables de faire leur travail. Les mises à jour sont également des situations anxiogènes, puisqu'ils ont peur que quelque chose ne se brise ou ne se perde dans le processus (« Vais-je perdre tous mes signets? Qu'arrivera-t-il à mes mp3s de Céline Dion? »).

Le niveau d'espérances variera selon les expériences précédentes des utilisateurs. Par exemple, un usager en provenance d'une compagnie très efficace peut être déçappointé si une semaine est nécessaire à monter son ordinateur, alors que quelqu'un en provenance d'une petite compagnie sera peut-être stupéfié d'obtenir un tout nouvel ordinateur. Les deux font face à la même situation, mais chaque utilisateur aura une satisfaction différente basée sur ses propres attentes.

Toutefois, il y a bien une chose que les fournisseurs de services internes gèrent toujours de façon inadéquate, c'est le nouvel usager.

Un premier rendez-vous à garder en mémoire

Un ami vous a organisé un rendez-vous galant avec une personne fantastique. Il a passé des jours à vous dire combien il s'agit d'une personne fantastique, à quel point il est charmant, poli et combien il/elle est beau/belle. Il garde même des statistiques de relations qui ont fonctionné. En fait, il suit les indicateurs de performance clé de la satisfaction de leur relation et plus de 90% d'entre eux se sont évalués comme étant « très satisfaits » pendant qu'ils étaient en relation avec cette personne. Alors bien sûr, vos attentes sont élevées.

Vous vous présentez au restaurant à l'heure, afin de rencontrer cette personne formidable. Quarante-cinq minutes plus tard, il/elle arrive enfin. Il/elle s'assoit sans dire bonjour et commence à vous dire toutes les choses qu'il/elle fera ou ne fera pas pour vous dans une relation. Désolé, pas de petit déjeuner au lit, jamais. Aucun partage de la télécommande non plus. Cette personne fera le déjeuner, mais uniquement le dimanche. En fait, pour vous rendre la tâche plus facile, il/elle vous laisse une brochure vous expliquant tout en détail. Il/elle vous demande de signer un papier attestant qu'il/elle a eu cette discussion avec vous et par la suite, cette personne vous laisse lire la documentation et vous invite à l'appeler SI vous avez des questions.

Est-ce que ça vous semble romantique? Si oui, vous avez probablement passé trop de temps au travail.

Rendez-vous galant au travail

En réalité, beaucoup de premières impressions se produisent de cette façon pour les nouveaux usagers. Un employé se présente au travail pour trouver un amoncèlement d'équipements et de fils sous son bureau. Une note mentionne qu'un technicien passera « bientôt », afin de corriger la situation. Il y a une feuille de papier avec des instructions sommaires expliquant comment se connecter au réseau avec un nom d'utilisateur et des mots de passe. Bienvenue à XYZ!

Est-ce que le processus d'accueil s'est déjà passé en douceur pour quelqu'un? La plupart du temps, cela prend des semaines d'échanges avec les différents fournisseurs de services internes pour monter l'équipement, le rendre fonctionnel et le configurer convenablement, ainsi que pour avoir accès aux applications, au registre des employés, etc. Le processus d'accueil est la véritable première opportunité de faire une bonne impression sur les utilisateurs au lieu de simplement les laisser se débrouiller par eux-mêmes. Ce n'est pas ce que j'appellerais un bon premier rendez-vous.

Moments de vérité

Il s'agit d'un exemple de moment de vérité. En effet, ce dernier constitue une opportunité de faire une différence sur la relation entre un usager et l'organisation des services. Il s'agit des évènements qui tourneront un usager insatisfait en un fan loyal ou un utilisateur comblé en ennemi juré. Ces évènements sont également la source de rumeurs qui alimentent les mauvaises langues et donc, faire souffrir les fournisseurs de services internes des compagnies.

La fréquence est importante, en tout premier

Vous avez probablement un vieil ami à qui vous ne parlez pas régulièrement. Peut-être quelqu'un avec qui vous avez grandi. Pourtant, à chaque fois que vous lui parlez, il semble que vous ne fassiez que continuer la conversation là où vous l'aviez laissée. Il a pu s'écouler des mois, ou même des années, depuis la dernière fois où vous avez discuté et la discussion est toujours aussi naturelle.

La beauté d'une relation, c'est qu'elle est plus facile à entretenir une fois qu'elle a été développée. Or, au début, elles requièrent beaucoup plus de travail. Une étude a montré (XXX) qu'au début d'une relation, un fournisseur de services internes doit se concentrer sur la fréquence plutôt que sur la longueur des contacts.

Alors que la relation évolue, la fréquence des interactions peut être remplacée graduellement par des contacts plus longs et moins assidus.

Le fournisseur de services interne peut être influencé par ces trouvailles et adapter ses interactions en se fondant sur le stade de la relation.

Lors du processus d'intégration d'un nouvel usager, il est important de garder des contacts brefs, puisqu'il est facile de submerger quelqu'un avec du jargon technique et des acronymes. Plutôt que d'expliquer une chose à la fois, il est préférable de se concentrer sur ce dont l'utilisateur aura besoin cette semaine. Un de mes clients a eu quatre semaines de formation et chaque semaine, un de ses représentants passait 15 -20 minutes à répondre à ses questions et à lui expliquer ce qui se passera la semaine suivante. Ainsi, les usagers étaient ravis et se sentaient soutenus tout au long du processus.

Alors que la relation évolue, le FSI peut échanger des interactions fréquentes avec d'autres plus longues, mais plus espacées, avec ses utilisateurs. Par exemple, il est possible d'améliorer le service de support téléphonique en communiquant des nouveaux projets et initiatives aux usagers, alors que les agents sont déjà en ligne. Par ailleurs, il peut se concentrer sur les rencontres de département de ses clients pour solliciter rétroactions et pour communiquer les évènements à venir.

Plan d'action

- Revoir/créer un processus d'accueil pour les nouveaux utilisateurs.
- Planifier fréquemment des interactions dès le début.
- Développer un plan de communication pour le cycle de vie entier de l'utilisateur.

Comprendre les utilisateurs

Une taille ne convient pas pour tout le monde

Les fournisseurs de services internes obtiennent leurs économies d'échelle par la standardisation des services au sein des départements et des usagers. Après tout, si quelqu'un a besoin d'un ordinateur ou d'un service de paie informatique, il y a de fortes chances que cet ordinateur et ce service de paie fonctionnent pour n'importe qui d'autre. De plus, en réduisant le nombre d'appareils nécessaires à la gestion, ainsi qu'en diminuant la personnalisation, nous simplifions le service à fournir et nous le rendons plus productif et moins dispendieux.

Or, les utilisateurs n'ont pas tous les mêmes besoins. Pourtant, la plupart des fournisseurs de services internes structurent leurs services selon un modèle taille unique. En réalité, certains usagers recherchent une solution immédiate et préfabriquée, où ils n'auront rien à faire, alors que d'autres voudront le strict minimum, puisqu'ils savent déjà ce qu'ils veulent et sont instruits sur le sujet. Traiter ces utilisateurs de la même façon entrainera un mécontentement garanti.

Ainsi, alors que les fournisseurs de services internes désirent maintenir l'uniformité des solutions et le matériel fournis, ils peuvent certainement adapter la façon dont ce principe sert les usagers en s'adaptant eux-mêmes à leurs attentes.

Nous verrons deux exemples d'utilisateurs ayant des besoins très différents : l'adepte tardif qui démontre très peu d'intérêt dans vos services et le premier adepte qui pourrait vous apprendre un truc ou deux.

L'adepte tardif : Faites-le seulement fonctionner

L'adepte tardif n'a que faire de ce qui se trouve dans la boite, il veut seulement le faire fonctionner. Il n'est pas intéressé à savoir comment les choses fonctionnent, ce qui cause le problème et ce que vous avez fait pour les faire fonctionner à nouveau. Il veut seulement continuer à vivre sa vie.

Comment pouvez-vous servir l'adepte tardif? Premièrement, en réglant ses problèmes aussi vite que possible. Typiquement, il demande de l'aide à la dernière minute. Il attend aussi longtemps qu'il peut, car il ne veut pas avoir à traiter le problème, espérant peut-être qu'il se résoudra de lui-même ou qu'il disparaitra avec le temps. Ainsi, avant de vous rejoindre, la situation est déjà devenue un état de crise. Ce n'est pas le temps de l'éduquer sur ce qu'il a fait de mal ou de lui dire comment il peut résoudre le problème par lui-même.

Toutefois, lorsque le problème est résolu, c'est une bonne occasion de faire un suivi avec lui pour s'assurer que le problème a réellement été réglé. Vous pouvez profiter de cette opportunité pour commencer à l'éduquer tranquillement, afin de générer un certain niveau d'intérêt, ou du moins, de le rendre moins méfiant envers vos services.

L'utilisateur de pouvoir : il sait exactement ce qu'il veut

L'utilisateur de pouvoir est le genre de client qui vous appelle pour une raison très précise. Il veut une marque très spécifique d'écouteurs qui lui permettra de prendre des appels pendant qu'il travaille sur son ordinateur ou il veut que vous ajustiez les déductions sur sa paie pour compenser les changements de la situation financière.

L'utilisateur de pouvoir en sait beaucoup sur les services que vous fournissez. Il peut être un vrai spécialiste entrainé et instruit dans votre domaine d'expertise, ou simplement enthousiaste et passer beaucoup de temps à apprendre par lui-même. Dans les deux cas, ils sont très cultivés et spécifiques dans leurs demandes.

Alors, comment ennuie-t-on un utilisateur de pouvoir? Facile, demandez-lui de passer par le même processus de support que n'importe qui d'autre. L'un des meilleurs exemples d'utilisateurs de pouvoir se trouve dans les technologies d'information. La plupart des gens ont des ordinateurs à la maison et beaucoup d'entre eux sont très bons pour maintenir et même monter leur propre équipement. Les plus jeunes usagers qui montent des stations informatiques spécialisées pour jouer à des jeux vidéo ont tendance à connaitre la subtile différence entre les types de mémoires, les processus d'unités centrales (CPU) et les cartes graphiques qui se retrouvent dans leur système. Ils comprennent également leur système d'exploitation et les configurations qui ralentissent leur performance, essayant de tirer le maximum de leur système pour gagner le moindre avantage sur leurs adversaires.

Quand un utilisateur de pouvoir appelle le service interne pour un problème à leur station, il ne veut pas avoir à répondre aux mêmes questions de routine que n'importe qui d'autre. Non seulement c'est une perte de temps, mais il trouve en fait cela insultant. « L'ordinateur est-il branché? Pouvez-vous vérifier s'il vous plaît? Est-ce que la lumière verte est allumée? Est-ce que le moniteur est ouvert? » Ce processus d'élimination qui fonctionne bien avec la plupart des usagers est une offense à l'utilisateur de pouvoir.

Les fournisseurs de services internes qui le reconnaissent peuvent adapter leur service au niveau de connaissance de leurs usagers. De plus, dans certains cas, leur expertise peut même être utilisée pour allonger la portée et l'efficacité des employés des fournisseurs de services internes en développant des experts externes, un atout très utile quand un FSI a plusieurs endroits à couvrir et qu'il n'a pas suffisamment de personnel pour le faire. L'utilisateur de pouvoir peut également être utilisé comme représentant d'un groupe d'usagers, afin d'aider à identifier les tendances à venir, ainsi que les besoins concernant les services des FSI.

Plan d'action :

- Identifier les différents types d'utilisateurs et leurs besoins.
- Adapter la fourniture de service en se basant sur l'expertise de l'utilisateur.
- Intégrer les utilisateurs de pouvoir dans votre processus de service.

Résumé – Fournir l'Essentiel.

La première étape du plan d'action tourne autour de l'importance de se bâtir de la crédibilité en fournissant l'Essentiel.

1. Assurez-vous que l'utilisateur ait l'Essentiel.

Sans l'Essentiel et les services dont ils ont besoin, les usagers ne seront jamais en mesure de grimper la hiérarchie des valeurs des FSI, ni de vous permettre de jouer un rôle plus stratégique. L'Essentiel varie selon les services, selon l'organisation et au fil du temps. Par conséquent, il est important de communiquer constamment avec les utilisateurs, afin de comprendre leurs attentes.

2. Évaluer

Évaluer la satisfaction aide à savoir si vous fournissez l'Essentiel et aide à orienter votre équipe. Les rétroactions constantes gardent la satisfaction des clients au sommet de notre liste de priorité et permettent d'identifier quelles initiatives fonctionnent ou non.

3. Gérer le cycle de vie

Les utilisateurs passent par le biais de plusieurs phases (du processus d'accueil au départ de l'organisation) et chaque phase a différents besoins et une importance distincte pour les usagers. Le processus d'accueil est significativement manqué par les fournisseurs de services internes, ce qui leur fait perdre une opportunité de faire bonne impression.

4. Comprendre vos utilisateurs

Les fournisseurs de services internes ont différents types d'utilisateurs, de l'usager occasionnel à l'utilisateur de pouvoir qui pourrait comprendre vos services aussi bien que vous (sinon plus). Plutôt que d'offrir un service unique où tout le monde est déçappointé, adaptez la livraison de votre service au bon type d'usager et votre taux de satisfaction devrait augmenter drastiquement.

Est-ce que vous fournissez l'Essentiel? Prenez deux minutes pour y penser

Trouvez à quel niveau vous vous situez. Garder ce test en mémoire est extrêmement difficile, car il faut assumer que si on ne mesure pas quelque chose, alors on ne le fait pas réellement.

Étape 2. Gestion de l'alignement

Êtes-vous aligné?

L'alignement est un concept populaire dans la littérature entrepreneuriale ces temps-ci. Il semble qu'il soit impossible d'ouvrir un magazine d'entreprenariat qui ne traite pas de la nécessité pour les FSI de s'aligner avec l'entreprise. Tout le monde semble d'accord sur l'importance du concept et à quel point le futur de l'organisation, ainsi que des fournisseurs de services internes, dépendent de lui.

Pourtant, peu semblent comprendre ce qu'il signifie véritablement.

La deuxième étape de la Journée du Rendement consiste à aligner votre équipe sur les besoins de l'entreprise. Or, comme nous allons le constater, il n'y a pas qu'un, mais trois types d'alignements que l'on doit garder en tête.

La gestion est une partie de l'alignement, mais l'alignement n'est pas qu'une histoire de gestion.
L'une des choses que j'aime faire est de scruter les petites annonces offrant une position d'influence au sein d'un FSI. Certains clients me demandent même de les aider à en rédiger une pour les prochaines vacances. L'une des choses qui reviennent encore et encore est le terme « Alignement du service sur les besoins de l'entreprise ». Par ailleurs, à chaque fois que je leur demande « Comment saurez-vous

que quelqu'un est aligné? », la réponse est toujours la même « Quand je sentirai qu'elle travaille côte à côte avec moi ».

La littérature d'entreprise parle beaucoup d'alignement et à peu près chaque fois qu'elle le fait, elle parle de la gestion, ce que j'approuve. En effet, la gestion est une part importante de l'alignement. Après tout, si nous n'avons pas les bons procédés et mécanismes pour prendre les décisions pour l'entreprise, il est difficile de dire qu'on en aligné.

Intuitivement, nous savons tous ce qu'être aligné signifie. Or, quand nous devons l'expliquer à un enfant de 9 ans, ça devient beaucoup plus difficile. Il s'avère que l'alignement est un concept scientifique (la science à la rescousse, une fois de plus) et peut être mesuré.

Mais l'alignement va plus loin que la simple gouvernance. Il a un impact tant sur l'orientation service (l'importance du service à la clientèle pour le FSI, dans ses activités quotidiennes) et l'orientation affaire (le niveau d'influence du FSI sur l'entreprise).

L'attrape, c'est que l'alignement n'a pas qu'une seule dimension, mais trois. Dans cette section, nous aborderons l'alignement au sein de l'équipe des FSI (alignement d'équipe), l'alignement entre l'équipe et la vision du dirigeant (alignement de vision) et finalement, l'alignement entre l'équipe et l'entreprise (alignement d'entreprise).

Alignement d'équipe

L'alignement au sein de l'équipe

Quand on parle de départements internes, il est aisé d'utiliser des stéréotypes. « Les gens de la finance ne pensent qu'au budget ». « Les gars des technologies d'information ne veulent pas répondre au téléphone! », » Les ressources humaines passent leur journée à jaser ».

En vérité, chacun de ces départements est composé d'individus qui peuvent ou non partager les mêmes valeurs ou comportements. En fait, il y a de fortes chances que les individus partagent différentes perspectives sur ce qu'est le rôle du département.

Alors que je faisais un séminaire avec un fournisseur de services internes et que nous étions arrivés à discuter du rôle du département, le dirigeant m'a dit d'un ton assuré : « Je ne crois pas que nous ayons besoin de passer du temps là-dessus, c'est très évident pour tout le monde ici » et immédiatement, quelqu'un d'autre a ajouté « Certainement, nous savons tous que nous devons couper dans les couts le plus possible ». Alors le dirigeant, choqué, les a regardés et leur a dit : » Ce n'est pas ça du tout! ». Il s'avéra, après tout, qu'il était nécessaire de s'attarder sur le sujet.

Chaque membre de l'équipe possède son propre profil de personnalité. Celle-ci est modelée par leurs attitudes naturelles, leurs expériences précédentes et ce qu'ils ont choisi comme étant la priorité dans leur FSI. Or, cette personnalité peut différer d'une personne à l'autre. Certains peuvent croire que leur mission est de fournir un service au moindre cout (un Comptable), alors qu'un autre pense que les utilisateurs n'ont aucune ressource et qu'ils ont besoin d'une solide orientation (l'Institutrice). Cette différence dans leur personnalité se reflètera dans leurs comportements et actions au quotidien.

Toutefois, quand l'équipe n'est pas alignée, il en résulte un problème pour les usagers. Combien d'utilisateurs refusent d'appeler la ligne de support et communiquent directement avec un individu en particulier à la place? La raison pour laquelle ils agissent ainsi, c'est qu'ils savent que ce ne sont pas tous les agents sur la ligne de support qui partagent la même personnalité et ils veulent s'assurer de pouvoir parler à quelqu'un avec qui ils peuvent interagir. Quand les utilisateurs voient le FSI comme fragmenté, ils commencent à douter de son efficacité.

Les utilisateurs aiment la prévisibilité et les FSI qui ne sont pas alignés ne sont pas constants dans leurs comportements. Un agent sera enthousiaste d'aider, alors qu'un autre mettra fin à l'appel dès qu'il le pourra. Les clients ne savent donc plus à quoi s'attendre et c'est la meilleure façon de laisser les attentes aller dans tous les sens et donc, entrainer de l'insatisfaction.

Le manque d'alignement d'une équipe cause également des conflits au sein de celle-ci. Les membres sont en désaccord sur l'orientation à prendre concernant une situation donnée ou une initiative, puisqu'ils n'ont pas la même vision du service. Certains voudront dicter leur point de vue aux usagers (Institutrice) et effectuer le projet rapidement, alors qu'un autre croira qu'il est nécessaire d'impliquer les utilisateurs et de prendre son temps. Ces discordances d'attitude peuvent mener à des conflits majeurs.

Quand un membre de l'équipe n'est pas aligné avec les autres

Le département des technologies d'information (TI) d'une organisation de vente au détail a connu d'énormes changements au cours de la dernière année. Le département des TI précédent ne pouvait pas construire une relation avec l'entreprise et ses différents départements, qui sont devenus méfiants. À ce moment, c'était à un point où il se comportait comme une Institutrice, mais une Institutrice qui ne comprenait pas suffisamment l'entreprise pour fournir un bon rapport qualité-prix. Les réunions sont devenues des confrontations et le service informatique a été exclu de toutes les décisions importantes. Le dirigeant a été licencié et son remplaçant a apporté l'idée de réaligner l'organisation.

La première année a été remplie d'activités. Certaines personnes ont été remerciées et ont laissé la place à de nouvelles. Le nouveau dirigeant a travaillé dur pour communiquer sa vision du département, qui consistait à être plus Majordome et moins Institutrice. Après tout, c'était uniquement leur choix, puisque la plupart des nouveaux employés dans le département du TI ne provenaient pas du monde du commerce au détail et avaient peu à apporter en termes de connaissances sur l'entreprenariat. Or, ils en savaient suffisamment sur les services de gestion et la satisfaction des clients.

L'équipe tout entière s'est recentrée sur cette nouvelle vision sauf une : Bob, le vieux bras droit. Bob était aux commandes quand le dirigeant précédent était en poste. Bien sûr, il ne voyait pas la nouvelle vision et les nouvelles pratiques comme une amélioration. Après tout, c'était comme de dire que tout ce qu'il avait fait ces dix dernières années, c'était bon pour la poubelle. Alors, Bob a passé un moment difficile à essayer de changer d'attitude et de comportement, jusqu'au point où il n'a pas changé du tout, mais est plutôt devenu pire.

Il critiquera ouvertement les autres lors des réunions, pointant toutes les manières dont leurs projets ou initiatives échoueront. Il parlera sur un ton condescendant à propos des usagers vieillissants et de comment ils ont besoin d'obtenir les nouveaux projets/gadgets, alors qu'ils ne sauront pas quoi faire avec de toute façon. Bob savait comment l'entreprise devait rouler et était prêt à faire en sorte que ça arrive, que les utilisateurs le veuillent ou non.

Ça en est venu au point où les membres de son équipe ne voulaient plus qu'il en fasse partie, l'excluant des décisions et des réunions importantes. Les usagers ne voulaient pas avoir affaire à lui, annulant les réunions ou ne se présentant tout simplement pas.

Bob était une Institutrice évoluant parmi des Majordomes, soit les deux extrêmes au sujet du service et de l'orientation de l'entreprise.

Quand une équipe tout entière n'est pas alignée

Le département des finances d'une manufacture est passé par un processus de centralisation, rassemblant plusieurs bureaux régionaux dans l'édifice de son quartier général. Plutôt que de faire déménager les gens, le département a décidé de se départir de ses employés des bureaux régionaux et d'engager du nouveau personnel au quartier général, une décision qui a dérangé beaucoup de personnes.

Par une drôle de coïncidence, beaucoup des dirigeants clés qui ont été engagés provenaient du même employeur précédent. Celui-ci avait des procédés et une pratique d'entreprise solide, une chose que le département des finances voulait améliorer au cours des prochaines années. Ils ont cru que d'engager ces gens ayant l'expérience d'un environnement plus mature les aiderait à mener l'organisation dans la bonne direction.

Malheureusement, il y a eu un choc culturel quasi instantanément. L'équipe déjà en place avait un type de personnalité Majordome (ils voulaient aider) alors que les nouveaux venus étaient plutôt des Institutrices (disent aux utilisateurs quoi faire). À chaque fois que les nouveaux dirigeants émettaient des nouvelles directives ou procédés, l'ancienne équipe se plaignait sur le fait que c'était injuste pour les usagers, mais insistait également pour dire à quel point ce serait dommageable pour la relation déjà fragile que ces derniers entretiennent avec la compagnie. Par opposition, les nouveaux venus avaient l'impression que l'ancienne équipe faisait trop d'exceptions pour accommoder les clients, ce qui les empêchait de standardiser leurs procédés et demandait beaucoup de main-d'œuvre.

Le PDG dirigeant l'équipe des finances était coincé entre deux mondes. Il voulait fournir un bon service comme un Majordome, mais il était sous les directives du conseil d'administration qui tenait à de stricts procédés financiers (qui agissait comme une Institutrice). Le

PDG a eu du mal à établir une directive claire et par conséquent, son département est devenu « indécis », soit un département sans objectif réel, ce qui a eu pour effet d'endommager sévèrement leur crédibilité et leur relation avec le reste de l'entreprise.

Comment peut-on régler les problèmes d'alignement d'équipe?

Régler des problèmes d'alignement d'équipe ne se fait pas en une nuit. Cela prend beaucoup de temps et de communication. Or, il s'agit tout de même d'une tâche essentielle.

Il existe trois phases principales pour y arriver

1. Reconnaitre qu'il y a un problème

Les problèmes d'alignement d'équipe peuvent être difficiles à reconnaitre. Après tout, est-ce un problème d'alignement, ou simplement quelqu'un qui devient imbécile? Ou est-ce parce qu'ils ne partagent pas les mêmes priorités à cause de leur rôle respectif? Par exemple, un directeur de projet aura un objectif différent qu'un directeur opérationnel. C'est simplement la nature de leur travail.

La bonne nouvelle, c'est que l'alignement peut être mesuré. En évaluant l'équipe entière sur son service et l'orientation de l'entreprise, il devient aisé de voir à quel point l'équipe est alignée (ou différente).

Cela met également en évidence les individus qui ne partagent pas la même vision.

2. Fournir une indication spécifique sur les comportements désirés

Une fois qu'un problème d'alignement d'équipe a été reconnu, il est temps d'envisager de dures décisions. La première étape est d'évaluer si les membres de l'équipe qui ne sont pas alignés sur les autres ont le potentiel de corriger la situation. Parfois, ce processus peut mener à la prise d'une décision difficile, comme le transfert ou même le congédiement d'un employé. Par contre, il est préférable de les identifier rapidement, plutôt que de les laisser polluer l'environnement de travail.

Une indication spécifique doit être donnée aux gens qui ont besoin de changer leur profil. Quelqu'un qui a agi comme une Institutrice pendant toute sa vie professionnelle peut accepter très bien de devenir un Majordome, mais qu'est-ce que ça implique sur une base quotidienne? Les gens peuvent passer d'un profil à un autre, mais il en coute beaucoup d'efforts quotidiens et de communication, puisque rien dans ce nouveau profil n'est naturel pour eux.

3. Renforcer les comportements désirés très fréquemment

Certains de mes clients utilisent la terminologie associée à leur profil dans leurs interactions quotidiennes. Par exemple, j'entends souvent quelqu'un dire dans une réunion : « Cesse d'agir comme une Institutrice! » Utiliser ces profils aide à mettre sur pied des attentes journalières concernant les comportements désirés. Quand quelqu'un agit comme son ancien lui/elle, vous pouvez simplement lui rappeler d'agir selon le bon profil de personnalité.

Plan d'action

- Évaluer le profil de personnalité des membres clés de votre équipe.
- Évaluer l'alignement de l'équipe.
- S'adresser durement aux individus qui ne sont pas alignés.

L'alignement de vision

S'aligner sur une vision

Avez-vous parfois l'impression de parler chinois à votre personnel? Vous tentez d'expliquer quelque chose, mais ils se retournent et font autre chose de complètement différent? Si c'est le cas, vous avez peut-être des problèmes d'alignement de vision.

L'un des plus grands défis pour le dirigeant d'un nouveau groupe est de communiquer et d'exécuter sa vision de comment les choses devraient être.

Souvent, le dirigeant doit se battre contre des années de comportements et d'habitudes enracinés. Il/elle doit défaire beaucoup de vieux schémas. Ce faisant, il doit non seulement rassurer les gens en leur garantissant que la nouvelle vision est meilleure, mais également qu'ils n'ont pas complètement échoué d'avoir agi autrement au cours des dernières années.

De plus, parfois, ces gens n'approuvent pas la nouvelle vision. Quand je travaillais chez IBM, il y avait une expression communément utilisée quand un cadre arrivait avec une nouvelle idée : « Nous allons seulement attendre de voir ce qu'il fera ». Les cadres vont et viennent et ils savent que s'ils résistent et attendent suffisamment longtemps, ils/elles seront remplacées par quelqu'un d'autre ayant d'autres idées.

Les dirigeants sont également coupables de dire une chose, mais d'en faire une autre. Il existe une expression disant : « Ce qui intéresse mon patron me fascine ». Les cadres parlent souvent du besoin d'avoir un bon service à la clientèle, mais sur une base quotidienne, ils parlent beaucoup plus de crises et de budgets. Ce que les gens retiennent, ce ne sont pas les grandes idées et l'orientation, mais plutôt les comportements quotidiens menant à la prise de décisions (ou au blâme).

Une fois de plus, en utilisant le concept de service et d'orientation d'entreprise, il est facile de mesurer et d'identifier les problèmes d'alignement de vision. Une équipe qui évolue dans une structure familiale complètement différente de celle du patron envoie un mauvais message.

L'exemple d'un Majordome mal aligné qui doit agir comme un Comptable

Un fournisseur de services internes travaillant pour un ministère d'un gouvernement se démenait avec la livraison de ses services. Ils nous ont engagés pour faire l'évaluation de celle-ci, identifier ce qui ne fonctionnait pas et bien sûr, corriger la situation.

Ce FSI avait l'habitude d'entretenir une bonne relation avec ses clients internes. Ces derniers tenaient les cordons de la bourse pour les projets et ils avaient l'habitude d'obtenir pratiquement tout ce qu'ils désiraient. Le FSI n'avait qu'à fournir le personnel en se basant sur leurs besoins et ils s'accordaient ainsi. Or, un jour, le gouvernement a décidé de centraliser les budgets pour les projets et il a laissé le FSI les gérer. Bien sûr, le budget a été coupé sévèrement dans le processus.

Le personnel des projets a tenté de faire avec les coupures de budget. Tout le monde prenait un peu plus de travail et travaillait plus longtemps. Les clients faisaient la demande de projet et le personnel essayait de les satisfaire en trouvant des façons innovantes de les leur fournir. Pourtant, à un certain point, les employés ne disposaient pas de plus d'heures dans une journée et la créativité ne pouvant pas aller aussi loin, les projets ont alors commencé à déraper.

À mesure que le temps passait, les projets étaient retardés de plus en plus et ce, à un point tel, qu'en une année où l'on disposait de 5 millions de dollars, seulement 2,3 ont été octroyés. Les clients étaient furieux et attendaient pour leurs projets. Les employés du département en charge étaient épuisés, plusieurs ayant même quitté à cause d'un *burn-out*. Les gens essayaient même de se faire transférer dans un autre département. La relation avec l'entreprise était à son plus bas et ils avaient perdu toute leur crédibilité durement gagnée.

Quand nous avons commencé à faire l'évaluation, le problème est devenu clair très rapidement. Les employés se percevaient comme des Majordomes, soit le rôle endossé depuis plusieurs années. Or, maintenant, leur patron leur demandait d'en revêtir un autre et de devenir des Comptables. L'organisation ne pouvait plus se permettre de dépenser autant d'argent qu'auparavant, alors ils ont dû couper de façon significative. Malheureusement, l'équipe en charge des projets ne savait pas comment se comporter en Comptable.

Comment corriger un problème d'alignement de vision

La vision d'alignement est plus simple à corriger que l'alignement d'équipe. La raison est simple : la majeure partie du problème ne provient que d'une seule personne. Oui oui, c'est tout à fait ça, si votre équipe n'est pas alignée avec votre vision, cela signifie que vous êtes probablement le problème.

Maintenant, l'alignement d'équipe se produit également à l'arrivée d'un nouveau dirigeant, apportant de nouvelles idées, perspectives et valeurs. La bonne nouvelle, c'est que c'est aussi lui qui a les cartes en main pour corriger la situation.

Première étape : Êtes-vous le problème?

Vos communications sont-elles claires? Bien sûr, nous voulons parler de ce que vous dites à votre équipe quand vient le temps de livrer des services. Par contre, la communication se produit aussi autrement que par la parole. Si votre vision et vos comportements quotidiens se heurtent constamment, alors oui, vous êtes le problème. Vos actions parlent plus fort que votre voix. Si vous parlez constamment d'être centré sur les utilisateurs, mais que vous-même ne visitez pas les premières lignes et ne parlez jamais à l'entreprise, vous envoyez un message très différent. Il est crucial de prêcher par l'exemple.

Deuxième étape : Est-ce que les gens comprennent?

Est-ce que les gens comprennent quels comportements spécifiques vous attendez de votre équipe? Il est facile de dire « Soyez centrés sur les clients », mais qu'est-ce que ça veut dire concrètement quand je suis de retour à mon bureau? Est-ce que vous exprimez ce à quoi vous vous attendez comme comportements au quotidien? Est-ce que vous leur donnez des exemples de la façon dont vous voulez qu'ils interagissent avec vos clients? Leur fournissez-vous des exemples de bonnes ou de mauvaises réactions à des situations communes? Ce sont tous des éléments importants d'une communication claire dans le respect de votre vision. Il est aisé de parler de grandes théories, mais vous devez les ramener à des comportements de tous les jours, afin que l'équipe puisse comprendre réellement ce que vous attendez d'elle.

Troisième étape : Imposez-vous votre vision?

Modifier des comportements quotidiens est l'une des choses les plus difficiles qu'un dirigeant ait à faire. Cela requiert d'évaluer et d'imposer constamment leur vision et ce, même les jours où ils n'y croient plus eux-mêmes.

L'un de mes clients avait un groupe de support technique désordonné. Il y avait des ordinateurs partout. Je lui ai dit que pour accroître sa crédibilité, il devait imposer une certaine discipline au sein de son personnel. Je revenais chaque mois et, à chaque visite, le bureau de techniciens était toujours en désordre. Le dirigeant m'a simplement dit : « Je leur ai dit quelques fois de faire le ménage, mais je me suis lassé de répéter ». Il venait simplement de montrer à tout le monde qu'il n'en avait rien à faire.

Les valeurs n'en sont plus si vous ne vous y collez pas quand ça ne va pas. Si vous ne défendez pas votre personnel quand il fait une erreur en suivant une orientation, alors vous venez de leur apprendre uniquement à se couvrir.

Plan d'action :

- Communiquez votre vision clairement.
- Définissez vos attentes en termes de comportements au quotidien.
- Imposez votre nouvelle vision chaque jour.

L'alignement avec l'entreprise

S'aligner avec l'entreprise

En lisant des magazines d'entreprises, nous voyons souvent des articles montrant comment les Ressources humaines, les Technologies d'information et les finances doivent être alignées avec l'entreprise pour fonctionner avec succès.

Cette tendance durera un certain moment. Une étude conduite par la revue d'entreprise de Harvard a montré que plus de 50% des PDG étaient déçus de leur fournisseur de services internes. Ils n'ont pas l'impression qu'il était une commodité au sein de leur organisation. Ils espéraient également des changements majeurs dans le futur pour ses dirigeants et l'organisation.

Dans le monde des Technologies de l'information, il y a eu une tendance majeure voulant que la tête dirigeante du service doive se rapporter au PDG. Certaines études par des firmes de recherche prédisent que plus de XX % des Directeurs des services d'information vont se reporter aux finances dans les 5 prochaines années. Ce qui se passe en réalité est l'exact opposé. Alors que le DSI se rapporte au

PDG, ce dernier voit plus rapidement quand le premier n'a rien compris. La tendance est donc maintenant renversée (et une foule de ces DSI ont été congédiés) et donc, XX % des DSI se rapportent au PDG.

Ce qui se produit donc à la place, c'est que le manque d'alignement entre le PDG et le DSI devient très évident. Dans plusieurs cas, les DSI n'étaient pas capables de fournir et d'être le partenaire que l'entreprise désirait. Ils étaient préoccupés par la technologie et les couts (étaient des Comptables), alors que le PDG voulait un Agent pour les aider à transformer l'entreprise. Dans certains cas, ils espéraient même une Institutrice pour prendre la tête et diriger le changement au sein de l'organisation.

Ce phénomène s'est produit dans différents secteurs, et non pas uniquement celui des Technologies d'information. Les Ressources humaines, les finances et la logistique y passent aussi. L'alignement avec l'entreprise est crucial pour le succès du fournisseur de services internes.

Contrôler les envois

Le groupe régulateur des compagnies d'expédition centralise toutes leurs opérations en un seul bureau, évitant les positions de différents entrepôts. L'objectif derrière cette opération était de réduire les couts, harmoniser les pratiques de l'entreprise, mais également de réduire le nombre d'infractions en engageant des gens ayant plus d'habiletés et de connaissances (les gens ayant les bonnes certifications).

Le département régulateur est responsable d'identifier et de fournir les documents nécessaires pour envoyer des colis d'un bout à l'autre du pays et entre les frontières. Leur rôle est extrêmement important, puisqu'il assure que les mesures de sécurité adéquates sont prises, même si un envoi de biens dangereux est fait. Il aide également les clients à protéger leurs frontières en s'assurant que les biens envoyés ne violent aucune loi environnementale. Ce procédé requiert de comprendre les lois et les régulations de dizaines de pays, ainsi que les spécifications de milliers de produits chimiques, ce qui n'est pas une tâche facile.

Par le passé, les gestionnaires d'entrepôts auraient été responsables de ce procédé, ayant pour résultat des centaines de milliers de dollars en pénalités pour avoir violé des règlementations clés. Ainsi, la décision a été prise de centraliser le groupe dans un seul entrepôt lorsque l'entreprise a presque perdu son permis après une erreur monumentale.

Toutefois, les gestionnaires d'entrepôt avaient l'habitude d'avoir quelqu'un d'assis à leurs côtés à l'entrepôt. Appeler au bureau central n'était donc pas un réflexe pour eux. Ce qui s'est produit, c'est que les gens du groupe de régulation ont reçu leurs demandes à la dernière minute, forçant les employés à faire du temps supplémentaire et à couper les coins ronds. Dans certaines circonstances, ils ont même dû retarder des envois, puisque les papiers n'étaient pas complétés. Le groupe de régulation voulait se positionner en Agent, ce qui n'a clairement pas fonctionné.

Comment résoudre les problèmes d'alignement avec l'entreprise

Résoudre les problèmes d'alignement avec l'entreprise nécessite que le dirigeant du fournisseur de services ait d'abord réaligné son équipe et sa vision. Autrement, l'équipe n'agira pas de façon cohérente et toutes tentatives pour réaligner l'entreprise seront non seulement une perte de temps, mais elles empireront la situation.

Les dirigeants peuvent redresser l'alignement de l'entreprise en suivant cette approche en trois phases :

1. Identifier la source du problème

Les fournisseurs de services internes aiment se référer à tout ce qui ne fait pas partie de leur département comme étant « l'entreprise ». Or, en réalité, l'entreprise est constituée d'individus et de départements qui peuvent avoir différentes visions sur ce qu'est le rôle d'un FSI et sur ce qu'il devrait faire. Une fois que vous avez compris quelles sont leurs différentes attentes, vous pouvez commencer à essayer de comprendre ce qui cause ces variations. Est-ce que les besoins sont différents? Est-ce qu'ils comprennent le rôle que vous pouvez jouer?

2. Communiquer ce que vous ne pouvez pas faire

Les problèmes d'alignement avec l'entreprise proviennent souvent des attentes irréalistes des clients envers les services que vous offrez. L'usager aimerait que vos services soient disponibles 24heures sur 24, 7 jours sur 7, alors que votre budget ne vous permet que d'offrir des heures d'ouverture normales. En communiquant les standards de vos services (ce que vous allez ou ne pouvez pas faire) et les raisons derrière eux (les couts, la régulation, les standards, l'utilité, etc.), vous aider les utilisateurs à comprendre les réalités des services que vous offrez.

3. Changer les attentes

La prochaine étape pour résoudre vos problèmes d'alignement avec l'entreprise est de commencer à former vos attentes. Peut-être que vos utilisateurs ne comprennent pas que vous pouvez contribuer à leurs opérations au moyen d'idées originales. En proposant des idées, en démontrant que vous comprenez leur réalité et que vous connaissez leur industrie, vous pouvez démontrer votre crédibilité et les convaincre de les voir sous un jour différent. Cela peut aider les usagers à mieux comprendre votre possible contribution et à vous impliquer plus fréquemment dans des discussions stratégiques.

Plan d'action

1. Évaluez les attentes des différents groupes d'acteurs de l'entreprise.
2. Évaluez l'intervalle entre leurs attentes et votre profil de personnalité actuel.
3. Communiquer vos cibles concernant le niveau de performance de vos services pour fixer les bonnes attentes.

Étape 3. Démontrez votre valeur

Qu'est-ce qu'être un partenaire signifie?

Quelle est la plus grande différence entre un fournisseur et un partenaire? De façon simplifiée, le partenaire n'attend pas que vous lui demandiez quelque chose pour l'accomplir.

Le partenaire anticipe vos besoins et s'assure qu'ils sont comblés exactement quand vous en avez besoin. Il n'a pas besoin qu'on lui dise d'améliorer son niveau de service, il le sait déjà par les rétroactions de ses utilisateurs. Il est réceptif aux besoins de ses clients et il adapte ses services et son comportement pour rencontrer leurs demandes émergentes.

De plus, être un partenaire est une avenue à deux voies, puisque le partenaire peut demander à ses clients de changer leur comportement, afin de l'aider quand il en a besoin. Dans un partenariat, les deux parties ne sont pas gênées de le dire à l'autre quand il fait quelque chose d'incorrect.

Le partenariat ne devient vraiment un succès que lorsque les deux parties se sont engagées à rencontrer les mêmes objectifs. Cela nécessite une incroyable confiance pour réussir un partenariat, c'est pourquoi c'est si rare.

Dans cette section, nous verrons comment vous pourriez devenir un partenaire proactif.

Gestion de la satisfaction

La satisfaction amène la valeur

Nous avons vu précédemment dans ce livre comment la satisfaction aide les fournisseurs de services internes à générer de la valeur. Les cadres exécutifs de l'entreprise sont très peu intéressés par ce que vous faites et typiquement, ils ne comprennent pas suffisamment la complexité impliquée dans la fourniture de vos services pour en évaluer la performance. En outre, ils comptent sur l'une des meilleures choses : la satisfaction de leurs employés. Si leurs employés sont contents de vos services, alors il y a des chances que vous fournissiez de la valeur. Or, si leurs employés ne sont pas satisfaits, ils vont assumer que vous ne fournissez pas de valeur et aucun calcul sur les retours d'investissements ne les convaincra du contraire.

L'enjeu de cette étape est de démontrer la valeur que vos services apportent à l'organisation et l'un des éléments clés est la satisfaction. En outre, puisque fournir un excellent service en est un élément crucial, nous verrons également comment gérer les attentes, réduire l'anxiété des utilisateurs et comment s'occuper des plaintes pour gérer la satisfaction.

Le service importe plus que les habiletés

Il n'y a aucun doute, fournir un service de support des technologies d'informations requiert un haut niveau d'expertise. Le personnel de support fait face à toute une variété de problèmes sur différents ordinateurs, systèmes d'opérations et logiciels. Ce travail nécessite d'importantes connaissances techniques, un très bon sens de la déduction et des compétences scientifiques pour investiguer les problèmes.

Par contre, si nous considérons que le support technique est vraiment un service d'entreprise, est-ce que les habiletés techniques sont les seules requises?

Combien de fois avez-vous entendu votre personnel de support technique blaguer au sujet d'un usager qui utilisait son lecteur CD comme plateau à café (est-ce vraiment arrivé?) ou d'un autre essayant de brancher un câble dans la mauvaise prise? J'ai eu un collègue de qui je me moquais parce qu'il tentait constamment de brancher le câble VGA à l'envers, forçant dessus pour qu'il corresponde.

Je suis d'accord, quelques-unes des demandes (OK, beaucoup), pourraient être résolues par les utilisateurs eux-mêmes s'ils en connaissaient un peu plus ou s'ils étaient plus consciencieux avec leur équipement. L'approche est plus importante que les habiletés techniques.

Une étude conduite par XYZ a tenté d'évaluer la satisfaction des usagers en relation avec l'impact du service et des connaissances techniques de l'employé du support technique. Ils ont mené des évaluations et des sondages pour comprendre ce qui rend le service satisfaisant aux yeux des usagers. Les connaissances techniques se sont avérées importantes (15%), évidemment. En bout de ligne, nous avons besoin de régler le problème. Or, les compétences au niveau du service ont reçu deux fois plus de votes (27%). Il en ressort donc que l'approche utilisée par l'agent pour résoudre le problème était plus importante que la façon qu'il/elle la résolut.

Gardez en tête que pour un utilisateur novice, les connaissances techniques deviennent rapidement floues. Quelle est la différence entre un bon peintre et un maitre pour moi? Il n'y en a probablement aucune. Pour moi, ils sont tous véritablement bons et à ce niveau, je ne peux pas faire la différence, puisque je suis complètement ignorant de leur art. Quelqu'un qui connait le sujet pourrait déceler une différence dans leurs coups de pinceau, l'utilisation de la couleur, ou la disposition de la peinture. Or, pour moi, c'est du chinois.

La même chose est vraie pour plusieurs utilisateurs. Les ordinateurs sont des petites bêtes compliquées et leur niveau de connaissances est vraiment limité. Ainsi, une personne compétente et une personne très compétente peuvent être difficiles à différencier. Une personne très compétente va probablement diagnostiquer le problème un peu plus tôt et devra passer par moins d'étapes pour le résoudre. Pourtant, comme novice, je n'aurai aucune façon de faire la différence entre les deux.

Toutefois, ce dont je vais me rappeler, c'est la façon dont l'agent m'a parlé et comment il m'a fait me sentir par rapport au problème.

Si l'agent était impoli ou condescendent, alors je serai définitivement mécontent, même s'il a résolu mon problème. Même en ce qui a trait à la différence entre bon et meilleur, j'aurais vu une différence, parce que je sais comment en juger. Une personne très orientée sur le service ira loin et plus encore pour résoudre mon problème, me laissant savoir comment je peux l'éviter dans le futur et en me demandant s'il ne peut pas m'aider pour autre chose pendant que nous sommes en ligne. Je m'en souviendrai donc positivement.

Nous n'entrainons pas les employés pour le service

En reconnaissant que l'approche est deux fois plus importante que les connaissances, vous espérez sans doute que les compagnies entrainent leurs agents de support deux fois plus au niveau du service à la clientèle qu'en ce qui a trait aux habiletés techniques. Faux. La plupart des compagnies ne font aucun entrainement pour promouvoir les bons comportements à adopter concernant le service à la clientèle.

Voici pourquoi :

Nous avons besoin de toute la formation uniquement pour nous garder à jour au sujet des nouvelles tendances technologiques.

L'attitude ne s'acquiert pas par la formation.

Même le plus attentif et le plus empathique des agents de supports fait des choses qui ennuient les utilisateurs sans s'en rendre compte. Ce pourrait être en qualifiant les problèmes de « faciles » (tellement faciles que les usagers auraient dû pouvoir les régler eux-mêmes) ou en réglant un problème à la hâte. Ces comportements peuvent être corrigés en entrainant correctement les agents sur la bonne façon d'interagir avec les utilisateurs.

Par entrainement, je ne veux pas parler de ce non-sens stérile et préfabriqué que l'on voit dans tous les centres du monde. L'idée n'est pas de rendre stérile tous les services de consultation et faire sentir aux clients qu'ils parlent à des machines, mais plutôt de mettre l'accent sur ce qu'ils ressentent quand ils doivent solliciter de l'aide. Quand nous reconnaissons l'anxiété qu'un usager peut ressentir lorsqu'il fait face à un problème avec une technologie (ils ont du travail à faire, des délais à respecter et un ordinateur qui n'aide en rien), nous réalisons qu'ils ont probablement passé du temps à essayer de le résoudre par eux-mêmes et ont échoué et donc, nous comprenons un peu mieux l'état d'esprit dans lequel ils se trouvent quand ils nous appellent.

Le mot d'ordre : la gestion de l'anxiété. Tout ce que l'agent peut faire pour mettre l'accent sur le fait qu'il est là, qu'il va voir comment il peut résoudre le problème et que l'usager pourra retrouver son train-train quotidien bientôt soulagera ce dernier. Simplement reconnaitre l'état d'esprit du client et y compatir peut faire des miracles sur la satisfaction de celui-ci.

Le service fourni VS le service attendu

L'un des éléments clés de la satisfaction est la différence entre le service que l'usager espère et celui qu'il reçoit.

Gérer les attentes

Nos attentes se modifient dépendant de ce qui nous a été promis et de notre expérience jusqu'à maintenant. Les entreprises de services qui promettent un service très rapide (comme les chaines de restauration rapide) nous affirment que nous pourrons y entrer, passer rapidement notre commande, manger tout aussi rapidement et quitter. C'est la prémisse tout entière d'un *fast-food*, un repas rapide. Il s'agit de la promesse qui nous est faite par le restaurant.

Les utilisateurs ont le même genre d'attentes. Quand j'ai un problème, je m'attends à ce que quelqu'un réponde à mon appel rapidement (avant la 5e sonnerie), qu'il diagnostique mon problème sans me demander si mon ordinateur est branché, et qu'il trouve une solution pour que je puisse me remettre au travail. Tout dépendant de mon expérience passée, j'aurai différentes attentes. Par exemple, je sais que changer du matériel peut prendre un certain temps, puisqu'ils ne gardent pas tout en inventaire. Si je demande une nouvelle souris, je peux m'attendre à ce que ça prenne deux jours avant d'être approuvé à l'interne. Par contre, j'ai une certaine idée de ce à quoi m'attendre.

Dire aux usagers à quoi s'attendre

La première étape concernant la gestion des attentes pour un département de technologies d'information est de mentionner aux usagers à quoi ils doivent s'attendre. Le département peut annoncer ses qualités de la même façon que le ferait le restaurant (rapide, frais, jouet gratuit!). La meilleure façon de le faire est par le biais d'un accord de niveau de service (ANS). Un ANS est en fait une liste de promesse que la compagnie nous fait. On y retrouve des engagements tels que :

Nous répondrons à votre appel avant la 5ᵉ sonnerie 90% du temps.
Nous serons disponibles de 8 h à 17 h du lundi au vendredi.
Nous offrirons un service de support les fins de semaine, avec un temps de réponse de moins de quatre heures.

Ces promesses ne servent à rien d'autre qu'à orienter nos attentes envers le service. En mentionnant explicitement aux clients que c'est ce à quoi vous vous engagez, je sais ce que vous pouvez faire pour moi. Tout simplement comme avec l'analogie du restaurant, je sais de quoi vous êtes capables. Vous répondez à la plupart de vos appels avant la 5ᵉ sonnerie et si c'est plus long, c'est probablement parce qu'une chose importante est en train de se produire. Vous êtes disponible de 8 h à 17 h, alors si j'appelle pendant ces heures, vous me répondrez et pourrez m'aider.

Il est tout aussi important que l'accord de niveau de service mentionne ce que vous n'êtes PAS en mesure de fournir. Par exemple, s'il mentionne « Nous répondrons à votre appel avant la 5ᵉ sonnerie la plupart du temps, mais pas si vous communiquez avec nous après 17 h, ni les fins de semaine ». Ainsi, l'utilisateur qui vous appelle à 18 h avec un important problème saura qu'il n'obtiendra pas une réponse immédiate. Les clients n'en seront peut-être pas très heureux, mais s'ils sont avertis avant, ils sauront à quoi s'attendre.

Les accords de niveau de service établissent les caractéristiques du service fourni. La compréhension des limites de ce que le service peut et ne peut pas faire met les bases pour créer un nouveau lot d'attentes de la part des utilisateurs. Toutefois, leurs expériences passées peuvent jeter tout ce principe par la fenêtre.

Le rôle des expériences passées

La dernière fois que je me suis rendu à un *fast-food*, j'ai eu le plus merveilleux des *hamburgers*. Pour une raison quelconque, c'était le meilleur que je n'eusse jamais mangé. Peut-être était-ce parce que le cuisinier était particulièrement bon, ou la nourriture très fraiche ou même, peut-être avais-je tellement faim que n'importe quoi aurait gouté bon. Toutefois, ma dernière expérience était fantastique. Malheureusement pour moi et le restaurant, cette rencontre était problématique. En effet, depuis ce jour, quand je vais à ce restaurant, j'espère avoir ce même fabuleux *hamburger*.

Maintenant, peu de chaines de restauration rapide promettent que la nourriture sera excellente. Ils promettent qu'elle sera fraiche, chaude, ou quelque chose se rapportant à ces lignes, mais elles ne promettent jamais que votre vie sera transformée par leur expérience culinaire. Ils savent qu'ils ne peuvent pas fournir constamment ce genre de service. Ce serait trop cher, trop compliqué, ce ne serait pas mesurable à l'échelle désirée, pas suffisamment rapide, etc. Fournir un repas fantastique n'a jamais été leur promesse.

Ainsi, quand j'ai commandé un *burger* la fois suivante, j'ai été déçu. Je m'attendais à quelque chose d'un peu mieux. Ce n'était pas mauvais, en fait, ce n'était pas différent des cent dernières fois où j'étais allé là-bas, mais c'était différent de ma toute dernière expérience. Cette dernière avait changé toutes mes attentes au sujet du service que je recevrais.

Le même phénomène existe avec les technologies d'information. Vous pouvez informer vos clients que vous ne répondrez pas au téléphone et que toutes les demandes devront être faites par courriel ou autrement, elles seront ignorées. Vous avez établi votre ANS et vous avez tenté de régler les attentes des utilisateurs : ne nous contactez pas par téléphone. Ce ne pourrait être plus clair. Or, les employés du service des technologies d'information continuent de répondre au téléphone. Ils sont gentils et ne veulent pas décevoir les utilisateurs, alors ils continuent de prendre les appels pour résoudre leurs problèmes.

Ainsi, comme utilisateur, j'ai rejeté les attentes que vous aviez essayé de m'inculquer par votre accord de niveau de service et je m'attends maintenant à ce que vous répondiez au téléphone, puisque vous l'avez fait la dernière fois. C'est là que les problèmes commencent, puisque la prochaine fois que je téléphonerai, vous ne répondrez peut-être pas. Vous ne serez pas à votre bureau ou vous serez occupé. J'aurai toujours eu une réponse par le passé, mais cette fois, je n'en aurai pas. Après 4 heures, je recevrai un retour d'appel de la personne concernée avec des excuses, puisque le département était en réunion toute la journée et qu'elle n'a pas pu répondre à mon appel. Je serai frustré, car j'aurai attendu pendant des heures. La personne aux services des technologies d'information sera également frustrée, parce qu'après tout, elle me fait une faveur en répondant au téléphone. Cette rencontre laisse donc tout le monde déçu.

Voilà pourquoi il est important de fournir ce que nous avons promis et d'être constant à ce sujet.

Mieux vivre avec les fournisseurs de services internes

Nous avons vu qu'une source majeure d'insatisfaction provient de l'anxiété que les clients ressentent envers la technologie. Ils sont bombardés de nouvelles technologies tous les jours au travail et à la maison. Ils ont souvent l'impression qu'ils ne peuvent pas se débrouiller avec toute l'information qu'ils doivent retenir.

Si vous avez dû monter un système de cinéma maison récemment, vous comprenez ce que je veux dire. Il y a de fortes chances que vous ayez maintenant 4 ou 5 télécommandes sur votre table de salon. Certaines ne sont peut-être utilisées que pour allumer un appareil et ensuite, on l'oublie. De plus, vous devez vous souvenir de changer le port d'entrée (input) de votre téléviseur, d'allumer le lecteur DVD et d'ouvrir le système de cinéma maison, pour finalement sélectionner le bon port d'entrée. Chez moi, c'est devenu une source de stress. Je vais attendre d'entendre des cris de frustration avant de descendre au sous-sol et d'expliquer pour la énième fois qu'il faut ouvrir les appareils dans un ordre spécifique, sinon ça ne fonctionnera pas.

Finalement, j'ai abdiqué et j'ai acheté une télécommande universelle. J'ai programmé uniquement ce dont nous avions besoin et j'ai laissé tomber tout le reste. Ainsi, maintenant, nous n'avons qu'une petite poignée d'options : écouter la télévision ou regarder un film. C'est tout. Ma famille est ravie, car elle peut maintenant utiliser l'équipement sans avoir à consulter un manuel d'utilisateur de 200 pages et je n'ai plus à les superviser. Ce que je suis parvenu à faire, c'est réduire l'anxiété de mes utilisateurs (ma femme et ma fille) en leur permettant de faire une chose qu'elles avaient l'habitude de faire facilement : regarder la télévision. Leur stress « technologique » était difficile, puisqu'elles se sentaient incompétentes devant le nouvel équipement et elles présentaient même des comportements d'évitement (« Oublions ça, je vais lire un livre à la place »). La formation ne fonctionnait pas efficacement dans ce cas précis, puisqu'elles n'avaient qu'un intérêt minimal à apprendre le système en entier et qu'elles n'avaient pas envie de l'explorer. Or, avec l'addition d'une nouvelle technologie (la télécommande universelle), nous avons simplifié le processus en entier en automatisant les tâches, mais également en éliminant des options.

Ce procédé de simplification permet aux utilisateurs de mieux bénéficier de la technologie disponible.

Trop d'options c'est mauvais

Une étude menée par (référence) a analysé le comportement des clients avec différents nombres de choix. Ils ont fait une expérience où des passants se faisaient demander d'acheter différentes sortes de confiture. Un autre groupe devait choisir entre 24 sortes de confiture. Plus de choix devrait être mieux, non? En fait, les résultats montraient complètement autre chose. Les sujets qui devaient choisir entre 24 items ont plutôt choisi de ne RIEN acheter. Or, ceux qui avaient 6 choix ont, pour la plupart, sélectionné une confiture. Un nombre trop élevé d'options a pour effet de paralyser les sujets.

Intuitivement, ça fait parfaitement du sens. Si je vous demande de choisir entre fraise, bleuet, agrumes et framboises, vous avez probablement déjà une saveur favorite en tête. Pour moi la réponse est simple, les agrumes.

Or, demandez-moi de choisir entre Fraises-agrumes et Agrumes-bleuets, et je ne sais plus. Le choix n'est plus aussi clair.

Cacher des options

Les systèmes informatiques sont devenus de plus en plus complexes et comprennent des centaines ou des milliers d'options. Si vous regardez chacune des choses que peut faire un logiciel de traitement de textes, c'est déstabilisant. Il peut gérer une petite banque de données d'adresses, créer une page *Web* et il peut faire du matériel promotionnel de toutes les grandeurs et de toutes les longueurs. Il s'agit d'un outil extrêmement utile dans les mains de quelqu'un de hautement formé, mais c'est également excessif pour quelqu'un qui ne veut qu'écrire une lettre. Le nombre d'options possibles rend en fait la tâche plus difficile à faire.

Les logiciels de traitement de textes ont une façon adroite de gérer la complexité, ils cachent des options. Celles-ci sont ensevelies sous des menus, des menus contextuels, des rubans, etc. Elles sont regroupées ensemble en se basant sur la tâche à accomplir.

La même chose peut être faite avec d'autres systèmes. Je suis toujours surpris de voir le nombre de « paquets » fournis tels quel, sans essayer d'adapter un peu l'interface de l'ordinateur à l'utilisateur qui va s'en servir. Un bon exercice pour savoir ce que l'utilisateur doit voir et ce qu'on peut cacher (une chose que les logiciels de départ fournis rendent facile à faire de nos jours) peut faire une grosse différence dans l'expérience d'un usager.

Ajouter de la technologie là où ça fait du sens

Parfois, la simplification vient avec l'ajout de technologie. De la même façon que j'ai ajouté une télécommande universelle chez moi, le service de technologies d'information peut ajouter un logiciel pour regrouper des données ou pour rendre un logiciel plus facilement accessible. Par exemple, les compagnies utilisent les *Intranets* depuis plusieurs années pour rendre leurs systèmes disponibles aux utilisateurs. C'est particulièrement utile pour des tâches que l'utilisateur ne fait que périodiquement (rapport d'expansion, revue des performances de l'année, etc.).

Le département des plaintes

La communication est une avenue à double sens. Elle doit faire passer un message, mais elle constitue également un moyen d'en recevoir. Si tout ce que je fais en tant que département est d'envoyer des messages sans jamais laisser la chance aux usagers de me parler, alors il ne s'agit pas de communication, mais simplement de la publicité.

Nous confondons souvent publicité et communication. Parfois, nous avons l'impression que puisque nous envoyons des courriels, que nous publions dans les bulletins de la compagnie et que nous participons à des téléconférences, nous accomplissons un bon travail de communication. Or, une bonne communication doit fournir une plate-forme permettant des commentaires de la part des usagers.

Une étude de (Référence) a démontré que pour se sentir satisfaits, les utilisateurs doivent pouvoir verbaliser leurs préoccupations. Sans cette plate-forme, tout ce qu'ils peuvent faire s'est de se plaindre entre eux, puisqu'ils n'ont aucun autre moyen de laisser savoir à quelqu'un qu'ils sont insatisfaits.

1. Fournir une plate-forme

Ainsi, la bonne vieille boite à suggestion ou une ligne de plaintes constituent des façons de permettre aux gens d'exprimer leurs opinions ouvertement. Elles leur permettent de faire entendre leurs désagréments.

Note : En tant que Directeur des Services d'Information, je fournis toujours mon numéro de téléphone, de cellulaire et mon courriel dans tous mes communiqués et je demande aux gens de me joindre directement s'ils ont des problèmes ou des inquiétudes. Au départ, les gens s'inquiétaient que je ne croule sous les plaintes, mais en réalité, je recevais généralement moins d'un courriel ou d'un appel par semaine. À chaque fois que je recevais un message, je rappelais l'utilisateur et lui demandais exactement ce qui s'était passé, j'entrais dans le système de support pour voir ce qui avait été fait et je demandais ce qui aurait pu être fait pour satisfaire le client. J'utilisais ensuite cet exemple pour enseigner aux employés du support technique comment satisfaire les usagers, soit en étant plus attentifs à leur réel problème ou en s'assurant de résoudre le problème. Cette méthode a accompli des merveilles pour les utilisateurs qui ont l'impression d'avoir accès à un « bat-téléphone » qu'ils peuvent utiliser en cas de problème. Elle a également bien fonctionné pour le personnel des technologies d'information, puisqu'ils ont constaté que je ne crucifierais personne en lui donnant l'information, mais que je m'assurerais minutieusement que le problème avait été adressé.

2. Faire suite

La seconde partie de ce processus est de faire suite à la plainte. À titre d'expérimentation, j'ai visité plusieurs sites Web de compagnies qui avaient un bouton du genre « Comment nous débrouillons-nous, faites-nous part de votre opinion! », afin de voir comment ils géraient les plaintes des clients. J'ai été choqué du nombre aberrant de compagnies qui n'ont même pas pris la peine de me rappeler, ni même de répondre à mon courriel. Plus de la moitié des sondages informels que j'ai remplis n'ont obtenu aucune réponse, excepté pour la réponse automatique envoyée qui se traduisait par des lignes du style de « Merci pour votre courriel, nous prenons votre satisfaction très au sérieux. Nous analyserons votre requête et nous vous reviendrons sous peu. » En outre, en ce qui concerne ceux qui m'ont fourni une réponse, ils étaient moins intéressés à régler mon problème qu'à me vendre quelque chose.

Qu'en est-il des compagnies qui ont répondu à mon problème? Pour certaines d'entre elles, un employé d'un grade supérieur m'a rappelé et il a sincèrement tenté d'identifier le problème, de le régler et il m'a remercié pour ma patience.

En marketing, on appelle ce service une reprise. La théorie veut que si peu de gens se plaignent, la plupart votent avec leurs pieds (C'est-à-dire qu'ils vont ailleurs...), donc chaque plainte est en fait très précieuse et doit être traitée comme telle. C'est une possibilité de corriger une erreur et de bâtir une relation plus profonde avec le client. Des études (références) ont montré que les utilisateurs dont les services ont été repris ont un très haut niveau de satisfaction, même si le premier contact n'a pas rencontré leurs besoins. Le fait de savoir que la compagnie ait tenté et a réussi à résoudre le problème augmente les chances qu'ils achètent à nouveau chez elle.

Dans les technologies d'information, nous faisons face aux mêmes problèmes. Quand les utilisateurs sont mécontents du service, ils n'ont nulle part où aller et donc, ils ne votent pas avec leurs pieds. Or, ils ressentiront de l'insatisfaction. Voilà pourquoi chaque plainte est une chance pour nous de réparer un tort, de résoudre un problème survenu dans la livraison de nos services. Toutefois, ça ne fonctionne que si nous faisons suite. Si un courriel ne reçoit aucune réponse après plusieurs jours ou s'il est simplement redirigé dans le système pour être ouvert de nouveau par le même agent, il n'engendrera pas de satisfaction non plus. C'est pourquoi le suivi de chacune des plaintes formulées est une nécessité. Puisque les technologies d'information ne peuvent pas obtenir de nouveaux « clients », elles doivent s'assurer que tous les clients (utilisateurs) actuels sont satisfaits et la reprise du service est la façon de les garder comblés.

3. Soyez transparents

Quelles sont les trois phrases que nous n'entendons jamais dans les technologies d'information?

1. « Non merci, nous avons plus que suffisamment d'argent dans le budget de TIs, nous n'en avons pas besoin de plus ».

2. « Microsoft crée de bons logiciels ».

3. « Oh wow, il semble que nous ayons fait une grosse erreur. Laissez-moi la régler ».

Un élément important de la satisfaction d'un utilisateur est sa confiance envers la compagnie. Trop souvent, nous nous cachons derrière un jargon et la complexité des TIs pour dissimuler nos erreurs. Certains vont même aussi loin que d'insinuer que c'est la faute de l'usager s'il y a des problèmes (« Oh, regardez comme vous avez téléchargé de la musique, c'est ce qui a effacé votre disque dur en entier »). Or, en réalité, c'est le département des technologies d'information qui fout tout en l'air, et ce, régulièrement. Il y a de bonnes et de mauvaises raisons l'expliquant, mais en bout de ligne, nous faisons des erreurs, comme tout le monde.

Accepter ce fait et laisser les utilisateurs savoir quand nous avons commis une erreur est le premier pas vers l'élaboration d'une relation de confiance. Cela aide à dédramatiser la situation et montre que vous êtes enclin à admettre que vous avez tort. Quand il s'agit des technologies d'information, l'utilisateur est souvent dans une position vulnérable simplement parce qu'il en connaît moins sur le sujet. Ils se sentent déjà vulnérables et impuissants face à leur problème. Faire face à une organisation qui parle et agit comme si elle ne pouvait pas faire d'erreur n'aide pas l'usager à se sentir à l'aise. Or, avoir affaire à un département qui est transparent et qui admet ses erreurs humanise les interactions.

Toutefois, les erreurs doivent être suivies de mesures correctrices et elles ne peuvent en aucun cas devenir des habitudes.

Plan d'action

- Fournir un bon service à la clientèle.
- Gérer activement les attentes.
- Développer un procéder pour gérer les plaintes.

La gestion de vos clients

Gérer les clients

Dans l'étape 1, nous avons vu combien il est important de gérer les clients à travers leur cycle de vie. Dans cette section, nous traiterons des clients internes : celui qui prend les décisions pour un groupe d'usagers. Les clients internes peuvent être un vice-président, un directeur ou simplement, un meneur d'équipe pour un département. Le client est celui qui est en charge d'atteindre les objectifs pour le groupe et de gérer les ressources.

Beaucoup de fournisseurs de services internes réagissent négativement quand je parle de la gestion de leurs clients internes. Le concept sonne un peu trop « marketing » pour eux. Leur rôle comme fournisseur de services internes est de servir, pas de « gérer » leurs clients. Ça sonne un peu trop machiavélique pour eux.

En réalité, gérer les clients n'est pas négatif. En fait, les clients en sont heureux. Ils veulent que leur fournisseur s'intéresse activement à ce qu'il fait, qu'il adapte ses services à leurs besoins et qu'il leur dise quand ils ont des attentes irraisonnables. Vos clients ont les mêmes problèmes que vous, ils doivent faire plus avec moins et ils ont besoin de savoir ce que vous pouvez ou ne pouvez pas faire pour eux.

Nous verrons deux mécanismes pour vous aider à gérer vos clients : la planification stratégique et le compte-rendu rétroactif.

La gestion d'une relation à travers la planification stratégique

La planification stratégique est utilisée depuis un moment par les organisations de ventes pour les aider optimiser leur travail et à prioriser leurs ressources. Bien qu'elles voudraient aider tous leurs clients potentiels, la réalité veut qu'ils ne représentent pas tous une réelle opportunité et que de dépenser trop de temps et d'effort avec eux ne mènerait probablement à rien.

D'un autre côté, certains prospects clés doivent être nourris et planifiés de façon appropriée pour s'assurer que chaque interaction avec eux aidera à mener les objectifs à bien, peu importe que ce soit de faire une vente, de sécuriser un renouvèlement ou simplement de s'assurer que le client est heureux avec les services qu'il reçoit.

Comment associer tout ceci avec un fournisseur de services internes? Une planification stratégique les aide à définir le statut de leur relation, à déterminer des objectifs pour aller de l'avant et à prioriser des ressources parmi leurs nombreuses priorités.

Que retrouve-t-on dans une planification stratégique?

Une planification stratégique est un document interne utilisé par l'équipe pour l'aider à évaluer les besoins de vos clients, à mesurer l'état de santé de votre relation et à définir des objectifs, ainsi que des étapes à franchir dans le futur. Elle aide à identifier et à prioriser les activités requises pour construire une relation durable et solide. Elle n'est pas faite pour être partagée avec le client, nous utiliserons le compte-rendu rétroactif pour une utilisation interactive (comme nous le verrons dans la section suivante).

Un élément clé de la planification stratégique est de changer la gestion de la relation en partant d'une approche réactive et non planifiée et en la métamorphosant plutôt en une approche intentionnelle. En ayant des buts clairs et des objectifs pour chaque estimé, vous pouvez mieux gérer la relation avec vos clients dans vos activités quotidiennes.

Une planification stratégique typique comporte 5 composantes majeures :
- Une vue d'ensemble,
- Une solution stratégique,
- Une livraison stratégique,
- Une évaluation de la relation,
- Un plan d'action.

1. Une vue d'ensemble :

Donner une idée du sens et de la complexité de l'estimé. Identifier les majeures parties concernées.

La planification stratégique est une description du département ou de l'équipe qui dresse une liste des facteurs influençant la livraison du service. Par exemple, si vous travaillez dans les ressources humaines, votre vu d'ensemble inclura le nombre et les différents types d'employés, leurs niveaux (professionnel, s'ils sont syndiqués, etc.) aussi bien que leur complexité (très éduqué VS travailleur manuel). Ces informations peuvent également être comparées au reste de l'organisation pour donner une idée de la différence de notre groupe face aux autres.

2. Solution stratégique :

Les applications/services utilisées par les clients peuvent être reliées aux solutions proposées par l'entreprise (s'il en existe).

La solution stratégique inclut les solutions fournies aux clients par votre groupe de service interne. Par exemple, dans les technologies d'information, les solutions représenteraient les différents outils et applications qui sont disponibles pour le client. Pour les ressources humaines, les solutions représenteraient les différents services offerts (les talons de paie, le recrutement, les bénéfices, etc.). Cette liste montre l'envergure des solutions fournies au département idéalement, on les comparerait au reste de l'organisation.

La planification stratégique devrait également les comparer au reste de l'industrie pour aider à identifier les possibles lacunes et les besoins futurs. Une organisation de vente qui n'utilise toujours pas une application permettant la gestion de ses relations avec les clients en voudra fort probablement une bientôt. Cette comparaison est utile pour décider avec le client de ce que seront les zones d'intérêts pour les années à venir.

3. Une livraison stratégique :

Les services utilisés par le client de services incorporés et leur satisfaction relative avec chacun.

La livraison stratégique représente votre mécanisme d'interaction avec votre département de service interne. Elle couvre les différents moyens de communication que vous utilisez (le téléphone, le courriel, en personne), ainsi que les méthodes qui facilitent l'utilisation de vos solutions (le support, la gestion d'un projet, la formation). La satisfaction des utilisateurs est déterminée pour chacun de ces services, que ce soit par estimation ou en la mesurant. Dans la mesure du possible, la satisfaction devrait être comparée au reste de l'organisation.

Cet exercice intéressant de comparaison vous aide à définir les différences entre le service fourni et les attentes envers vos services. Si votre service d'assistance se classe plus bas au niveau des ventes que les autres départements, vous savez que soit votre service a des lacunes dans les ventes (les vendeurs sont généralement mobiles, par exemple), soit leurs attentes sont trop élevées, ou un peu des deux. Comprendre ces différences peut vous aider à initier la bonne conversation et à adapter la livraison de vos services pour mieux répondre aux besoins de vos clients.

4. Évaluation de la relation :

Les profils de personnalités actuels et ceux qui sont désirés, ainsi que la santé de la relation.

Comme nous l'avons mentionné précédemment, les profils de personnalité désirés par une entreprise peuvent varier d'un client interne à un autre. Or, en comprenant leurs attentes, vous pouvez commencer à adapter votre propre personnalité et vos services pour rencontrer leurs attentes ou vous pouvez les aider à les gérer, afin de les rendre plus réalistes face à celles du reste de l'organisation.

Une évaluation de la santé de votre relation peut également vous aider à découvrir des problèmes latents, des conflits de personnalités ou tout autre obstacle qui peut se dresser entre vous et la construction d'une solide relation de partenariat. La compréhension d'un problème entre un client clé et un membre important de votre personnel peut expliquer une foule de comportements que vous constatez chez les deux parties. Comprendre la santé est la première étape pour construire des ponts reliant les écarts et donc, pour résoudre les conflits.

5. Plan d'action :

Des objectifs spécifiques, des stratégies et des activités pour le compte.

Finalement, le plan d'action. Une liste des objectifs pour les prochains trois, douze et trente-six mois avec ce compte. Comment voulez-vous voir la relation évoluer avec cette association? Comment allez-vous adapter ou faire évoluer vos solutions pour rencontrer ces besoins (et ôter ceux qui ne sont plus requis), comment allez-vous modifier vos services pour augmenter la satisfaction? Voici toutes d'importantes questions qui souvent n'ont pas de réponses faciles. L'objectif n'est pas d'avoir toutes les bonnes réponses au premier essai, mais plutôt d'essayer de commencer à poser un regard critique sur le compte sur une base régulière.

Il n'est pas rare pour des fournisseurs de services internes de commencer avec un plan de 3 mois seulement, construisant le reste de celui-ci à mesure qu'ils en apprennent sur les besoins de leurs clients.

Il semble que ce soit beaucoup de travail

Effectivement, mais pas pour les raisons que vous croyez. Les planifications stratégiques sont de petits documents, typiquement de 5-6 diapositives sur PowerPoint et cela prend littéralement quelques minutes pour le remplir. Notre site Web comprend déjà des grilles qui vous guideront à la fois avec le format et le contenu.

La partie difficile est la réflexion qui est requise pour évaluer la santé de votre relation, définir les objectifs et identifier les stratégies, ainsi que les plans d'action pour nous aider à les mettre en branle. Elle nécessite une compréhension des réalités des gens qui sont en première ligne, de comprendre les besoins de vos clients et de tout réunir dans un plan qui fera du sens. La bonne nouvelle, c'est qu'il s'agit d'un processus en évolution constante. La planification stratégique devrait être mise à jour chaque trimestre, ce qui vous donne amplement l'opportunité de raffiner les choses à mesure que le temps avance.

Améliorer la communication à travers les comptes rendus rétroactifs

Le procédé des comptes rendus interactifs fournit une révision périodique (normalement à chaque trimestre) avec le client du statut des services et vous aide à jauger la santé de votre relation avec lui. Il a été démontré qu'ils amélioraient grandement cette relation.

Le compte-rendu interactif constitue une chance pour le FSI de présenter leur performance à leurs clients. Nous avons vu précédemment que les clients passent très peu de temps à penser à vous et quand ils le font, c'est généralement parce que quelque chose va mal. Le fait d'avoir à faire une révision formelle oblige le client à penser à vos services en des termes plus rationnels, afin de voir ce qui fonctionne ou non et de comprendre les actions que vous mettez en place pour demeurer ou devenir un bon fournisseur.

Le compte-rendu rétroactif est également une bonne opportunité pour le client d'évaluer les services reçus et de vous fournir des conseils d'orientation pour le futur. Il donne l'opportunité aux clients de verbaliser leur opinion sur chacun des services et des solutions proposées, de discuter des besoins présents et futurs et de prioriser dans quel ordre ils devraient être comblés. Il leur donne l'opportunité de discuter des solutions et des services, au lieu de simplement regarder les problèmes. Il leur donne également l'opportunité de guider l'évolution des outils communs, soit ceux qui sont partagés par tout le monde au sein de l'organisation.

Or, le plus important, c'est qu'il garde la communication ouverte. Trop souvent, les fournisseurs de services internes ont très peu de communication avec leurs clients, préférant l'approche « Pas de nouvelles, bonnes nouvelles! ». Toutefois, ne pas avoir de nouvelles n'est pas synonyme de bonnes nouvelles et avoir une bonne discussion formelle chaque trimestre encourage une meilleure relation et rend les clients plus enclins à vous demander de l'aide quand quelque chose ne va pas, ou simplement quand ils sentent que leur FSI devrait faire partie d'une importante conversation. Cela aide à bâtir des partenariats.

Comment diriger un compte-rendu rétroactif

Le compte-rendu rétroactif est une réunion planifiée normalement à tous les trimestres avec chacun des clients à l'interne. Cette réunion est facilitée par la présentation d'un document contenant six parties majeures :
1. Performance opérationnelle,
2. Utilisation du service,
3. Focus et priorités,
4. Nouveaux projets et projets en cours,
5. Statut et interrogations,
6. Évènements à venir.

1. Performance opérationnelle :
La performance du service offert par le FSI.

Nous avons déjà discuté de l'importance de mesurer les services fournis. En effet, c'est la chance de montrer combien vos services étaient bons (ou mauvais) au cours du dernier trimestre. Cette évaluation permet également d'aider les clients à remettre à jour leur perception de vos performances plutôt que de se fier à des commentaires entendus à la machine à eau lors d'une pause. Il s'agit également d'une opportunité pour vous de démontrer votre intégrité quand les performances chutent et de parler du plan d'action que vous avez mis sur pied pour corriger la situation.

2. Utilisation du service :

Comment le client utilise-t-il le service offert en comparaison avec d'autres groupes? Les opportunités reliées à l'amélioration de l'utilisation du service.

Les clients veulent également savoir si leurs employés utilisent vos services correctement. En leur montrant des comparaisons avec d'autres départements (quand c'est approprié), vous pouvez leur démontrer si leurs employés l'utilisent correctement ou non. Par exemple, un département qui place deux fois plus d'appels au service de support souffre peut-être d'un manque de solution fiable, mais pourrait également tout simplement s'y connaitre un peu moins et un bon entrainement pourrait faire la différence.

3. Focus et priorités :
Les projets des clients sur lesquels vous travaillerez en priorité pour le prochain trimestre.

Quelles sont les priorités des clients? L'approche d'un évènement majeur? Cette section fait la liste des priorités de vos clients dans leurs propres termes. Cette liste vous aide à vous assurer que vos propres priorités sont alignées sur ce qu'accomplit le client et que vous pouvez le supporter pleinement. Elle prévient également les surprises en s'assurant que vous êtes impliqué au bon moment si une initiative ou un évènement majeur se présente.

4. Nouveaux projets et les projets en cours
Les nouveaux projets, les projets en cours et les évènements majeurs sur lesquels vous travaillez.

Cette section décrit le statut de chacune des initiatives majeures (généralement avec un simple code de couleur rouge, jaune ou vert) qui a un impact sur les clients. Il fournit une mise à jour rapide sur la santé des projets et les dates clés qui y sont associées. Chaque projet a généralement sont rapport de statut, mais il y a peu de chance que les clients les regardent tous et évaluent leur impact. Deux projets aboutiront en même temps? Peut-être que ce sera trop à assimiler pour les utilisateurs d'un seul coup. Il est plus simple de changer les plans d'avance que lorsqu'il est trop tard.

5. Statut et interrogations :
Les interrogations en cours et les statuts du précédent compte-rendu rétroactif.

Il y a de fortes chances que beaucoup d'interrogations soient soulevées lors d'un compte-rendu rétroactif. Ces interrogations et dysfonctionnements peuvent également survenir entre les réunions, directement des clients eux-mêmes de la part de leurs employés. Cette section fait la liste des questionnements et problèmes identifiés lors du dernier compte-rendu rétroactif, ainsi que leur statut actuel. Elle montre aux clients que vous prenez tous les problèmes au sérieux jusqu'à ce qu'ils soient résolus et ça leur donne un sentiment de progression quant à l'amélioration de la situation.

6. Évènements à venir :
Un résumé des évènements qui auront un impact sur vos clients.

Finalement, la dernière section fait la liste des évènements qui pourraient avoir un impact sur vos clients. Cette liste leur donne l'opportunité d'identifier de potentiels conflits avec ce que vous faites. La mise à jour importante d'un logiciel lors d'un évènement important? Il est plus simple de changer la date de celui-ci avec un préavis de trois mois que d'une semaine. Les évaluations de performance des employés sont dues en même temps que le rapport de la fin du trimestre? Peut-être pourriez-vous repousser la date de remise. Cette forme de planification aide à prévenir les problèmes à long terme.

Mais je parle déjà avec mes clients

Quand je parle de formaliser le processus de compte-rendu rétroactif, la première réaction obtenue est généralement : « Mais je parle déjà fréquemment avec mes clients, je n'ai pas besoin d'une réunion formelle ». C'est bien. C'est important d'avoir un bon mode de communication ouvert avec vos clients si vous voulez qu'ils vous appellent à chaque fois qu'ils ont un problème, une question ou une idée.

Par contre, le but premier de cette étape est d'être intentionnel dans votre relation. Vous ne prenez probablement pas le temps de revoir vos performances opérationnelles, l'utilisation de vos services, vos zones de priorités, les projets, les problèmes et les évènements à venir dans vos conversations habituelles. Généralement, ces conversations tournent autour d'un problème ou d'un projet spécifique. En ayant une réunion formelle chaque trimestre pour revoir ces sujets, vous vous assurez que c'est fait. Cela montre également à vos clients que vous prenez ces choses au sérieux et que vous accordez de la valeur à leurs commentaires.

Voyez quelques exemples de planifications stratégiques et de comptes rendus rétroactifs

Vous pouvez visiter la page de ressources sur notre site Web : www.scuserresearch.com/research pour trouver des modèles, des listes à vérifier et des exemples de planifications stratégiques et de comptes rendus rétroactifs.

Plan d'action

- Développer une planification stratégique pour chacun de vos clients internes majeurs.
- Entretenez des comptes rendus rétroactifs avec vos clients internes.

Planifier à l'avance

Devenez tout ce qu'il y a de plus prévisible

J'ai le potentiel d'être un partenaire très peu fiable dans mon mariage. Ma femme travaille à l'école de notre fille, où l'horaire est très clairement planifié (et renforcé par les sons de cloche, tout au long de la journée) et je peux être certain qu'elle sera toujours à la maison à 16 h 15, à moins d'une réunion de parents, ce qui est plutôt rare. Ma femme est donc tout ce qu'il y a de plus prévisible, ce qui est une bonne chose. Je n'ai pas à me soucier de qui devra aller prendre ma fille à l'école ou du fait qu'elle sera ou non à l'heure.

D'un autre côté, j'ai le potentiel d'être un partenaire très peu fiable moi-même. Certaines semaines, je travaille hors du bureau tous les jours, faisant de la recherche et de la rédaction alors que, d'autres semaines, je dois jongler entre les conférences, les rencontres avec les clients et les ateliers, dans différentes villes. Mon horaire est loin d'être prévisible. Comment je m'y adapte? En planifiant tout avec précision.

Le but d'un partenariat n'est évidemment pas d'être excitant. En fait, de bons partenaires tendent à être très prévisibles. Ils ont une manière systématique d'effectuer les choses, de réagir et d'éviter les surprises à tout cout, en prévoyant tout. Dans cette section, nous verrons comment vous pouvez, vous-mêmes, devenir prévisibles. Mais ne vous inquiétez pas, c'est une bonne chose.

Bâtir la confiance

Nous avons tous un ami que nous adorons, mais que nous ne laisserions pas seul dans notre maison pour une fin de semaine. Non pas qu'il soit malicieux, mais seulement parce qu'on ne peut pas lui faire confiance. Il pourrait briser quelque chose, faire la fête, embarrasser les voisins, perdre le chat. Vous n'avez probablement même pas vu cet ami agir de la sorte, mais vous en avez entendu parler. Des histoires très intéressantes, certes, mais le genre d'histoire qui nuit drastiquement à sa réputation.

Il existe deux facteurs importants pouvant affecter la confiance : la réputation et la communication.

Nous avons déjà parlé du besoin de communiquer avec les clients internes. Une communication efficace aide à développer des relations de travail et à éliminer tous les malentendus possibles qui pourraient causer des problèmes. Mais la réputation précède tout cela et dictera si vos clients seront ouverts à vous donner une chance ou pas.

J'ai connu un excellent gérant, quelqu'un qui travaillait dur, qui ne comptait pas ses heures et qui était toujours là quand on avait besoin de lui. Il agissait toujours avec intégrité et honnêteté. Il était définitivement un exemple de courage et de dévouement. Mais il était excessivement désorganisé. Rien qui n'ait un impact sur ses performances cependant; seulement de petites choses. Il se présentait en retard à ses rendez-vous, seulement quelques minutes, mais quand même. Il oubliait souvent d'envoyer l'ordre du jour des rencontres, ce qui faisait que les gens ne savaient pas quel était l'objectif de la rencontre. Après que la rencontre soit terminée, rien ne semblait clair par rapport à ce qui devait être fait et, évidemment, il oubliait souvent d'envoyer le compte-rendu de la réunion.

Le résultat : sa réputation était ternie. Il stagnait dans la même position et la plupart des gens évitaient de travailler avec lui. Et même s'il était agréable et sympathique, personne ne souhaitait lui laisser la clé de sa maison.

La réputation se construit d'après vos décisions et comportements de tous les jours. Chaque fois que vous agissez avec intégrité, votre réputation augmente un peu. Chaque fois que vous défendez un client, votre réputation monte d'un cran. Mais chaque fois que vous agissez à l'inverse, votre réputation s'affaiblit drastiquement.

Moyens faciles de perdre la confiance

La confiance est difficile à gagner, mais facile à perdre. Et la partie la plus désolante de cette situation est que vous ne réaliserez peut-être pas que vos clients ont perdu confiance en vous avant qu'il ne soit trop tard. Très peu de personnes viendront vous voir directement pour vous dire qu'ils ne vous font plus confiance. Mais les signes sont là, ils éviteront de vous parler.

Les fournisseurs de services internes perdent généralement la confiance de leurs clients de quatre manières différentes :

- Les compétences : Manque de capacité à livrer le travail par manque de compétences, de capacité à résoudre les problèmes ou simplement parce qu'ils sont inconsistants ou négligents.
- Les relations interpersonnelles : N'écoute pas ses clients, est insensibles à leurs inquiétudes ou ne demande pas leur opinion.
- L'intégrité : FSI qui viole la confidentialité de ses clients, qui ment ou qui parle dans le dos des autres.
- La fiabilité : Manque à ses obligations, est désorganisé ou ne fait pas de suivi.

En regardant cette liste, on pourrait se dire : « Il ne suffit pas de manquer de professionnalisme pour perdre la confiance d'un client ».

Prenez soin des petites choses

Une bonne façon de perdre la confiance qui vous est portée est de ne pas faire attention aux petites choses de chaque jour. Par exemple, la plupart des dirigeants ne passent pas plus du tiers de leur temps en rencontres. Mais combien de vos récents rendez-vous on commencés à l'heure!? Selon une étude, XXX % des rendez-vous commencent avec du retard, les gens s'y présentant parfois 5 à 10 minutes après l'heure prévue. Et plusieurs cultures organisationnelles tolèrent encore cela.

C'est également une bonne façon de paraître non professionnel et désorganisé. Comment pourrais-je vous faire confiance pour un projet si vous n'arrivez même pas à être à l'heure? Pensez à vos propres fournisseurs, et à l'impression que vous avez d'eux lorsqu'ils sont en retard. Le fait que vous fassiez partie de la même organisation ne change en rien la dynamique client-fournisseur.

Même si ces éléments peuvent paraître simplistes, ils sont des facteurs clés d'une relation de confiance.

Savez-vous ce que vous ferez l'an prochain?

Ça fait déjà plusieurs années que j'aide les fournisseurs de services internes à devenir de meilleurs partenaires. Et la plupart d'entre eux sont très passionnés par l'idée de devenir des partenaires stratégiques de leurs clients. Ils souhaitent apporter de la valeur à l'entreprise, particulièrement en aidant à la planification stratégique des activités et à la définition des orientations qui pourraient avoir un impact sur l'organisation pour les années à venir. Ils sont sincèrement motivés à aider l'organisation à avancer, à devenir plus compétitive et productive ainsi qu'à respecter sa mission. Et j'ai entendu à plusieurs reprises : « Si seulement l'entreprise avait un plan, nous pourrions nous y adapter et les aider ». Évidemment, ils seraient plus qu'intéressés à rédiger ce plan.

Puis, nous cessons de rêvasser et commençons à nous demander : puis-je voir le plan stratégique de votre fournisseur de services interne? Non, nous n'en avons pas. Puis-je voir une liste de tous vos projets en cours? Il se peut que nous en ayons une, mais elle n'est probablement pas à jour. D'accord, alors peut-être un organigramme? Encore une fois, nous en avons un, mais il n'est probablement pas à jour.

La réalité est que la majorité des fournisseurs de services internes souffrent du même problème que leurs clients : ils manquent de planification. Tout le monde est tellement centré sur ses activités quotidiennes qu'ils n'ont pas le temps de s'assoir et de réfléchir à ce qu'ils auront à faire.

Menez par l'exemple

Il est plutôt difficile de croire qu'un fournisseur de services internes qui n'a pas de plan pourrait nous aider à en rédiger un. Et rien ne tue davantage la prévisibilité que le fait d'annoncer à l'organisation que nous devons immédiatement effectuer de la maintenance parce que les fournisseurs nous demandent de changer de version de logiciel. Toutes ces activités peuvent être planifiées des mois, voire des années à l'avance.

Une étape à la fois

La plupart des gens croient que la planification nécessite un haut degré de certitude, que tous les projets et initiatives doivent être précis au jour près, sinon aux heures. Les suites de planification (comme MS Project) laissent plusieurs professionnels dans l'embarras, puisqu'elles imposent une précision avec laquelle la plupart d'entre nous ne sont pas à l'aise. Honnêtement, pouvez-vous décider immédiatement quelle date vous terminerez un projet donné qui ne se produira que dans deux trimestres? En avez-vous vraiment besoin? La plupart du temps, non.

Par contre, vous avez besoin de quelques indications quant à ce qui doit être accompli et dans quel ordre. Et lorsque l'on se rapproche des délais, nous devrions voir de plus en plus clairement la situation.

Je recommande généralement à mes clients le modèle de planification suivant :

- Trimestre actuel : Précis à quelques jours près.
- Prochain trimestre : Précis à la semaine.
- Prochaine année : Précis au mois.
- Deux prochaines années : Précis au trimestre.

Mais gardez en tête que ce type de précisions ne s'appliquent qu'aux dates qui ont un impact sur vos clients. Tout n'a pas besoin d'être planifié au jour près. Mais si vous planifiez d'éteindre les systèmes, ou si vous devez livrer une partie importante du travail, auquel cas, vous devriez essayer de respecter vos délais.

Les plans devraient aussi être flexibles. Un nouvel évènement ou problème a un impact sur votre planification? Changez le plan! C'est là tout l'objectif de la planification : répartir les ressources et anticiper les problèmes. Personne ne s'attend à ce que vous ne changiez jamais votre plan, bien au contraire.

Communiquez votre plan

Le plus important maintenant : communiquer le plan. Un plan qui reste sur votre bureau ou votre disque dur est inutile. Votre plan devrait être communiqué à vos clients internes, vos partenaires, vos fournisseurs et, évidemment, votre équipe.

Votre plan devrait également être un outil utilisé tout au long de vos activités quotidiennes. Si vous êtes à la tête d'une rencontre d'équipe ou de département, sans aucun plan à portée de main, alors vous planifiez simplement d'échouer.

Êtes-vous sur la liste?

Les fournisseurs de services internes reçoivent généralement un déluge de requêtes chaque jour. Les utilisateurs veulent changer de système informatique, ils veulent modifier les politiques des ressources humaines, ils veulent de nouveaux modèles de contrats de fournisseurs pour simplifier leur travail, etc. Les requêtes abondent mais, malheureusement, le fournisseur de services internes ne peut répondre à chacune d'entre elles. La demande excède l'offre de façon trop importante.

Alors, qu'arrive-t-il en général? Nous faisons une liste. Nous notons sur une liste toutes les requêtes, les projets et les initiatives. Certains laissent la liste « ouverte » toute l'année durant, pour que de nouveaux utilisateurs puissent y ajouter de nouvelles initiatives à tout moment. D'autres auront des périodes d'ajouts prédéterminées, périodes où les utilisateurs et les clients pourront soumettre leurs requêtes. Après ces périodes, plus aucune requête ne pourra être ajoutée à la liste.

Certaines organisations travailleront d'arrache-pied afin de prioriser les éléments de la liste. Elles établiront des procédures d'évaluation des requêtes, compareront les bénéfices aux objectifs de l'organisation et demanderont à un comité indépendant de les aider à approuver et à prioriser les éléments qui devront être accomplis. Malheureusement, ce processus n'a lieu qu'une fois par an, en général, ce qui laisse tout le reste dans un état d'incertitude. Est-ce que ce sera complété l'an prochain? Nous ne savons pas. Ça dépendra de nos priorités.

Et alors, plus rien n'arrive pendant un moment.

Gérer les attentes autour de la liste

Les fournisseurs de services internes n'aiment généralement pas dire non à leurs clients. Ils préfèrent certainement laisser le projet sur la liste indéfiniment plutôt que d'avouer qu'ils n'arriveront peut-être jamais. Ils y voient une façon efficace d'éviter une conversation difficile et n'ont plus l'air de dire non à leurs clients.

Mais les clients préfèreraient sans doute entendre la vérité. Si quelque chose doit prendre deux ans à être complété, ou ne l'est simplement pas, ils peuvent prendre d'autres arrangements. Vous ne pouvez effectuer la modification au système? Ils développeront une procédure pour faciliter les choses à la place. Vous leur donnerez, au moins, une opportunité de régler les problèmes eux-mêmes au lieu d'attendre pour une solution qui ne viendra jamais.

Et en retournant à notre principe de prévisibilité, cela aide le fournisseur de services interne à être plus transparent et prévisible, ce qui, au bout de la ligne, augmente la confiance.

Planification continue des initiatives

Les fournisseurs de services internes peuvent adresser la situation en développant une planification continue des initiatives et requêtes. En comparant la quantité de travail à la capacité actuelle, le FSI peut identifier le trimestre prévu de complétion de chaque requête. Et en révisant le plan continuellement (normalement, à chaque trimestre), de nouvelles initiatives peuvent être ajoutées et la liste peut être de nouveau priorisée.

Quelle est la différence avec la méthode précédente? Maintenant, les clients ont une date prévue de remise. S'ils ne sont pas heureux de cette date, ils peuvent y faire quelque chose. Si leur priorité est trop loin sur la liste, ils peuvent au moins savoir qu'il est possible qu'on n'y arrive jamais et agir en conséquence.

Plan d'action

- Ne perdez pas la confiance de vos clients en agissant de manière non professionnelle,
- Développer un plan d'activités d'une à trois années,
- Planifier vos projets sur une période d'au moins trois ans.

Retirez les obstacles

Ça ne fonctionnera pas dans mon entreprise

Si vous avez lu le livre jusqu'ici, vous souscrivez donc en général à nos idées. Vous avez peut-être même déjà amorcé la création d'un *Plan d'attaque des valeurs*, afin d'identifier les moyens qui vous permettront de mieux transmettre les concepts de base et vous connaissez déjà le profil recherché par l'industrie.

Mais peut-être, pensez-vous : « C'est bien beau tout ça, mais ça ne peut pas s'appliquer chez nous ». Que votre entreprise est différente, que c'est parfait pour les autres, mais que votre structure d'entreprise rendrait la mise en application de ces principes laborieuse, voire même impossible.

Eh bien non.

Nous examinerons les trois principaux obstacles à la transmission des valeurs : le manque de temps, le manque de ressources et le manque d'intérêt, puis traiterons de différentes stratégies à adopter.

Soyez organisé ou faites vous organiser

« Organise-toi ou alors tu te feras organiser! » me disait mon père quand j'étais jeune. En fait ce qu'il voulait dire, c'est que j'étais tenu de faire ce qu'il me disait dès lors et que si je n'apprenais pas à gérer mon temps adéquatement, il le ferait à ma place (en m'imposant davantage de tâches). À l'époque ça m'exaspérait, mais aujourd'hui ça m'inspire. Les gens qui ne savent pas s'organiser finissent souvent hélas par se faire organiser, et pas toujours comme ils l'auraient souhaité.

Vos journées sont remplies, une réunion n'attend pas l'autre, vous trouvez à peine du temps pour prendre une bouchée. Alors, comment trouver le temps de vous concentrer sur le service à la clientèle alors que vous arrivez à peine à éteindre les feux au quotidien?

Une étude menée par *Family and Work Institute* a démontré que 56% des travailleurs américains se sont sentis dépassés par le travail qu'ils avaient à accomplir au cours du dernier mois.

Votre situation n'est donc pas unique. Mais qu'est-ce qui distingue les professionnels qui réussissent à gérer leur temps adéquatement des autres?

Prenez le temps

Ils prennent le temps. Vous serez toujours dépassés par les tâches à accomplir. Mais en privilégiant la création de valeur, ces professionnels créent un environnement dans lequel ils imposent leurs priorités. Les gestionnaires qui obtiennent du succès entreprennent leurs journées en réfléchissant à leur service ainsi qu'à leurs objectifs. Les autres consultent leurs courriels.

Consulter ses courriels; ce n'est pas de la saine gestion. Premièrement, il s'agit en général de requêtes et deuxièmement, de nouveaux courriels ne cessent d'apparaitre et contribuent à votre distraction. Les gens qui réussissent à bien gérer leur temps désactivent leur notification d'entrée de courrier électronique (incluant le téléphone), ils y jettent un coup d'œil au moment qu'ils jugent opportun (de 3 à 4 fois par jour) et non pas au moment qui convient à l'expéditeur.

Les leaders chevronnés organisent judicieusement leur temps. Cette réunion nécessitera-t-elle une heure, ou trente minutes seraient-elles suffisantes? Le travail préparatoire et l'ordre du jour ont-ils été complétés au préalable? Les participants sont-ils ponctuels? Puis-je déléguer un substitut?

Évitez la procrastination via les conflits

De plus, ces leaders sont à l'aise dans les situations critiques. Il y aura continuellement un « conflit du jour » à résoudre; tel truc ne fonctionne pas, tel haut dirigeant exige un rapport particulier, un fournisseur important ne s'est pas présenté, et encore… Un gestionnaire pourrait consacrer son temps et ses compétences à régler des conflits, à résoudre des problèmes et diriger des employés.

La gestion de conflits est un type de procrastination extrême. Vous savez que des tâches exigeantes vous attendent, mais des conflits doivent être réglés, ce qui vous distrait de vos véritables problèmes. À l'opposé des tâches ennuyeuses et ingrates dont vous ne constaterez les résultats que beaucoup plus tard, le règlement de conflit gratifie sur le champ.

Il n'est pas essentiel que vous régliez tous les conflits, ni que le faisiez dans l'immédiat. Vous pouvez donner des directives et demander qu'on vous tienne au courant.

Seules les grandes entreprises peuvent s'offrir ce type de service

Certains départements de service de grandes entreprises ont saisi qu'il était fondamental d'investir dans le développement du service à la clientèle. De nombreuses entreprises ont développé des systèmes de suivi des requêtes des utilisateurs (à l'aide des *tickets de soutien*, par exemple) afin qu'aucune requête ne passe entre les mailles du filet. Afin de soutenir la planification du travail et de prévoir les conflits d'approvisionnement, ces dernières investissent dans des systèmes de gestion de projet. Elles ont également introduit différentes fonctions telles que celle de gestionnaire des relations avec les clients, afin de traiter l'ensemble des relations avec les utilisateurs. Les ressources et les économies d'échelle justifient de tels investissements.

Mais qu'advient-il des petits départements?

Qu'advient-il lorsque l'équipe n'est composée que d'un seul membre? Alors que j'occupais le poste de DG, le département de marketing relevait de moi. Bien entendu, le département de marketing d'une société industrielle est plutôt restreint; l'unique employé était le graphiste et s'appelait Mark. Les différentes équipes des ventes lui demandaient de dessiner de nouveaux accessoires, des publicités ou des produits promotionnels et le fait qu'il était seul n'empêchait nullement Mark d'agir à titre de véritable fournisseur de services internes.

Mark tenait un calendrier de planification annuel où l'on pouvait retrouver tout ce qu'il y avait à réaliser. Le renouvèlement de l'abonnement aux Pages Jaunes, les campagnes de promotion des années antérieures, les publicités sur le Net et même les communications internes. Mark contactait régulièrement ses clients à l'interne pour leur rappeler qu'une nouvelle campagne serait bientôt nécessaire. Il analysait la portée des différentes publicités et faisait des recommandations à ses collègues. Il allait même jusqu'à tenter des expériences sur le site Internet pour mesurer l'impact des différents messages ou approches.

Mark était un véritable Agent.

Grand ou petit : c'est du pareil au même

Quelle que soit la taille de votre équipe; une seule personne, une équipe réduite et compétente ou un imposant département, les mêmes principes s'appliquent. La différence se trouvera au niveau de la complexité des outils de gestion et des procédés qui soutiennent la livraison du service. Un imposant département pourra s'offrir un système qui s'occupera des requêtes des clients alors qu'une équipe constituée d'une seule personne pourra être productive à l'aide du courrier électronique. Les grands départements emploient des procédés plus complexes pour suffire au travail et alors, une petite équipe peut être tout aussi efficace en entretenant la communication et en travaillant rigoureusement.

Mais quels que soient la taille, le budget et le type de structure, apporter de la valeur est une question d'attitude au quotidien et de comportement. Les gros départements, avec leurs nombreux outils, ne l'ont pas plus facile. En fin de compte, c'est l'attitude qui compte.

Mon patron s'en moque!

Voici une histoire banale. Bob, un gestionnaire de ressources humaines, veut progresser au sein de l'entreprise. Il sait qu'il peut apporter de la valeur aux unités opérationnelles puisqu'il connait bien l'entreprise, qu'il a une bonne compréhension de l'industrie, et qu'il a de bonnes idées afin d'améliorer la collaboration entre les différentes unités opérationnelles. Il croit fermement qu'il a le potentiel pour devenir un Agent, quelqu'un qui peut réellement contribuer à l'obtention d'une meilleure productivité de l'entreprise et à améliorer la performance.

Il soumet quelques-unes de ses idées à son patron, des idées qui rendront son département plus productif et amélioreront les affaires. C'est alors qu'il est désillusionné. Sans détour, son patron lui fait comprendre que son rôle n'est pas de devenir un bon fournisseur de services et certainement pas de lui montrer comment mener son entreprise. Sa responsabilité est d'embaucher le personnel nécessaire, s'occuper de la rémunération et faire en sorte que personne ne poursuive l'entreprise. S'il trouve du temps pour faire autre chose, alors c'est que trop de personnes travaillent pour lui.

Félicitations! Vous savez maintenant à quoi vous en tenir au sujet des attentes de l'entreprise. Votre patron cherche un Comptable, quelqu'un qui fournira les services de base à bas prix. L'entreprise n'a nul besoin de quelqu'un qui saura livrer un service hors pair ou de quelqu'un qui apportera des idées novatrices et contribuera à sa réussite. Ils convoitent des employées fiables et rentables. Bien sûr, il n'y a rien de mal à ça.

Vous vous rappelez, nous avons abordé le sujet des enjeux potentiels que l'harmonisation de point de vue pouvait avoir sur le fournisseur de services. Clairement, dans le cas présent, la vision du patron diffère de celle de l'employé. (Agent VS Comptable), ce qui peut être une source de conflits et de frustrations.

Dois-je rester ou quitter?

Voulez-vous devenir un comptable? En ce qui concerne Bob, surement pas. Une personne qui est disposée à se familiariser avec les rouages de l'industrie et qui veut apporter de nouvelles idées sera bien malheureuse dans le rôle de Comptable. Ce rôle convient à quelqu'un qui aime les chiffres et les tableaux afin de relever les opportunités de réduction de couts. Il faut également être imperméable aux plaintes des utilisateurs et n'accorder aucune attention aux commentaires négatifs, tout ce qui compte c'est la rentabilité.

Bob doit faire un choix
- 1. Demeurer dans un emploi peu valorisant,
- 2. Partir, parce que son milieu de travail n'encourage pas ses initiatives,
- 3. Tenter de modifier les attentes de son patron.

Votre patron ne croit pas que vous puissiez apporter de la valeur

La source du problème provient des expériences et idées préconçues à votre sujet ou à celui de votre département. Le patron de Bob croit sans doute que le département de ressources humaines ne peut jouer un rôle clé dans l'organisation. Ne perçoit-il pas le potentiel de Bob? Finalement, il ne distingue pas la valeur. Ça vous rappelle quelqu'un?

Suivre les étapes du *Plan d'attaque des valeurs* (1. Établissement des principes de bases, 2. Harmonisation de point de vue, 3. Démonstration de la valeur), permettra de modifier les attentes de votre patron et même celles des unités opérationnelles. Les idées foisonnent, mais des résultats positifs génèreront du support et de la reconnaissance.

CONCLUSION

Avant d'entamer votre Parcours de Valeurs

En appliquant les profils de personnalité du FSI, et en suivant votre parcours de valeurs, vous pourrez, en tant que fournisseur de services internes, engager vos utilisateurs et démontrer votre valeur. Mais bien avant que ce partenariat puisse s'établir, le FSI doit développer une culture de service au sein de son organisation. Pour certains groupes, cela requiert une réorganisation complète. Si le but du fournisseur de services internes est de desservir ses clients internes, il doit d'abord apprendre à se servir lui-même, à collaborer et à aider les autres, afin de devenir un partenaire crédible.

Vous pouvez en apprendre davantage sur la façon dont les fournisseurs de services internes peuvent démontrer leur valeur en visitant notre site web : www.GreenElephantTeam.com. Vous y trouverez des études, des présentations et des webinaires qui expliquent chacun de ces concepts plus en détail.

Ramenez le tout chez vous

Vous aimeriez avoir de l'aide afin d'appliquer ces concepts au sein de votre propre département? Visitez notre site web au www.GreenElephantTeam.com pour en apprendre plus sur les services que nous offrons aux FSI pour les aider à démontrer leur valeur. Nos services d'évaluation et d'analyse vous aideront à définir où vous en êtes pendant que nos services de formation guideront votre équipe à travers des ateliers, des formations et du coaching pour les aider à devenir de réels partenaires.

www.ingramcontent.com/pod-product-compliance
Lightning Source LLC
Chambersburg PA
CBHW051759170526
45167CB00005B/1809